商业银行董事会治理与综合化经营绩效研究

张耀伟　著

中国财经出版传媒集团

经济科学出版社

Economic Science Press

图书在版编目（CIP）数据

商业银行董事会治理与综合化经营绩效研究／张耀
伟著 . —北京：经济科学出版社，2020.12
　ISBN 978 - 7 - 5218 - 2071 - 3

　Ⅰ.①商…　Ⅱ.①张…　Ⅲ.①商业银行 - 董事会 - 研
究 - 中国　Ⅳ.①F832.33

中国版本图书馆 CIP 数据核字（2020）第 222015 号

责任编辑：李　雪　袁　澂
责任校对：郑淑艳
责任印制：王世伟

商业银行董事会治理与综合化经营绩效研究
张耀伟　著
经济科学出版社出版、发行　新华书店经销
社址：北京市海淀区阜成路甲 28 号　邮编：100142
总编部电话：010 - 88191217　发行部电话：010 - 88191522
网址：www. esp. com. cn
电子邮箱：esp@ esp. com. cn
天猫网店：经济科学出版社旗舰店
网址：http://jjkxcbs. tmall. com
北京季蜂印刷有限公司印装
787 × 1092　16 开　18.75 印张　250000 字
2020 年 12 月第 1 版　2020 年 12 月第 1 次印刷
ISBN 978 - 7 - 5218 - 2071 - 3　定价：76.00 元
（图书出现印装问题，本社负责调换。电话：010 - 88191510）
（版权所有　侵权必究　打击盗版　举报热线：010 - 88191661
QQ：2242791300　营销中心电话：010 - 88191537
电子邮箱：dbts@ esp. com. cn）

前　言

随着金融创新和信息技术的发展，主要发达国家先后出台了相应的金融法案，调整金融经营模式，全球金融业逐渐呈现综合化经营趋势。随着我国金融体系改革的深入，利率逐渐实现市场化，金融科技的广泛应用也改变了传统的金融场景，金融业发展取得巨大进展。但在经济增长速度放缓、金融"脱媒"等因素的影响下，金融机构面临诸多挑战，综合化经营转型成为金融业关键特征。中信集团、平安集团、光大集团等金融机构在保持原有金融业务的基础上，开始设立或控股金融子公司，以综合化经营为突破口，加快战略转型，金融控股集团数量不断增加。综合化经营及相关影响成为当前理论界和实务界的关注焦点。

商业银行作为金融行业的主体，始终在金融活动中扮演着重要角色，对我国整体经济的稳定发展起着举足轻重的作用。因此，本书从公司治理角度出发，探究商业银行董事会治理对综合化经营绩效的影响，汇总整理近期部分研究成果，以期为我国金融综合化经营和风险防范提供理论支撑。

本书是近年我带领金融机构治理课题组共同工作的总结，由我设计整体研究框架和具体研究主题，并设计具体专题研究。感谢杨定婧、马铮、李航、王美香、纪天聪、曾玲、柏岩、曹甜甜、朱文娟为本书做出的贡献，感谢柏岩、郭雯珑和张森参与书稿整合校对等工作。本研究受国家自然科学基金项目"董事会断层、非正式层级与决策质量研究"（71572081）等资助。

在本书的撰写过程中，参阅了大量的国内外著作、科研论文和相关资料，在此特向被引用资料的各位作者表示感谢。感谢经济科学出版社李雪老师和袁溦老师的大力支持。尽管我们认真开展科研工作并不断完善书稿，但书中难免存在一些不妥疏漏之处，诚挚地希望能够得到学界同仁、实务界的朋友以及广大读者的批评指正，以便使本书更加完善。

张耀伟

2020 年 11 月

目　录

第一章

董事会治理与商业银行风险承担

商业银行在一国经济中发挥着金融中介的作用，在维护经济的稳定中占据着至关重要的地位。然而，2008年的金融危机给上市银行敲响了警钟，人们开始认识到银行不审慎和脱离核心业务的经营模式会给银行以及利益相关者带来巨大的损失。在越来越激烈的市场竞争环境下，银行为了扩大生存的空间，在过度信任过往的数据积累和市场风险的情况下，没有对资产负债组合实施有效的管理，对次级贷款审批也过于宽松，导致了信贷规模的不断扩大。这种过度风险承担行为显然造成了银行系统的动荡，而银行公司治理机制的不完善显然助长了这种行为，为此巴塞尔委员会于1999年9月颁布了《加强银行机构公司治理》的指引，通过描述董事会和高级管理层在风险管理方面的作用，强调银行需要制定经营战略并为执行这些战略建立问责制。此后，巴塞尔委员会又陆续发布了关于银行稳健性的文件，强调了加强银行公司治理的作用，强调由董事会总体负责包括风险战略在内的银行战略目标、薪酬制度和企业风险管理的文化等，高管层执行董事会的决策，并建立具体风险管理与内控体系。董事会治理作为公司治理的重要组成部分，对银行的风险承担产生重要的影响。董事会风险控制能够保证银行安全稳健运行，董事会所承担的制定政策、监督合规的职能，是银行控制过度风险承担的关键。银行董事会对银行业务经营和各项事务的有效监督，有助于维护一个高效、低成本的监管体系，有助于保护银行存款人的利益，降低过度风险承担行为。

面对更加复杂的外部金融环境，提高我国银行董事会的风险控制水平至关重要，这就要求银行必须建立完善的公司治理机制。中国人民银行等监管部门陆续发布了《股份制商业银行公司治理指引》等相关规则，以强化董事会在风险控制上的重要性及职责。

第一节　董事会治理结构与运作机制

董事会作为联结股东与经理层的纽带，是公司治理的核心机构。相关研究多从董事会结构、机构设置、运作特征等维度对董事会治理情况进行分析探讨。

一、董事会结构

当前的研究主要关注董事会特征对公司业绩及风险的影响。董事会的特征主要包括董事会规模、董事会独立性以及董事会领导结构等方面。

（一）董事会规模

国内外相关的研究对于董事会规模对公司业绩及风险的影响结论并不一致，大体上可以分为正向影响、负向影响或者呈现"U"形关系三大流派。

赞同董事会规模正向影响的学者认为董事会的规模越大，公司业绩越好。从投资者保护的角度来看，董事会规模越大，其他中小股东可以派遣自己的董事参与到董事会决策中，增大其发言权，抑制大股东的机会主义行为。大股东的隧道效应得到抑制，控制权私人收益降低，不同股东的偏好趋向一致，更有利于企业业绩的提升。资源依赖理论的学者认为规模大的董事会其资源链条比较丰富，相互之间的网络连接更加复杂，更容易获取信息、政治资源以及外部资金的支持，降低信息不对称程度。从决策科学性的角度来看，规模大的董事会，可以吸纳不同知识背景董事的建议，降低错误决策发生概率。研究发现，随着董事会规模的扩充，董事专业背景丰富度会不断提升，其监督效果更加明显。查甘蒂等（Chaganti et al.，1985）也证明了成功企业具有较大的董事会规模，其破产可能性低于拥有较小规模董事会的企业。此外，从公司治理的角度来讲，一个规模较大的董事会更能够控制首席执行官（CEO）施加社会影响以维系其权利的可能性。董事会的监督能力随着董事会规模的扩大而不断提高，董事利益的不同，可以使得各方在相互博弈中保持中立的态度来决定经理层的去留，避免经理层被某个股东控制，从而提高企业的经营绩效，降低经营风险。牛建波（2009）发现较大规模的董事会可以通过减少会计计量上的波动而间接减少业绩的波动。

但更多的学者认为董事会规模会对公司业绩产生负面影响。从决策过程来看，集体决策花费的时间要远远大于单个决策者，协调和妥协成本更大。从组织行为来看，个体决策受群体观念的影响，会逐渐屈服于群体中多数人的价值观念，降低个体对董事会决策的影响。叶麦克等（Yermack et al.，1996）、孙永祥（2000）等使用托宾 Q 作为公司价值的衡量指标，通过实证研究发现董事会规模与公司业绩之间是减函数关系。国内学者蔡志岳等（2007）认为随着董事会规模的扩大，董事会决策效率呈明显下降趋势。还有相关研究认为董事会规模过大，容易受到 CEO 的控制。由于 CEO 在公司中具有重大影响力，董事一般不会公开批评 CEO 制定的决策，这限制了董事关于公司经营问题上的创新。当 CEO 的决策失误时，董事会并不能够很好地消除错误决策的产生，这就给公司埋下了潜在的决策风险，且该情况广泛存在于大型董事会当中。从组织理论来看，董事会规模扩大，召集和协调沟通的成本会增加，沈艺峰等（2002）认为 ST 公司董事会治理效率低下可能就是由于董事会规模过大。

还有的学者认为董事会规模与公司的业绩之间存在着"U"形关系，也就是说适度的董事会规模才是最好的。当董事会规模扩大时，其外部董事的规模往往比较大，外部董事凭借其知识和经验，借助声誉机制，会监督董事会的决策行为，阻止一些净现值大但风险超过公司承担能力的项目，降低大股东过度投资的欲望。同时相对独立的外部董事能够很好地协调董事会内部的矛盾，促使决策尽快达成，降低决策成本。当董事会规模过于庞大时，协调和组织过程中成本的增加会大大超过董事会成员增加带来的收益，特别是董事持股比例较少时，他们缺乏动力去监督管理层的行为。张纯、段逆（2008）考察了民营上市公司董事会规模对不同阶段公司绩效的影响，发现董事会规模与前期财务业绩负相关，与当期公司业绩正相关，对后期业绩没有显著影响。

关于董事会规模，萨蒙等（Salmon et al.，1993）认为必须同时限制董事会规模和外部董事的数量，8～15人的董事会规模是最合适的；但也有学者认为当董事会规模为8～9人时，董事会难以发挥作用。基于董事会规模与公司业绩和风险的关系，学者给出了不同的看法，造成差异的原因可能是两者之间存在着内生性的问题，不同的公司规模也会影响到董事会规模对公司业绩的影响，存在着门槛效应。

（二）董事会独立性

董事会主要履行监督代理、资源依赖和战略角色三种职能，而独立董事的作用主要体现在监督和资源依赖角色的扮演上。根据委托代理理论，独立董事可以监督管理层的行为，降低股东与管理层之间的代理问题，降低代理成本。控股股东监督角色的复杂性使其有侵害其他股东权益的动机，而独立董事的引入可以减少这种隧道效应，降低风险。同时，独立董事有内部董事不具有的天然优势，其与公司不存在任何的关联关系，可以更加客观地评价管理层的绩效，监督他们的行为。在声誉机制的帮助下，独立董事可以恪尽职守，降低管理层和内部董事合谋的概率。另外，独立董事一般由大学教授或者专业人士担任，他们拥有丰富的知识和政治资源。贝辛格（Baysinger，1985）发现独立董事的比例同公司业绩正相关。然而，现实中的情况并不总是这样，国外学者利用衡量公司业绩的不同指标，发现独立董事的比例与公司绩效之间并没有显著的相关关系，这可能是因为董事会独立性的治理效应是通过与其他治理机制的交互影响而间接发挥的。独立董事由于其时间和精力上的限制，很难发挥其监督作用，特别是在CEO控制董事会的情况下，其客观性受到怀疑。

（三）董事会领导结构

董事会的领导结构主要是指董事长与总经理是否两职合一。根据委托代理理论，经理层基于其有限理性和自利性的缺陷，在追求个人利益最大化的同时，会损害股东的利益。当外部治理机制失效时，内部治理机制应当发挥作用，但两职合一可能会导致董事会对经理层的监督作用削弱，经理层操纵财务报表的可能性增加，财务报告质量降低。阿博特（Abbott，2002）发现虚假陈述在CEO既是发起人，又控制董事会的上市公司中发生的概率高，也就是说两职合一降低了公司的绩效，而两职分离可以保证董事会监督的独立性。而管家理论提出了不同的观点，该理论认为经理层能够按照股东利益最大化的原则，成为公司的好管家，两职合一可以提高公司的创新能力，适应不断变化的环境需求，降低经营风险。资源依赖理论则认为环境的不确定性才是影响董事会发挥作用的因素，不能简单地认为两职合一好还是两职分离好，吴淑琨（1998）证实了这一点，马晨等（2012）也发现董事会领导结构对财务重述没有显著影响。

二、董事会专业委员会

各专业委员会的建立有利于保持董事会的独立性和专业性，弥补董事会自身的缺陷，提高工作效率，降低经营风险。

具体来说，审计委员会的设立可以通过检查公司的会计制度和财务状况，降低财务报表欺诈的概率，保证信息披露的质量，同时能够协调审计师与公司管理层之间的矛盾冲突，因为审计师出具的审计建议会受到公司管理层的压力，一旦出具非标准的审计意见，会面临被解雇的风险，而审计委员会的存在能够减少这种压力。王跃堂等

（2006）实证研究发现，设立审计委员会的公司更不易被出具非标准审计意见。风险管理委员会通过对公司的经营风险、市场风险、操作风险进行评估，制定内部控制相关制度，降低不确定性。

三、董事会运作

（一）董事会会议次数

董事会会议次数反映了董事会的活跃程度，由于董事会成员的时间有限，因此集中在一起讨论公司的经营战略有助于公司业绩的提升。董事会会议次数越多，董事有更多的时间履行其职责，应对不断变化的外部环境，降低经营风险。但是詹森（Jensen，1993）认为董事会召开会议仅仅是一种弥补机制，具有时滞性，公司业绩越差，会议次数越多。李常青等（2004）实证研究发现董事会会议次数与 ROE（净资产收益率，$ROE = $ 净利润/净资产 $\times 100\%$）存在正相关关系，与 ROA（资产回报率，$ROA = $ 净利润/平均资产总额 $\times 100\%$）存在负相关关系，与 EVA（经济附加值，$EVA = $ 企业税后净营业利润 $-$ 全部资本成本）没有显著关系，进一步验证了其时滞效应的存在。

（二）董事会控制权争夺

控制权是选择大部分董事会成员和指导公司管理的权利。股东都希望自己获得最大化收益，按照自己的意志进行决策，而控制董事会正是实现这一目标的前提，这也是董事会控制权争夺的诱因。控股股东通常会派出其代理人来加强对董事会的控制，包括亲自担任董事长或者总经理等。当董事会被大股东控制的时候，通常会产生两种不同的效应：一种是通过强有力的监督来减少经理人的机会主义行为，被称为激励效应；另一种是与经理人勾结，侵占小股东的利益，被称为侵占效应。这两种效应对于企业风险的大小起着相反的作用。在股权集中的情况下，控股股东通过控制董事会来影响管理层的任用和解聘，垄断信息的传递，中小股东只能被迫用脚投票，这可能会造成决策的不科学，并且股权越集中，董事会的独立性也就越低。在股权分散的情况下，对董事会控制权的争夺会更加激烈，由于缺乏强有力的股东的控制，股权相对平均的股东会想方设法派出自己的代理人进入董事会，事实上削弱了对经理层的监督，造成经理层控制的局面。

第二节 商业银行治理与风险承担

根据委托代理理论，委托人与代理人由于目标的不同，代理人有动机追求自身的价值最大化，损害委托人的利益。具体到银行，主要包括股东和经理人之间的代理问题以及股东与债权人之间的代理问题。存款人作为银行的主要债务人，高度分散，存在着"搭便车"的行为，未能形成对银行的有效制约。股东与债权人的利益目标不同，债权人追求债券价值最大化，倾向于降低银行的风险，保证能够到期偿还债务，而股东追求股价最大化，更希望投资高风险高收益的项目。由于银行股东可以参与公司的经营决策，而债权人不能，这就导致了债权人承担了更大的风险，却只能收到固定的收益，股东成为真正的获益者，并有动机侵害债权人的利益。对于经理人来说，他们的风险偏好则是相当复杂的。德瓦特里庞（Dewatripont，1994）认为经理层的风险偏好并不是确定的，既存在厌恶风险，又存在偏好风险的情况。一方面，银行的经理人存在着专属的人力资本，这些往往是与银行的业绩、风险挂钩的，因此他们可能会偏好于降低风险，保证自己的固有收益；另一方面，银行的经理人拥有股票期权的条件下，有激励增加风险的可能。此外，银行还存在着监管当局与银行之间的信息不对称问题。

当前的研究主要是从公司治理的视角来研究银行的风险承担行为，主要分为内部治理视角和外部治理视角。内部治理视角包括公司的股权结构、董事会治理、管理层激励等，外部治理视角包括市场机制的约束以及监管当局的约束等。

一、商业银行治理的特殊性

在众多金融机构中，以商业银行为代表的银行业金融机构始终在金融活动中扮演重要角色，特别是在货币信用领域，商业银行承担着信用扩张的职能，对促进金融繁荣和经济增长具有重要作用。在公司治理的研究领域中，由于商业银行主要业务是负债业务和资产业务，盈利来源于存、贷款业务产生的利差空间，因而商业银行常常扮演"治理者"的角色。但从 1997 年东南亚金融危机开始，学术界认识到，商业银行较为薄弱的内部治理结构会发生连锁反应，引发系统性金融风险，带来金融危机，因此注重商业银行自身治理成为热点研究问题。从一般公司的"治理者"转变到"被治理者"是商业银行公司治理问题的主要特征。

与普通的工商企业相比，商业银行治理机制的特殊性主要表现在以下方面：第一，商业银行的委托代理关系较一般工商业企业更加烦冗，对于一般公司，信息不对称存在于股东和管理层之间，而商业银行在还需应对储户与银行间、贷款人和银行管理者之间、银行与相应国家监管机构之间的信息不对称。李维安等（2005）指出银行合约的不透明性使得信息不对称现象的凸显，信息渠道相对阻塞，银行之外的个人和机构对银行的监管变得困难，这使得委托代理问题更为复杂。第二，商业银行资产负债表中所折射出的资本结构较为特殊。商业银行主要营运资金来源其负债业务即吸纳储户的诸多存款，不但来自股权融资的资本金比重较低，除储户外的债权融资比例相较于一般公司也较低，储户由于信息不对称等原因，难以发挥债权人外部治理机制，因而以债权人治理为代表的外部治理作用较少。第三，存款保险制度对外部治理机制的弱化。存款保险制度的建立有利于保障存款人利益，防范系统性金融风险，但也存在负面激励作用，由于这项制度存在，即使商业银行出现经营困难而破产，而不会危及存款人的利益，因此这项制度进一步弱化了存款人发挥外部治理作用。

二、商业银行董事会治理

董事会是内部治理机制的核心，商业银行的董事会治理的特殊性主要表现在以下方面：首先，外部董事的独立性。根据公司治理的一般理论，外部董事的独立性应体现在监督和战略决策两方面，而哈德洛克等（Hadlock et al.，1999）认为，作为与商业银行有业务关系或潜在业务关系的客户，难以保持在监督和战略决策方面的独立性。其次，董事会规模上。布思等（Booth et al.，2002）通过大范围对银行董事会规模的观察研究，指出一般企业的董事会规模平均维持在 11人，而银行的董事会规模维持在 16 人左右，甚至常常超过 16 人，董事会规模较一般企业更大。最后，董事会内部结构，宋增基等（2007）认为商业银行中董事常是机构派出者，在晋升路径上具有特殊性，这削弱了董事会对商业银行管理层的约束作用。

学者们除了对商业银行董事会治理特殊性的研究外，也常从董事会特征、结构、运行程度等方面研究商业银行董事会治理，并常与绩效等问题相联系。张娜等（2011）以中国上市商业银行为研究对象，认为独立董事和女性董事有利于促使商业银行创造卓越绩效和竞争优势，董事长与行长的两职兼任情况以及董事会规模的扩大不利于银行绩效的增长。同样，石凯等（2011）以 16 家中国 A 股上市商业银行作为研究样本，发现董事会中的独立董事对经营绩效的提升作用并不显著，行长薪酬水平对商业银行绩效的推动作用也不明显。朱博文等（2011）基于 51 家商业银行的数据分析认为董事会规模对银行规模具有促进作用，但对银行资产收益率存在抑制作用。在优化董事会与公司治理结构方面，敬文举等（2011）梳理了我国商业银行公司治理的进程，认为当前公司治理的核心内容是优化提升董事会结构，同时提出商业银行治理改革的着力点是提升银行业务创新能力和综合服务能力。

三、商业银行风险承担的内涵

货币银行学中对"风险"的概念界定通常有狭义和广义的区分：在狭义方面，风险是指因不确定性因素的影响，而使风险主体承受损失的可能性，强调风险的损失特性；在广义方面，从损失和收益两方面定义，认为风险是指因不确定性因素的影响，而使风险主体承受损失或者获得额外收益的可能性。我国当前经济进入新常态，包括银行业在内的经济风险因素有所累积，金融监管层也将防范并化解系统性金融风险作为当前金融工作的主要任务之一，可知金融监管层所指的风险，偏向于风险的损失特性和不稳定性，因此，本章采用狭义层面的风险定义。

商业银行风险承担在已有文献的刻画阐述中，主要是指两方面的含义：第一，行为层面。商业银行风险承担是指商业银行在实际经营过程中对风险的主动留存行为，强调商业银行的主观能动性。第二，结果层面。商业银行风险承担是指商业银行在实际经营过程中所选择并且承担的风险。二者是因果关系，因为有风险承担行为的出现，才会有风险承担量的存在，因此在计量模型构建和实证研究过程中，偏向第二种；在理论分析和对实证结果分析层面，偏向第一种。

四、商业银行风险承担理论

20 世纪 80 年代，由于"滞胀"现象，大量美国商业银行因资金链断裂破产，学者们开始从公司治理的视角研究商业银行的风险承担行为，提出了道德风险和公司控制两大理论假说。

（一）道德风险假说

马库斯等（Marcus et al.，1984）认为股东是商业银行贷款的主要审批者，股东有从事高风险业务，追求超额回报的动机，但是存款保险制度可以在很大程度上弥补银行的高风险行为可能带来的损失，因此会加剧商业银行的高风险偏好。

（二）公司控制假说

与道德风险假说出发点不同的是，戈顿等（Gorton et al.，1995）认为虽然股东是银行的所有者，但是商业银行贷款的主要审批者是管理层。由于信息不对称，股东只能事后对管理层行为进行赏罚或者薪酬调整，因而商业银行风险承担的多少是与管理层的利益驱动更为紧密的。公司控制假说认为，银行对于风险承担的积极性是随高管持股比例变化的，当管理者持股比例较低，管理者往往较为小心谨慎，选择低风险业务重点经营，以免面临自身解雇的窘境；但随着后期其持股比例的增加，出于自身利益，管理者倾向于承担高风险；但当比例进一步增加，由于薪酬和额外收益的增多，管理者出于维护自身职位的考虑，会降低风险承担。

五、董事会治理与商业银行风险承担

学者们往往从董事会特征、董事会结构、董事会构成和董事会程序四个方面研究董事会对公司治理、组织绩效和风险承担的影响。

在董事会规模方面，王倩等（2007）、曹廷求等（2010）认为董事会规模对商业银行风险承担负相关，原因可能是董事成员增多后，决策的科学性和稳健性增强了。在董事会独立性方面，曹廷求等（2012）认为董事会独立性与商业银行风险承担存在显著负相关关系。在董事会特征多样性、异质性等方面，李维安等（2014）从董事会差异性和断裂带角度进行研究后发现董事会年龄、学历背景差异性与银行风险承担显著负相关，而种族、从业情况与银行风险承担关系不显著。王文（2017）对我国上市银行和非上市商业银行共74家单位进行研究，认为独立董事比例和股权集中度与银行风险承担显著负相关；政府参股和控股会促进商业银行提高资本充足率水平从而降低银行风险承担。杨增生等（2017）研究发现内部控制越高越有利于降低银行风险水平，此现象在国有大型银行中较为显著。

（一）内部治理与银行风险承担

股权结构主要包括控股股东的性质、股权集中度等方面。一般来说，在国有控股的上市公司中，存在着所有人监督失位和内部人控制问题，在信息不对称和激励不相容的情况下，内部人基于保护他们私人收益的目的，会放弃那些高风险高收益的项目，以此规避风险；另外，监督的缺乏也使得国有控股公司的效率明显低于私人公司，因此，政府控股的银行风险承担度更低。股权集中度也是影响银行风险承担的一个重要方面，股权较为集中的银行，控股股东具有较大的现金流权，倾向于投资一些风险比较大的项目，追求私人收益，比如向关联企业贷款，掏空上市公司的资产等。李维安等（2005）通过对山东、河南两省的城市商业银行的股权结构进行分析，发现股权集中度越高，银行的风险越大。

董事会结构对银行风险承担的影响主要表现在董事会规模、独立董事比例以及领导结构上。规模较小的董事会，决策效率较高，股东对董事会的控制比较强，代理成本低，"搭便车"现象较少。规模较大的董事会则可以吸收董事不同的专业背景和社会资源，形成优势互补，降低经营过程中环境不确定性带来的风险，提高决策的科学性，但是董事会的规模过大也会降低信息传递的速度和决策的达成，削弱董事会对管理层的控制，形成内部人控制的局面。肯尼思（Kenneth，2003）、李文惠（2002）、陈晓蓉（2003）研究发现董事会规模越大，银行的风险越低。独立董事的比例也会影响银行的风险承担。一般而言，独立董事的比例越高，越能够有效地监督管理层的行为，越能降低管理层机会主义行为发生的概率。伯德（Byrd，2001）实证发现董事会的独立性越强，银行的风险承担能力越高。当 CEO 与董事长两职合一时，董事会的独立性降低，监督机制形同虚设。

薪酬激励是对管理层激励的重要组成部分，固定薪酬和期权薪酬对管理层的激励作用并不一致。与股东相比，管理层承担着声誉毁灭或者公司破产的风险，通常而言是风险厌恶的，当银行的管理层仅获得固定收入时，他们往往选择规避风险，选择那些风险低的投资项目，特别是当银行存在破产的可能性时，他们有丢掉工作和人力资本的风险，这更加驱使他们厌恶风险。马奇（March，1988）发现当采取绩效挂钩薪酬的制度时，绩效目标设定的越高，管理层选择高风险项目的可能性越高。施赖伯（Schreiber，1996）利用期权模型发现固定报酬会减少银行的资产风险，而奖金制度则会增加资产的风险，即薪酬水平越高，银行的风险承担能力越高。

管理层持股比例也会影响银行的风险承担能力。默顿（Merton，1977）、马库斯等（Marcus et al.，1984）首先提出了道德风险论，该理论认为当政府采取固定费率存款保险制度同时银行业整体特许价值下降时，股东作为银行贷款的主要决策者，有动机去从事高风险信贷业务，从而将风险转嫁给政府。当管理层持股过低时，股东能够有力控制管理层的行为，向他们施压，从而投资风险高的项目，增加风险承担；随着管理层持股比例的增加，管理层基于其个人声誉的考虑和被解雇的风险，会选择规避风险，投资风险较低的项目，降低风险承担能力；而后随着持股比例的继续增加，管理层的目标函数与股东的目标函数趋近，会增加风险承担能力，因此二者之间存在一种"U"形关系。

（二）外部治理与银行风险承担

市场约束是各利益主体在银行面临过度投资时，基于自身利益的选择所采取的自我保护行为。市场约束的主体包括存款人、股东和其他债权人等。具体来说，当银行存在过度投资行为时，存款人会通过降低存款、转移存款或者要求更高的存款利率的办法来约束银行的行为，股东可以通过用脚投票，抛售银行股票，降低股票价格，给银行管理层施加压力或者是通过派出自己的代理人进入银行董事会的方式来约束银行的行为，其他债权人可以通过提高债券利率，卖出债券或者增加约束条件来提高银行的融资成本等方式约束银行的行为。布利斯等（Bliss et al.，2000）认为市场约束存在监督和影响两个过程，市场主体通过银行的信息披露了解银行存在的风险，当这种风险超出自身的承受范围时，他们会通过价格机制或者数量机制来约束银行的行为，然后证券价格或者数量的变化会通过信号机制传导到银行管理层，迫使他们来约束自身的冒险行为。

但是市场约束对于银行风险承担能力到底有多大的影响，学者们观点不一。在市场约束充分发挥作用的条件下，银行的信息披露水平会显著提高，银行风险信息获取的可能性增加。曹廷求等（2011）从价格机制和数量机制的角度出发研究市场约束的有效性，发现市场机制并未有效地约束银行的风险。韩璐等（2011）却发现在隐性保险和治理机制的双重作用下，价格约束能够有效地抑制非上市银行的风险承担行为。

政府监管作为外部治理机制的重要组成部分，会对银行的风险承担行为产生影响。事实上，政府制定严格的监管制度时，银行会迫于政府的强制压力，减少过度投机行为，降低风险承担能力。同时，政府还可以通过提高存款准备金率，限制银行的过度放贷行为，降低资产风险。基利（Keeley，1990）研究发现低管制加剧了美国银行之间的竞争，银行的过度投资行为愈演愈烈，银行风险加大。

第三节　董事会治理对商业银行风险承担的影响效应

上市公司的董事会风险控制作为一种内部治理机制，影响到上市银行投资决策的选择和行为偏好，本部分主要分析董事会的治理结构和治理机制对商业银行风险承担的影响。

一、研究假设

（一）董事会结构与银行风险承担

根据道德风险论，股东才是银行贷款的主要决策者，且其与管理层相比，更加偏好风险。规模较小的董事会，其决策效率比较高，股东对董事会的控制比较强，其决策更能够代表股东的利益。规模较大的董事会则可以吸收董事不同的专业背景和社会资源，形成优势互补，降低经营过程中环境不确定性带来的风险，提高决策的科学性。资源依赖理论的学者认为董事会的规模能够显著影响到公司获取外部资源的能力，但是董事会的规模过大也会降低信息传递的速度和决策的达成，削弱董事会对管理层的控制，形成内部人控制的局面。因此，提出第一个假设。

假设1-1：董事会规模与银行风险承担负相关。

一般而言，独立董事的比例越高，越能有效地监督管理层的行为，降低管理层机会主义行为发生的概率，降低银行的风险承担。因此，提出第二个假设。

假设1-2：独立董事的比例与银行风险承担负相关。

当银行CEO与董事长两职合一时，董事会的独立性降低，监督机制形同虚设，CEO会拥有更多的话语权，并且为了保护自身的利益，他们会选择风险低的项目。因此，提出第三个假设。

假设1-3：董事会两职合一与银行风险承担负相关。

(二) 董事会专业委员会与银行风险承担

董事会各专业委员会的建立有利于保持董事会的独立性和专业性，弥补董事会自身的缺陷，提高工作效率，降低经营风险。因此，提出第四个假设。

假设1-4：董事会专业委员会的设立与银行风险承担负相关。

(三) 董事会运作与银行风险承担

董事会会议次数的增多使董事有更多时间履行其职责，了解银行发展状况，以应对不断变化的外部环境，降低经营风险。因此，提出第五和第六个假设。

假设1-5：董事会会议次数与银行风险承担负相关。

假设1-6：董事尽职情况与银行风险承担负相关。

在股权集中的情况下，控股股东通过控制董事会来影响管理层的任用和解聘，垄断信息传递，获得超额收益，中小股东只能被迫用脚投票；并且股权越集中的公司，董事会的独立性就越低。因此，提出第七个假设。

假设1-7：上市银行董事会中大股东董事比例越高，其风险承担越高。

二、研究设计

(一) 样本选择与数据来源

本章选取了 2007 ~ 2011 年度的上市银行作为样本, 鉴于我国银行上市时间的不同以及银行治理数据的可得性, 本章剔除了光大银行和中国农业银行这两家上市比较晚的银行。此外, 本章还根据上市银行的性质, 将上市银行分为全国股份制商业银行、国有银行和城市商业银行, 分别考察各类银行董事会风险控制对风险承担的影响。上市银行的主要财务数据来源于 CCER 数据库以及上市公司的年报, 治理数据由于不同银行的治理水平存在差异, 大部分来源于国泰安数据库以及银行的年报, 还有部分指标数据的搜索来源于上市银行的网站。

(二) 变量的设计

1. 被解释变量

银行的风险承担主要是指银行选择并承担某种风险的行为, 包括风险选择的动机、决策和执行, 是利益相关者之间相互博弈的结果。现有文献对银行风险承担的度量标准不一, 国内外很多学者经常用银行风险指标来衡量风险承担, 主要指标有不良资产贷款率、资本充足率、股票收益波动率、骆驼评级等。

不良资产贷款率 (NPL) =逾期贷款期末余额/各项贷款期末余额, 经常用来衡量信用风险的大小, 但是不良贷款率是一种事后指标, 同时, 不良贷款率所衡量的信用风险只是银行风险的一种, 不具有全面性。

银行股票收益波动率是根据银行股价每日波动情况计算而来的标准差, 由于我国资本市场存在明显缺陷, 中小投资者投机性较强, 经常选择 "用脚投票" 的方式操作股价, 因此, 股票收益波动率指标人为操纵性强, 不能用来衡量银行风险的大小。

鉴于以上指标的缺陷, 博伊德 (Boyd, 1988) 提出了一种新的衡量银行风险承担的方法。他们认为当银行损失超过自由资本时，银行就会破产。基于这个假设，认为银行破产的概率可以近似求得。

$$P(\pi \leqslant -E) = P(\frac{\pi}{A} \leqslant -\frac{E}{A}) = P(r \leqslant -k) = P(r - u \leqslant -k - u)$$

$$\leqslant P(|r - u| \geqslant k + u) \qquad (1-1)$$

根据切比雪夫不等式，可以变形为：

$$P(|r - u| \geqslant k + u) \leqslant \frac{\delta^2}{(u+k)^2}, P(r \leqslant -k) \leqslant \frac{\delta^2}{(u+k)^2}$$

$$(1-2)$$

$$r = ROA = \frac{\pi}{A}, u = \overline{ROA}, k = \frac{E}{A} = CAR$$

其中，E 表示股本，即自有资产，A 表示资产总额，π 表示税后年利润，r 为资产收益率，u 为 r 的期望，δ^2 为 r 的方差，k 为资本资产率。从而求得银行破产的最大概率为：

$$Z = \frac{u + k}{\delta} = \frac{ROA + CAR}{\delta(ROA)} \qquad (1-3)$$

通过 Z 值我们可以发现，$\delta(ROA)$ 越大，表明银行总资产收益率波动越大，相应银行风险越大，Z 值反倒越小，所以用 Z 值衡量银行风险时，Z 值的大小与银行风险负相关。这一指标不受股票市场波动的影响，稳定性好。基于以上原因，本章将选取 Z 值衡量银行风险承担的大小。另外，由于银行的资产业务主要集中在贷款方面，因此选择不良资产贷款率作为辅助衡量指标。

2. 解释变量

此处以董事会结构风险、机构设置风险、运作风险为解释变量，包含三个方面。其中，董事会的规模（BOD），用董事会的总人数来表示；董事会的独立性用独立董事的比例（IDR）来表示，它等于独立董事的人数除以董事会人数；董事会的领导权结构用银行 CEO 或行长是否与董事长或副董事长两职合一（POW）这个虚拟变量来表示，若两职合一则取值为 1，否则为 0；董事会专业委员会用设置的专业委员会（*SC*）的数目衡量，董事会专门委员会主要包括风险控制委员会、审计委员会、薪酬与考核委员会、提名委员会等；董事会运作风险用董事会会议次数（*SI*）和董事是否尽职（*SL*）、第一大股东董事占董事会的比例（*SH*）来衡量。董事是否尽职主要用尽职董事占董事会人数的比例衡量，若某一股东实际参加的会议次数少于应当参加的会议次数，则视为该董事未尽职。

3. 控制变量

为了更好地考察董事会风险控制对银行风险承担的影响，在参考相关实证研究的基础上，选择了公司规模（*SIZE*）、银行性质（*BI*）、财务杠杆比率（*LEV*）、银行的成长性（*Growth*）、GDP 增长率（*GI*）作为控制变量。

公司规模（*SIZE*）采用总资产的自然对数来衡量，一般认为，规模大的银行获取外部资源的能力比较强，具有规模经济的优势，能够承担更大的风险。

银行成长性（*Growth*）用（期末总资产 – 期初总资产）/期初总资产来表示，当银行处于快速成长的阶段时，银行的投资机会很多，投资的规模也很大，为了迅速扩张，银行愿意承担更大的风险。

银行性质（*BI*）设为虚拟变量，分别用 *GOB*、*COB*、*MB* 来表示，若上市银行属于国有银行，则为 1，否则为 0；属于全国股份制商业银行则为 1，否则为 0；若为城市商业银行则为 1，否则为 0。

财务杠杆比率（*LEV*）用资产负债率来表示，研究表明债权融资具有特殊的治理效应，资产负债率越高，银行的财务风险就越大，银行也就承担更大的风险。

GDP 增长率（*GI*）通过查询国家统计局的网站获得，当外部经济形势良好的时候，企业对资金的需求增加，银行的放贷规模扩大，面临的信用违约风险也就越大。各变量的具体内涵及界定等见表 1.1。

表 1.1   变量界定

变量类型	变量名称	变量符号	变量含义及计算方法
被解释变量	Z 指数	Z-score	$(ROA + CAR) / \sigma (ROA)$ 的自然对数
	不良资产贷款率	NPL	逾期贷款期末余额/各项贷款期末余额
解释变量	董事会规模	BOD	董事会总人数
	独立董事比例	IDR	独立董事人数/董事会总人数
	董事会两职合一	POW	若两职合一则为 0，两职分离则为 1
	专业委员会设置	SC	专业委员会设置的数目
	董事会会议次数	SI	银行报表中董事会召开的会议次数
	董事尽职情况	SL	全勤董事人数/董事会人数
	第一大股东董事占董事会的比例	SH	第一大股东董事人数/董事会人数
控制变量	公司规模	SIZE	总资产的自然对数
	公司成长性	Growth	（期末总资产 – 期初总资产）/期初总资产
	银行的性质	GOB	若上市银行属于国有银行，则为 1；否则为 0
		COB	若上市银行属于全国制股份银行，则为 1，否则为 0
		MB	若上市银行属于城市商业银行，则为 1，否则为 0
	财务杠杆比率	LEV	资产负债率
	GDP 增长率	GI	每年经济增长率

资料来源：笔者整理。

（三）实证模型

为了检验前面根据文献提出的理论，我们分别建立多元回归模型进行大样本的检验，尽可能多地考虑解释变量对被解释变量的影响。模型（1 – 4）、模型（1 – 5）、模型（1 – 6）分别从董事会结构风险控制、机构设置风险控制、运作风险控制三个方面检验其对银行风险承担的影响。

$$Z\text{-}score = \alpha_0 + \alpha_1 BOD + \alpha_2 IDR + \alpha_3 POW + \alpha_4 SIZE + \alpha_5 Growth + \alpha_6 BI$$
$$+ \alpha_7 LEV + \alpha_8 GI \tag{1 – 4}$$

$$Z\text{-}score = \alpha_0 + \alpha_1 SC + \alpha_2 SIZE + \alpha_3 Growth + \alpha_4 GOB + \alpha_5 COB + \alpha_6 MB$$

$$+ \alpha_7 LEV + \alpha_8 GI \tag{1-5}$$

$$Z\text{-}score = \alpha_0 + \alpha_1 SI + \alpha_2 SL + \alpha_3 SH + \alpha_4 SIZE + \alpha_5 Growth + \alpha_6 BI +$$
$$\alpha_7 LEV + \alpha_8 GI \tag{1-6}$$

三、主要变量的统计性描述

根据前述样本和数据，国有控股商业银行相关变量的描述性统计结果见表 1.2。

表 1.2　　　　　　国有控股商业银行的描述性统计结果

变量	最小值	最大值	平均值	标准差
Z-score	3.74	4.06	3.94	0.07
BOD	15.00	18.00	16.25	1.07
IDR	0.25	0.40	0.33	0.05
POW	0.00	0.00	0.00	0.00
SC	5.00	6.00	5.25	0.44
SI	5.00	24.00	10.45	4.30
SL	0.78	1.00	0.94	0.08
SH	0.38	0.44	0.41	0.15
SIZE	21.47	23.46	22.72	0.56
Growth	0.12	0.29	0.19	0.06
LEV	0.87	0.95	0.93	0.02
GI	0.09	0.13	0.10	0.01

资料来源：笔者整理。

由表 1.2 可知，样本公司各变量之间的差异并不大。Z-score 平均为 3.94，标准差为 0.07，可见，国有控股商业银行风险承担的水平相差不大。从董事会结构变量来看，董事会规模最高为 18.00，最低为 15.00，平均值为 16.25，标准差为 1.07；独立董事的比例最高为 40%，最低为 25%，平均值为 33%。从董事会机构设置变量来看，专业委员会的设置数量均值为 5.25，标准差为 0.44；从董事会运作变量来看，董事会会议次数均值为 10. 45，标准差为 4. 30；董事会尽职状况来看，尽职董事占董事会人数的比例均值为 94%，标准差为 0. 08，表明我国董事基本上履行了自己的职责，勤勉度较高；控股股东董事会人数占董事会总人数的比例均值为 41%，标准差为 0. 15，表明控股股东董事会人数占董事会总人数的比例差异不明显。财务杠杆比率均值为 93%，表明我国国有银行存在较高的资产负债率。

表 1. 3 给出了全国制股份商业银行的描述性统计结果。由表可知，样本公司各变量之间的差异较国有银行要大。Z-score 平均值为 3. 71，标准差为 0. 28。可见，全国制股份商业银行风险承担的水平相差较国有银行要大。

表 1. 3　　　　全国制股份商业银行的描述性统计结果

变量	最小值	最大值	平均值	标准差
Z-score	2. 92	4. 27	3. 71	0. 28
BOD	14. 00	19. 00	16. 57	1. 67
IDR	0. 29	0. 44	0. 35	0. 03
POW	0. 00	1. 00	0. 57	0. 50
SC	3. 00	6. 00	5. 29	0. 99
SI	5. 00	20. 00	10. 46	3. 93
SL	0. 50	1. 00	0. 95	0. 11
SH	0. 17	0. 60	0. 29	0. 16
SIZE	19. 68	21. 75	20. 96	0. 53
Growth	0. 15	0. 43	0. 28	0. 08
LEV	0. 90	0. 98	0. 95	0. 02
GI	0. 09	0. 13	0. 10	0. 01

资料来源：笔者整理。

表 1. 4 给出了城市商业银行的描述性统计结果。由表可知，样本公司各变量之间的差异较全国制股份商业银行要大。Z-score 平均值为 4. 16，标准差为 0. 25。可见，城市商业银行风险承担的水平相差较全

国制股份商业银行要大。

表1.4　　　　　　　　　城市商业银行的描述性统计结果

变量	最小值	最大值	平均值	标准差
Z-score	3.80	4.61	4.16	0.25
BOD	13.00	18.00	16.20	1.70
IDR	0.27	0.36	0.34	0.02
POW	0.00	1.00	0.33	0.49
SC	5.00	6.00	5.67	0.49
SI	5.00	11.00	8.20	1.82
SL	1.00	1.00	1.00	0.00
SH	0.07	0.15	0.10	0.06
SIZE	18.18	20.68	19.27	0.80
Growth	−0.01	0.63	0.35	0.17
LEV	0.87	0.95	0.92	0.02
GI	0.09	0.13	0.10	0.01

资料来源：笔者整理。

　　综上对比可知，城市商业银行的风险承担水平最高，其次是国有商业银行，全国制股份商业银行最低，表明城市商业银行采取了更加激进的投资选择。在董事会规模方面，三类银行相差不大，反映出银行的性质并不会直接影响到董事会规模的大小。独立董事方面，三类银行都达到了证监会要求的独立董事的比例不低于1/3的要求，相比较而言，全国制股份商业银行的独立性更高一些。国有银行CEO与董事长均两职合一，全国制股份商业银行两职合一程度要低于城市商业银行。专业委员会的设置上，三类银行差别不大，表明银行在独立性、专业性和审慎性方面做得比较好。董事会会议次数上，股份制商业银行最高，其次是国有银行，城市商业银行最低，考虑到股份制商业银行面临的资源和政治背景与国有银行和地方商业银行相比存在劣势，因此外部环境对股份制商业银行的影响更加明显，董事会需要根据环境的变化不断做出调整。董事尽职方面，三类银行几乎没有区别，表明我国银行中董事基本能履行自己的职责，尽到了勤勉义务。控股股东董事会人数占董事会总人数的比例，全国制股份商业银行最高，国有银行次之，城市商业银行最低，由于全国制股份商业银行其股权集中度较国有银行要低，控股股东希望董事会中有更多代表自己利益的董事。规模方面，国有银行拥有其他类银行无法比拟的资源和优势，其规模最大，城市商业银行因受地域范围的限制，规模最小。银行成长性方面，三类银行成长性都很快，但成长速度有所降低。城市商业银行最高，全国制股份银行次之，国有银行最低。主要原因在于国有银行承担了大量的政府贷款的任务和社会责任，效率比较低，服务水平和质量渐渐落后于其他类型的专业银行，大规模的基数导致增长比较慢。在财务杠杆比率方面，全国制股份商业银行银行最高，表明负债业务对其的重要性程度。经济增长速度属于外部环境因素，银行自身无法控制。

表 1.5 给出了各变量之间的相关系数。董事会规模与独立董事的比例高度正相关，系数为 0.305，与专业委员会设置的数量高度正相关，系数为 0.599，这表明董事会规模越大，独立董事比例越高，专业委员会的设置就越齐全。董事会规模与其他解释变量之间不存在显著的相关关系，说明董事会规模与其他解释变量之间存在着独立性，指标选取符合要求。独立董事比例与专业委员会设置的数量呈显著正相关关系，系数为 0.232，表明董事会的独立性越高，专业委员会的独立性也就越高，也就越能发挥其作用。专业委员会的数量与控股股东董事比例呈显著负相关关系，系数为 −0.483，表明专业委员会的独立性能够抑制大股东控制董事会的情况，加强了对大股东的监督，发挥了自己的作用。董事会会议次数与董事尽职情况呈显著负相关关系，系数为 −0.380，表明董事的精力和时间是有限的，对于董事会会议的重要性存在着边际效用递减的可能。银行规模与银行成长性呈显著负相关关系，系数为 −0.523，表明银行规模越大，需要协调的资源越

多，关系越复杂，付出的协调成本越多，抑制了银行的快速发展。

表 1.5　　　　　　　　　　解释变量的 Pearson 相关系数检验

变量	BOD	IDR	POW	SC	SI	SL	SH	SIZE	Growth	LEV	GI
BOD	1.000										
IDR	0.305*	1.000									
POW	0.460*	−0.070	1.000								
SC	0.599*	0.232*	0.160	1.000							
SI	0.063	−0.190	0.090	0.058	1.000						
SL	−0.180	0.148	−0.204	−0.100	−0.380*	1.000					
SH	−0.190	0.061	0.074	−0.483*	0.182	0.036	1.000				
SIZE	0.017	−0.040	0.038	−0.010	0.228*	−0.070	0.211	1.000			
Growth	−0.040	0.030	0.029	−0.080	−0.080	0.139	−0.030	−0.523*	1.000		
LEV	0.178	0.153	0.146	0.083	0.164	−0.140	−0.120	0.149	0.060	1.000	
GI	0.066	−0.140	0	−0.060	0.128	−0.010	0.062	−0.160	0.150	−0.060	1.000

注：*** 表示在 1% 水平上显著，** 表示在 5% 水平上显著，* 表示在 10% 水平上显著。

资料来源：笔者整理。

四、实证检验结果及分析

（一）检验结果

为了检验本章的假设，我们进行了各变量之间的多元线性回归分析。表 1.6 给出了多元回归分析的结果。

表 1.6　　　　　董事会风险控制变量对银行风险承担的回归结果

变量	银行风险承担 Z-score						
	模型（1−4）			模型（1−5）		模型（1−6）	
常数项	15.216***	15.330***	15.432***	15.137***	15.456***	15.269***	15.380***
	(19.27)	(19.40)	(19.87)	(19.34)	(19.50)	(17.87)	(19.91)
BOD	−0.097**						
	(−2.23)						

续表

变量	银行风险承担 Z-score						
	模型（1-4）			模型（1-5）		模型（1-6）	
IDR	0.463 *** (9.43)						
POW			-0.063 * (-1.85)				
SC				-0.030 ** (-2.29)			
SI					0.071 (1.41)		
SL						-0.010 *** (-9.58)	
SH							0.218 * (1.90)
SIZE	-0.013 *** (-5.72)	0.012 *** (9.14)	0.012 *** (9.08)	0.014 *** (9.62)	-0.012 *** (-9.17)	0.013 *** (8.61)	0.010 *** (6.64)
Growth	0.144 ** (2.21)	0.135 *** (7.75)	0.124 *** (7.29)	0.162 ** (2.03)	0.132 *** (4.47)	0.134 *** (7.85)	0.178 *** (5.30)
LEV	12.213 * (1.81)	11.992 *** (14.60)	12.313 *** (15.33)	12.227 *** (15.11)	12.272 *** (15.10)	12.106 *** (14.69)	12.390 *** (15.33)
GI	-1.092 (-0.91)	-1.187 (-0.99)	-1.046 (-0.89)	-0.954 (-0.81)	-1.326 (-1.10)	-1.129 (-0.97)	-1.129 (-0.97)
调整的 R^2	0.766	0.767	0.776	0.771	0.771	0.764	0.777
DW 值	1.103	1.202	1.102	1.162	1.212	1.120	1.102

注：*** 表示在 1% 水平上显著，** 表示在 5% 水平上显著，* 表示在 10% 水平上显著，括号内为 t 值。

资料来源：笔者整理。

模型（1-4）分别对董事会规模（BOD）、独立董事比例（IDR）、董事会两职合一（POW）进行了检验，模型（1-5）对专业委员会设置（SC）进行了检验，模型（1-6）分别对董事会会议次数（SI）、董事会尽职情况（SL）、第一大股东董事占董事会的比例（SH）进行了检验。

在模型（1-4）中，董事会规模（BOD）对银行风险承担通过了 1% 显著性水平的检验，即董事会规模与银行风险承担之间存在显著的负相关关系，假设 1-1 得到验证。这种结果产生的原因是我国的银行规模一般都很庞大，大规模带来了协调的成本上升，资源配给和利用效率降低，边际收益不断递减，为了降低成本，董事会会采取保守的投资策略。其次，规模较大的董事会则可以吸收董事不同的专业背景和社会资源，形成优势互补，降低经营过程中环境不确定性带来的风险，提高决策的科学性。并且，我国的银行大部分的控股股东都是国有性质，其更加关注的是国有资产的保值，风险比收益更重要，因而会在董事会决策中偏好规避风险，这也降低了银行的风险承担。

独立董事的比例（IDR）对银行风险承担的影响通过了1%显著性水平的检验，即独立董事比例与银行风险承担之间存在显著的相关关系，但两者之间是正相关关系，这表明独立董事的比例越高，并没有降低银行的风险承担，假设1-2未得到验证。其主要原因在于我国银行独立董事的作用难以发挥。我国上市银行虽然引入了独立董事制度，但是独立董事被称为花瓶董事。由于独立董事与上市公司并不发生任何利益上的联系，因此缺乏相关的激励机制来保证独立董事能够认真履行其职责，真正提出合理化的建议。我国上市银行的独立董事基本都是形式上独立，实质上并不独立，对独立董事的任免由控股股东决定，这导致了独立董事的独立性受到很大的限制。另外，即使独立董事的独立性不受到影响，但是独立董事做决策或提出建议的时候是根据管理层提供的银行信息，特别是在信息本身存在错误的情况下，会误导独立董事决策的制定。

董事会两职合一（POW）与银行风险承担之间通过了置信水平为10%的显著性检验，即董事会两职合一与银行风险承担之间存在负相关关系，假设1-3得到验证。

模型（1-5）集中检验了专业委员会的设置（SC）对银行风险承担的影响。专业委员会设置的数量对银行风险承担的影响已通过了置信水平为5%的显著性检验，表明专业委员会的设置确实会对银行风险承担产生显著负向影响，假设1-4得到证实。

模型（1-6）检验了董事会运作风险对银行风险承担的影响。董事会会议次数（SI）与风险承担之间没有通过显著性检验，且与之前假设的负相关关系相反,这表明董事会会议次数并不能够显著影响银行的风险承担水平,因此,假设1-5不成立。

董事尽职情况(SL)对银行风险承担的影响通过了置信水平为1%的显著性检验,表明董事尽职情况确实会对银行风险承担产生显著积极影响,假设1-6得到验证。

第一大股东董事所占比例(SH)对银行风险承担的影响通过了置信水平为10%的显著性检验,表明董事会中第一大股东董事所占比例越高,其更倾向于偏好风险,因此,假设1-7成立。

从模型(1-4)到模型(1-6)的整体回归效果来看,R^2和经过调整的R^2都在0.78左右,拟合程度比较高,这说明了模型充分考虑了董事会风险控制变量对银行风险承担的影响。检验多重共线性的重要指标VIF为1.17左右,小于5,不存在多重共线性的问题。从各模型的F统计量来看,显著不为0,证明模型的设置是比较合理的。

(二)稳定性检验

为了验证实证分析结果的可靠性程度,进行稳定性检验,检察模型与表1.6一致。在此用不良资产贷款率代替Z-score,发现主要变量的符号和显著性没有发生很大变化,因此结论的可靠性程度比较高,具体结果见表1.7。

表1.7 稳健性检验结果

变量	银行风险承担 NPL						
	模型(1-4)			模型(1-5)		模型(1-6)	
常数项	10.034 *** (8.64)	10.033 *** (8.25)	10.048 *** (8.82)	10.029 *** (7.60)	10.033 *** (8.14)	10.023 *** (5.31)	10.039 *** (9.73)
BOD	-0.107 *** (-7.92)						
IDR		0.028 *** (6.42)					
POW			-0.013 * (-1.99)				

变量	银行风险承担 NPL						
	模型（1-4）			模型（1-5）		模型（1-6）	
SC				-0.022** (2.18)			
SI					0.001 (0.65)		
SL						-0.009*** (9.51)	
SH							0.020** (2.073)
SIZE	-0.047*** (-8.46)	0.042*** (8.20)	0.044*** (8.94)	0.041*** (7.13)	-0.042*** (-7.41)	-0.043*** (-8.08)	0.040*** (7.82)
Growth	0.083*** (2.62)	0.090** (2.14)	-0.080** (-2.08)	-0.074** (-2.16)	-0.009*** (-9.87)	-0.008*** (-9.00)	-0.012 (-1.01)
LEV	0.022*** (5.36)	0.015*** (6.39)	0.019*** (6.47)	0.017*** (6.73)	0.004*** (9.18)	0.003*** (6.90)	0.010*** (7.42)
GI	0.308*** (5.20)	0.290*** (4.78)	0.300*** (5.11)	0.294*** (5.02)	0.292*** (4.77)	0.297*** (4.92)	0.300 (4.96)
调整的 R^2	0.267	0.245	0.274	0.283	0.235	0.240	0.231
DW	1.688	1.742	1.687	1.679	1.693	1.701	1.703

注：*** 表示在1%水平上显著，** 表示在5%水平上显著，* 表示在10%水平上显著，括号内为 t 值。

资料来源：笔者整理。

五、进一步研究

董事会作为决策机构，还必须考虑外界一些政策环境的影响，因此进一步研究了银行的外部治理机制对两者之间关系的调节效应。

信息披露质量是董事会风险控制的重要内容，信息披露质量的好坏影响到银行的风险承担。由于银行与存款人之间的信息不对称，存款人对银行资产的风险状况并不了解，只能通过银行披露的信息来做出自己的判断，当他们预期银行的风险比较小时，就不会增强对银行的监管力度。如果信息披露不及时、不完善，存款人就不会得到有价值的信息，也就不会对银行的声誉产生信任，存款人的资本会向更有安全性的机构转移，造成银行的声誉风险上升。另外，信息披露也能够降低银行过度投资的偏好，存款人在获得银行风险的充分信息后，基于对自身资产审慎性的需要，会限制银行投资高风险的项目，从而降低风险承担。本节将分别基于政府监管、市场约束两个方面的调节效应来分析董事会信息披露风险控制对银行风险承担的影响。相关变量如表1.8所示。

表1.8 变量界定

变量类型	变量名称	变量符号	变量含义及计算方法
被解释变量	Z指数	Z-score	$(ROA + CAR) / \sigma (ROA)$ 的自然对数
解释变量	高管处罚	MAP	若政府对银行高管进行了处罚，则取1，否则为0
	Lerner指数	Lerner	$L_{it} = (P_{it} - mc_{it}) / P_{it}$
	信息披露质量	DOI	借鉴唐跃军、程新生（2005）所构建的中国上市公司信息披露指数
控制变量	公司规模	SIZE	总资产的自然对数
	公司成长性	Growth	（期末总资产－期初总资产）/期初总资产
	银行的性质	GOB	若上市银行属于国有银行，则为1；否则为0
		COB	若上市银行属于全国制股份银行，则为1，否则为0
		MB	若上市银行属于城市商业银行，则为1，否则为0
	财务杠杆比率	LEV	资产负债率
	GDP增长率	GI	每年经济增长率

资料来源：笔者整理。

市场约束的衡量，借鉴陈其安、黄悦悦（2011）的实证研究，采用 Lerner 指数来衡量，其中 P_{it} 表示银行 i 在第 t 季度的价格，用总收入与总收益性资产的比值来衡量；mc_{it} 表示银行 i 在第 t 季度的边际成本，Lerner 指数越大，表示银行的市场竞争力越大，面临的市场约束越小。对于政府监管的衡量指标，借鉴王倩等（2007）选取的政府监管的指标，用高管处罚（*MAP*）这个虚拟变量来衡量，若政府对银行高管进行了处罚，则取1，否则为0。董事会信息披露风险控制的指标选择借鉴唐跃军等（2005）所构建的中国上市公司信息披露指数（*DOI*），从信息披露的真实性、及时性、完整性三个方面来评价，共14个指标，若上市银行某一项达标，则记为1，不达标则为0，计算出达标的比例，如表1.9所示。

表1.9　　　　　　　　　　　信息披露指标构建

一级指标	二级指标	三级指标
信息披露质量	信息披露真实性	年度财务报告是否被出具非标准无保留意见
		近五年来是否有会计政策或会计估计变更
		近三年是否更换会计师事务所
		被更换的会计师事务所是否提出异议或做过申诉
		公司年报审计会计师事务所是否为公司提供其他业务
		监事会是否曾发现并纠正公司财务报告不实之处
	信息披露及时性	股东大会的会议决议是否及时披露
		董事会的会议决议是否及时披露
		定期报告是否及时披露
		委托理财是否及时披露
	信息披露完整性	股东大会的会议决议是否充分披露
		董事会的会议决议是否充分披露
		监事会的会议决议是否充分披露
		委托理财是否及时充分披露

资料来源：笔者整理。

（一）政府监管的调节效应

政府对上市银行信息披露的监管主要通过严格要求上市银行披露财务报告以及重大事项来体现的。中国证监会、银保监会先后发布了一系列文件，规定上市银行应按照相关规定，披露公司治理的有关信息。政府通过强制性信息披露的要求来规范银行的信息披露制度，并且规定董事会对银行信息披露的质量负有责任，这就加大了董事责任承担的程度，迫使他们审慎对待财务信息失真和财务报表造假所引发的后果，从而降低银行的风险承担。针对以上分析，建立回归模型（1-7）和模型（1-8）：

$$Z\text{-}score = \alpha_0 + \alpha_1 DOI + \alpha_2 MAP + \alpha_i Control \qquad (1-7)$$

$$Z\text{-}score = \alpha_0 + \alpha_1 DOI + \alpha_2 MAP + \alpha_3 DOI \times MAP + \alpha_i Control$$

$$(1-8)$$

其中，α_0 为常数项，α_i（$i \geqslant 1$）为模型参数。

由表 1.10 可知，模型（1-7）中，信息披露与银行风险承担在 10% 的置信水平内呈负相关关系，表明信息披露水平越高，银行风险承担越低。造成这种现象的主要原因在于当信息披露水平提高时，存款人能够充分获得银行风险信息，为了保障自身资产免受破产的威胁，因而会限制银行的过度投资行为。政府监管与银行风险承担在 1% 的置信水平内呈负相关关系，表明政府监管越严格，银行的风险承担越低。模型（1-8）中，在政府监管的调节效应下，信息披露与银行风险承担在 5% 的置信水平内呈负相关关系，政府监管与银行风险承担在 1% 的置信水平内呈负相关关系，两者的交叉项与银行风险承担在 10% 的置信水平内呈正相关关系，表明政府监管力度的加强，确实能够提高信息披露对银行风险承担的影响度。随着政府对违反上市银行信息披露制度的银行高管进行处罚，能够很好地抑制银行信息失真的情况，迫使银行能够更多地披露信息，来降低信息的不对称性，在政府隐性保险体制下，存款人会降低对银行的监督力度，从而提高银行的风险承担。

表 1.10 政府监管调节效应的回归结果

变量	银行风险承担 Z-score	
	模型（1-7）	模型（1-8）
常数项	11.560 ***	12.321 ***
	(8.922)	(9.183)
DOI	-0.598 *	-2.622 **
	(-1.712)	(-2.161)

续表

变量	银行风险承担 Z-score	
	模型（1-7）	模型（1-8）
MAP	-0.071 *** (-3.478)	-0.119 *** (-4.177)
DOI × MAP		0.312 * (1.795)
SIZE	0.031 * (1.868)	0.027 * (1.933)
Growth	0.309 * (1.828)	0.265 * (1.765)
LEV	-8.674 *** (-7.177)	-8.675 *** (-7.035)
GI	-2.201 * (-1.846)	-1.904 * (1.795)
调整的 R^2	0.391	0.389
DW 值	1.445	1.421

注：*** 表示在1%水平上显著，** 表示在5%水平上显著，* 表示在10%水平上显著，括号内为 t 值。

资料来源：笔者整理。

（二）市场约束的调节效应

市场约束对上市银行信息披露的影响取决于银行所处的市场竞争环境。当外部金融体系的市场化程度比较高时，银行的垄断力会不断降低，竞争加剧。过度竞争带来了银行特许权价值的降低，促使银行采取更具风险的信贷政策来维持原有的收益水平，通常是降低授信的标准，降低银行的资本充足率，增加贷款组合的内在风险，提高银行的风险承担水平。另外，市场竞争加剧，银行对资本的需求也增加，为了吸引更多的存款人，银行需要通过自愿性的信息披露来降低信息不对称，过度的信息披露也会给银行带来高额的信息披露成本，迫使银行不得不通过高风险高收益的项目来抵减这部分成本。但是在市场程度较低时，银行处于垄断地位，能够向贷款企业要求更高的贷款利率，贷款利率的上升将会使得企业投资于更高风险的项目，从而将高风险间接传导到银行体系中，增加了银行不良贷款发生的可能性。因此市场约束的调节效应并不总是一致的，它受银行所处市场环境以及信息披露成本的影响。基于上述分析，建立模型（1-9）和模型（1-10）：

$$Z\text{-}score = \alpha_0 + \alpha_1 DOI + \alpha_2 Lerner + \alpha_i Control \quad (1-9)$$

$$Z\text{-}score = \alpha_0 + \alpha_1 DOI + \alpha_2 Lerner + \alpha_3 DOI \times Lerner + \alpha_i Control$$

$$(1-10)$$

由表 1.11 可知，模型（1-9）中，信息披露与银行风险承担在 1% 的置信水平内呈正相关关系，表明信息披露水平越高，银行风险承担越高。造成这种现象的主要原因在于当信息披露水平提高时，信息披露成本上升，为了弥补成本上升带来的收益减少，银行会倾向于投资那些高风险高收益的项目，从而提高银行的风险承担水平。市场约束与银行风险承担在 5% 的置信水平内呈负相关关系，表明市场竞争力越大，银行的风险承担越低。上市银行的市场竞争力越低，越能处于被动地位，为了扩大自己的生存空间，银行必须扩大信贷的规模，承担更大的风险。

表 1.11　　　　　　　　市场约束调节效应的回归结果

变量	银行风险承担 Z-score	
	模型（1-9）	模型（1-10）
常数项	11.496***	11.926***
	(8.929)	(9.045)
DOI	0.291***	0.122***
	(3.717)	(3.105)
Lerner	-0.019**	-0.014**
	(-2.063)	(-2.033)
DOI × Lerner		-0.002*
		(-1.743)
SIZE	0.025*	0.020*
	(1.671)	(1.668)
Growth	0.299*	0.288*
	(1.818)	(1.768)
LEV	-9.016***	-9.181***
	(-7.857)	(-8.006)
GI	-2.206*	-2.072*
	(-1.966)	(-1.851)

续表

变量	银行风险承担 Z-score	
	模型（1-9）	模型（1-10）
调整的 R^2	0.260	0.265
DW 值	1.629	1.678

注：*** 表示在1% 水平上显著，** 表示在5% 水平上显著，* 表示在10% 水平上显著，括号内为 t 值。

资料来源：笔者整理。

模型（1-10）中，在市场约束的调节效应下，信息披露与银行风险承担在1% 的置信水平内呈正相关关系，市场约束与银行风险承担在5% 的置信水平内呈负相关关系，两者的交叉项与银行风险承担在10% 的置信水平内呈负相关关系，表明市场约束不仅不能够提高信息披露对银行风险承担的正相关度，反而存在抑制作用。市场化程度的提高使得上市银行面临激烈的竞争，而存款是银行的主要资产，为了吸引更多的存款人的吸引力，银行必须提高信息披露的水平，建立两者之间的信任关系，一方面势必造成了银行信息披露成本的上升，促使银行提高风险承担；另一方面提高了存款人对银行风险的了解程度，降低银行的风险承担。后者的抑制作用大于前者，导致了银行总风险承担的降低。

第四节　主要研究结论与实践启示

一、主要研究结论

经研究发现，董事会规模与银行风险承担之间存在显著的负相关关系；独立董事的比例与银行风险承担不相关；董事会两职合一与银行风险承担负相关；专业委员会的设置与银行风险承担负相关；董事会会议次数与银行风险承担不相关，董事尽职情况与银行风险承担负相关；上市银行董事会中大股东董事比例越高，其风险承担越高；政府监管具有调节效应，能够抑制信息披露风险控制对银行风险承担的负向作用；市场约束具有调节作用，能够抑制信息披露风险控制对银行风险承担的正向作用。

二、实践启示

（一）保持恰当的董事会规模，缩短决策的时间

银行保持较大的董事会规模，可以吸收更多董事的意见，充分利用他们的专业背景和社会资源。董事会必须努力缩短决策花费的时间，改善议事程序。针对董事会规模过大带来的监督降低，可以严格规范公司规章制度，加强对管理层的激励，考虑实施股权激励，改善绩效评价体系。

（二）充分发挥独立董事的作用

对独立董事履职要求做出系统的制度安排，以提高独立董事勤勉尽责意识和履职能力。限定独立董事在上市公司兼任的家数，保证其有充足的时间和精力履行职责；适度增加独立董事的比例，让独立董事充分掌握上市公司的信息，还要让独董掌握有效的否决权，进一步发挥其作用。另外，建立有效的反馈渠道，将独董的意见及时、有效地反馈给监管层。针对独立董事的选拔，可以建立专门的独立董事人选库，根据不同的专业背景来随机选择，提高独立董事的任职要求，对其学历、专业等提出具体要求，鼓励会计、法律等专业人士担任独立董事。加大对独立董事的监督约束，建立独董声誉数据库，对不称职的独立董事进行问责。

（三）适度推进两职分离

目前，我国的国有银行普遍存在着行长兼任副董事长的现象，这就降低了对银行高管层的监督，可以考虑由独立董事来担任副董事长，行长作为执行董事，将更多精力放在银行的经营管理上，由独立董事负责监督行长及其他高管的行为。

（四）更加充分发挥专业委员会在降低银行风险承担上的作用

逐步建立健全上市银行董事会专门委员会制度，必须建立审计、

薪酬、提名、风险管理委员会，且多数由独立董事担任，同时制定董事会专门委员会运作的指引性文件，明确专门委员会职责定位、操作程序，引导各专门委员会规范有效运作。

（五）合理召开董事会会议，激励董事成员尽职尽责

我们一般在董事会的年度、半年度例会上审议定期报告、生产经营情况汇报、三会报告、上年度生产任务完成情况、下年度生产经营计划、重大财务政策变更等很多内容，因此可以考虑安排季度例会等会议重点讨论影响公司未来发展的重大事件、宏观经济法律政策，与此同时还可以安排董事和公司的高级管理人员讨论公司现在及以后主营业务面临的重大问题。董事会召开会议应当着眼于当前和长期的发展规划，努力解决可能存在的问题，避免事后召开会议弥补损失。建立奖励机制，对未按时履行职责的董事进行处罚和通报，调动董事会成员的积极性。

（六）要充分发挥政府监管和市场约束的作用，提高银行的信息披露质量，控制信息披露成本

政府可以通过加大对违规银行高管和董事的处罚力度来迫使银行管理层审慎评估信息披露失真所带来的风险，鼓励银行进行自愿性信息披露。在当前激烈的竞争环境下，要努力控制信贷的规模，引导银行多元化经营，分散风险。

第二章

董事会资本与商业银行风险承担

商业银行是以创造效益最大化为经营理念，通过多种金融负债吸纳资金，以多种金融资产为其经营对象，并能通过负债进行信用创造，向公众提供综合性服务的金融企业。金融学界往往从金融功能观和金融机构论两个视角去概括"金融"的特点，如果从金融机构论的视角出发，以商业银行为代表的银行业金融机构始终在金融活动中扮演重要角色，是金融活动的重要载体，特别是在货币信用领域，商业银行的发达程度和风险管控能力对一个国家的金融稳定和经济增长起着至关重要的作用。

在宏观政策层面，2017 年 7 月，第五次全国金融工作会议中，习近平总书记提出金融工作的三大任务：防范并化解系统性金融风险，服务实体经济，深化金融改革。其中，金融工作务必要以金融监管为重点，以防范系统性金融风险为底线。为此，会议上宣布设立国务院金融稳定发展委员会，旨在确保经济安全与金融稳定，这也为后期"一委一行两会"的金融监管格局奠定的基础。

2017 年 10 月在中国共产党第十九次全国代表大会中，习近平总书记再次提出"双支柱调控框架"，即健全货币政策和宏观审慎政策，强调守住不发生系统性金融风险的底线。因此，由以上两场中国决策层重要会议可以看出，中国当前金融工作的首要任务是防范并化解金融风险，坚守不发生系统性金融风险的底线。商业银行是金融活动的重要载体，是主流的金融机构，特别是上市商业银行，因其具有资产规模大、业务种类全、关联机构多等特点，所以增强上市商业银行风险管理能力，防范上市商业银行发生风险对我国金融稳定和经济安全是至关重要的。

在经济形势层面，自 2010 年，我国经济进入"新常态"，显著表现是经济由高速增长转向中高速增长，具体表现为 2010 年我国国民生产总值即 GDP 增速为 10.6%，但自 2011 年开始，我国 GDP 增速总体呈不断下降趋势，仅在 2017 年小幅回升。① 根据经济发展理论，在经济高速增长时，信用风险、流动性风险等商业银行风险不易爆发，但当经济增速持续放缓时，过去高速增长阶段积累的风险因素往往容易爆发，对经济产生重创。同时，根据《中国金融年鉴》统计，衡量商业银行资产质量和金融业运行状况的重要指标不良贷款率自 2012 年至今也呈现出总体上升趋势，2018 年我国商业银行不良贷款余额更是突破 2 万亿元，不良贷款率也达到新高即 1.89%。从以上两点经济动态来看，无论是宏观经济层面还是金融运行层面，风险因素存在并有积累趋势，因此金融监管层对防范风险十分重视。上市商业银行也存在风险因素，以 2015 年为例，A 股 16 家上市商业银行中，除了宁波银行和南京银行，其余 14 家商业银行的不良贷款率均超过 1%，中国农业银行的不良贷款率更是达到 2.39%。

在金融机构层面，随着中国在全球经济格局中的地位上升，我国商业银行也在全球金融格局中占据着越来越重要的地位。2018 年 7 月，根据商业银行一级资本的情况，英国《银行家》杂志赋值排序并发布了"2018 全球银行 1000 强"名单，作为全球银行的评价基础指标，该名单具有一定权威性。在 1000 强银行中，前 50 强银行中国占据 12 席位，美国占据 7 个席位，英国占据 5 个席位；前 100 强银行中国占据 18 个席位，接近 1/5，优势显著。除此之外，在更顶端的金融评价领域，我国商业银行同样表现优秀，2018 年 11 月，金融稳定委

---

① 资料来源：《中国统计年鉴》(2019)。

员会（FSB）使用巴塞尔委员会（BCBS）更新的评估方法，从跨境业务、规模、关联度、金融基础设施、复杂性五个方面评估全球银行，最终公布了 2018 年全球系统重要性商业银行（G-SIBs）名单。全球共有 29 家，中国占据 4 家席位，分别是中国工商银行、中国银行、中国农业银行和中国建设银行，排名第 2，在此名单中，中资商业银行系统重要性也整体上升，除了以上 4 家外，交通银行、浦发银行、中信银行、兴业银行和招商银行位列全球系统重要性得分前 50 名。由以上两个权威榜单可以看出，我国商业银行的全球实力提升显著。从另外一个角度看，入选英国《银行家》杂志根据银行一级资本评估出的前 50 强和金融稳定委员会评估出的系统重要性得分前 50 名的中资银行无一例外都是中国上市银行，这更加突出了上市商业银行这一群体的重要性。

因此，如何更好地治理商业银行这一资金融通的枢纽，避免金融危机出现，成为学术界与金融监管层关注的问题。

然而商业银行不同于一般的企业，具有多种特殊性，继而使其公司治理具有复杂性。商业银行主要营运资金来源于负债业务即储户的存款，来自股权融资和债券融资的资本金比重较低，以债权人治理为代表的外部治理作用较少，因此应该注重内部治理机制在商业银行治理中的作用。2016 年，《银行业金融机构全面风险管理指引》中明确指出建立健全全面风险管理体系是银行业金融机构内部控制和风险管理的重中之重，并由董事会对全面风险管理承担最终责任，这也再次说明了董事会对商业银行治理以及对商业银行风险承担的关键作用。已有研究多从董事会特征、结构、构成和程序四个属性研究董事会治理和决策，但存在诸多问题，例如具有相同结构特征的两家公司董事会在决策质量和公司价值创造结果上却千差万别等，这使研究结论对管理实践的指导作用削弱。因此，本章选择"董事会资本"这一更加科学的整体指标评价董事会为企业提供资源的能力，研究董事会治理和决策水平，并以此考察其对上市商业银行风险承担的影响效应。

第一节　董事会资本

一、董事会资本的概念界定

董事会资本的概念在最初并不是独立完整提出的，而是学者们从董事会人力资本或董事会社会资本概念中逐渐提炼而来。那哈皮特等（Nahapiet et al.，1998）率先提出董事会成员的社会关联可以促进公司的发展，提升公司业绩；董事会成员的从业经验和技能也能为公司带来收益。在二者关系上，科尔曼（Coleman，1988）认为董事们的社会资本和人力资本的联系是紧密的，难以分离，且二者在很大程度上相互影响、相互制约。并在这种制约平衡状态中发挥作用。在这些早期对董事会人力资本和社会资本的研究推动下，董事会资本的独立完整概念也被提出。

希尔曼等（Hillman et al.，2003）在上述研究的基础上，首先提出了独立完整的董事会资本的概念，也首次将其拓展至战略管理的研究领域中，他们将董事会治理经典理论即资源依赖理论和代理理论相结合，以此来阐述论证当董事会成员既是股东利益保护者又是资源提供者时，对公司绩效的促进作用；他们综合前人研究，认为董事会资本是董事会人力资本和董事会社会资本的综合，可以作为度量董事会为企业提供资源能力的维度。其中，董事会人力资本的概念为董事会成员每个个体提供给董事会的技能、能力和知识的总和；相应地，董事会社会资本即是指包括董事会成员所拥有的企业内部和外部的人际关系以及由这种关系带来的潜在资源在内的一种资产，这是由内、外部网络所共同构成的资本。

特别是对于社会资本的问题，国内学者周建等（2010）指出，董事会社会资本根据边界和功能的不同，可以划分为董事会内部社会资本和董事会外部社会资本。其中，董事会外部社会资本是指董事会成员通过在行业内及非行业内兼职，或者与其他社会角色等建立起来的良好关系所形成的社会资本，相应地，董事会内部社会资本则是指在企业内部董事之间以及董事会和管理层之间通过相互了解、相互沟通所建立起来的社会资本。值得注意的是，二者也互为表里，在董事会社会资本一定的情况下，具有此消彼长、此起彼伏的关系。金姆（Kim，2008）认为，董事会内部社会资本与外部社会资本可以提供不同种类的资源，具有不同的特点。除了上述分类标准之外，严子淳等（2015）依据董事会与外部建立关系所联系的组织种类，将董事会社会资本划分为纵向和横向社会资本。其中，董事会纵向社会资本是指董事会成员与政府之间建立联系所获得的资源，主要对象是政府部门等公共部门；董事会横向社会资本是指董事会成员与其他单位、企业和非公共部门之间建立联系所获得的潜在资源。

二、董事会资本的理论基础

（一）资源依赖理论

资源依赖理论主要强调企业与外部资源的关系，为董事会社会资本提供了理论支撑和合理解释。

从理论形成过程上，早期在管理学和组织理论研究中，常将组织视为一个封闭的单元，同时也将组织所处的环境认为是静态的、无风险的、十分稳定的。因此，早期研究几乎不考虑外部资源环境对组织内部运行的影响。直到20世纪60年代，学者们提出开放系统的观念，这种观念认为组织的经营模式、结构设计、战略模式都受其外部环境影响，至此组织理论才逐步关注组织内部与外部环境的双向互动关系。资源依赖理论也是在上述背景中产生的。资源依赖理论的核心"依赖"，是由汤普森（Thompson，1967）提出的，他认为一个组织或企业对于外部环境中另一个组织的依赖程度取决于对其商品、服务、资源的需求迫切程度，同时由于外部环境中存在多家企业和组织，所以需求迫切程度也受其他组织具有替代性的商品、服务、资源的影响。

之后，不断有学者深入资源依赖理论的研究，伯特（Burt，1983）指出，一个组织如果想良性发展循环，应该尽量较少地依赖其他组织和外部环境。此外，如果在社会关系中其处于被依赖、被需要的地位，那么这个组织可以从这种社会关系中获得利益。

在理论核心观点上，第一，资源依赖理论认为每个组织所拥有和掌握的资源都是存在异质性的，并且一个组织内部，不可能拥有其所需的所有资源，而掌握这些资源是组织生存发展的关键环节，因此资源的异质性和稀缺性就决定的组织必须依赖于外部环境。第二，组织为了获取资源，必定会与外部环境和其他组织产生联系，发生交换或者交易行为。第三，虽然如此，但一个组织为了茁壮稳定的生存局面和长远的发展空间，必须将自身对外界的依赖维持在一个合理的维度，并尽量减少关键资源的依赖。

在董事会资本对上市商业银行风险承担影响的研究中，与资源依赖理论联系密切的是董事会社会资本。依据理论，董事会通过其成员向公司和管理层提供了许多关键性的资源，如内部的法律援助、财务专业知识、经营意见、政治关联等。

（二）资源基础理论

资源基础理论主要强调企业与内部资源的关系，为董事会人力资本提供了理论支撑和合理解释。

从理论形成过程上，资源基础理论的形成过程稍晚于资源依赖理论，其形成大致源于20世纪80~90年代。一方面，资源基础理论认为企业之所以能达成卓越绩效是因为企业内部掌握了独特的资源；另一方面，产业组织理论认为企业之所以能经营顺利且具有竞争优势，是源于所处产业的市场结构。波特（Porter，1980）通过SCP模型即"结构—行为—绩效"分析模型论证得出，组织所处的行业类别和产业结构决定了组织所能参与的业务类别以及经营范围，深度影响组织行为模式，继而间接影响组织的绩效表现。然而，也有学者提出不同意见，李普曼（Lippman，1982）指出，同一行业企业间绩效差异程度甚至要超过不同行业企业之间的绩效差异程度。由此可以看出，产业组织理论通过 SCP 模型不能完整解释企业的卓越绩效和竞争优势。

基于上述情况，沃纳菲尔特（Wernerfelt，1984）最先提出了资源基础，旨在对波特的产业组织理论进行补充，以便更好地探究企业卓越绩效的原因。他认为，企业是特定管理模式下资源整合，企业的异质性资源深度影响企业的发展，竞争优势也是基于企业所掌握的资源而采用不同市场策略获得的。

关于资源的异质性，资源基础理论与资源依赖理论是相似的；但除此之外，资源依赖理论强调资源的稀缺性，因此理论导向是需要与外界环境进行交换，而资源基础理论强调资源的相对凝固性，也称为不可流动性，认为资源的复制模仿是有较高成本的，这也就对其他企业具有相似或相同资源产生了强烈阻隔作用。二者相辅相成，互为表里，共同为董事会资本的研究奠定了深厚的理论基础。

在董事会资本对上市商业银行风险承担影响的研究中，与资源基础理论联系密切的是董事会人力资本。董事会人力资本即为董事会成员每个个体提供给董事会的技能、能力和知识的总和，不同企业间的董事会人力资本具有异质性和短时间内难以复制性，因而符合资源基础理论所指的企业关键资源。

（三）代理理论

希尔曼等（2003）在提出董事会资本概念时，同时指出董事会在企业中的两大角色：其一是资源提供者，提供企业发展所需要的资源；其二是股东利益维护者，代表股东控制监督管理层，防止"内部人控制"的出现。由前面分析可知，作为资源提供者的角色，理论基础是资源依赖理论和资源基础理论；而作为股东利益维护者，理论基础就是代理理论。

代理理论形成于 20 世纪 70 年代，认为企业类似一个所有者与管理者达成的契约结合体，其所有权和经营权是分离的，由于信息不对称和目的等的不同，二者的利益导向也是有所差异的，这就是委托代理关系产生的关键原因。除此之外，詹森等（1976）认为委托代理的矛盾还存在于企业与外部债权人之间。不但如此，梅西等（Macey et al.，2001）认为当商业银行作为"被治理者"时，其委托代理关系不仅存在股东和管理层之间，还在监管层与银行、存款者与银行、贷款者与管理层之间存在信息不对称。因此，商业银行的特殊性在很大程度上增加了治理的复杂性。

因此，研究商业银行治理中的委托代理问题的解决方案是十分重要的。迪彭（Diepen，2015）认为董事会的设置是解决委托代理问题的手段之一。董事会可以代替管理层批准投资决策，参与重大财务事项的管理工作。进一步分析，董事会之所以能在商业银行委托代理关系中，较为有效地解决信息不对称问题，究其根本是因为董事个人的素质以及汇聚而成的董事会整体素质，这就是董事会资本。冯慧群（2014）在研究中指出，董事们凭借职业技能和决策实践，长期观测经理层是否为维护股东利益而努力，并结合其管理能力与企业现阶段战略安排决定是否雇用。因此董事会在执行监督职能时共同向银行提供了职业技能、管理经验、决策能力和时间资源，这些也是董事会资本的重要组成部分。

综上，董事会治理的成效，直接影响商业银行委托代理关系中的信息不对称问题，而董事会资本又直接关系到董事会治理的成效，因而立足于代理理论是具有重要意义的。

（四）组织社会化理论

"社会化"概念属于社会科学范畴，指个体受外界社会文化影响而转变为社会人的过程和趋势。组织社会化理论认为，新个体进入组织的过程中，会发生准成员、新成员、正式成员、边际成员和团队外成员等多种角色转变。与之相伴随的是员工对自身固有的文化、规范、标准、价值体系的修正和调整，且这个修正调整过程是反复多次发生的。最终，较为有效的组织社会化过程可以帮助个体消除对新组织的陌生感和紧张感，弱化外部环境不确定性给员工的不适应感。

由组织社会化理论可以看出，新董事进入企业和董事会后，常常会随着工作时间即任期的增长，内心紧张焦虑感逐渐减少，自身的文化、规范、行为标准、价值体系与组织的文化、规范、行为标准、价值体系逐渐契合，新董事也就能将自己的专业技能发挥效用。因此，董事任期也就成为董事会资本的重要影响因素。基于组织社会化理论，董事任期的长短将体现在董事会资本深度。

三、董事会资本的测度维度

（一）维度一：董事会人力资本与社会资本

通过对董事会资本的概念界定可知，董事会人力资本和社会资本可以作为度量董事会为企业提供资源能力的维度。

其中，对于人力资本，学者们常从三个层面测度。第一，教育背景。教育背景反映了个体的知识储备和技能水平。卡彭特等（Carpenter et al.，2001）和陈（Chen，2014）都采用董事会成员接受教育年限的算术平均数来度量教育背景。近年来，国内学者多采用赋值方法度量教育背景，如按博士研究生、硕士研究生、本科、大专、中专五个梯度自上到下赋值，继而用算术平均数度量教育背景。第二，任职时限。洪震等（2013）、鲁虹等（2014）采用董事平均任职年限作为指标进行测度。为了使对董事任职期限的度量更为准确，南开大学中国公司治理研究院李维安等（2014）以月份为计量单位进行测度，对超过半个月的按整月计算。第三，职业背景。职业背景直接反映了董事相关领域的专业技能。温森特等（Wincent et al.，2010）用董事会成员集体拥有的不同职业背景的数量进行测度。

对于社会资本，也主要从三个方面测度。第一，政府等公共部门联系。由于政府既是国家宏观经济发展的主要推动者，也在很多方面是资源的分配者。因此，董事现在或曾在政府等公共部门任职的经历是董事会社会资本的重要体现。杰雷米亚等（Jermias et al.，2014）选取具有政治背景的董事占董事会总人数比重这一指标度量政府等公共部门联系。第二，工商企业联系。严若森等（2016）利用连锁董事占董事会总人数的比例度量企业联系；彭正银等（2008）采用连锁董事与外部企业建立联系的数目为指标进行衡量。第三，金融关系，以中国为例，以商业银行的间接融资途径、以证券交易所和银行间市场为代表的直接融资途径是企业至关重要的两条资金补充渠道，因此董事的外部金融关系是为企业带来金融资源的有效手段。陈爽英等（2010）从间接融资途径入手，以企业是否与商业银行具有合作关系测度企业的金融关系。

从以上分析可以看出，学者们大多从人力资本和社会资本两个维度测度董事会资本，这种方法易于理解，但是人力资本和社会资本在实践中难以完全区分，更为关键的是，人力资本和社会资本是着眼于董事个体层面，是以董事个体的能力简单加总来代替董事会综合能力，具有一定的片面性。

（二）维度二：董事会资本宽度和深度

海恩斯等（Haynes et al.，2010）将董事会资本的测量维度分为董事会资本深度和董事会资本宽度，其中董事会资本深度主要考察董事会成员在公司所在行业的嵌入程度，分为行业深入度和兼职行业两个指标度量；董事会资本宽度主要考察董事会在教育程度、职业背景、任职时间、专业技能等方面的异质程度，分为职业异质性、功能异质性、连锁异质性三个指标度量。这种度量方法不但解决了董事会人力资本和社会资本实际操作中难以区分的问题，还将董事会资本从董事个体层面上升到了董事会整体层面的高度。特别说明，对于董事会资本宽度中异质性的测度，主要运用了布劳（Blau）提出的布劳异质性指数，该指数越小，董事会成员异质性程度则越低。

（三）维度三：董事会综合资本

除了以上两种，有学者提出了第三个维度，即不直接区分董事会资本的内涵，而是直接采用指标度量。达尔齐尔等（Dalziel et al.，2011）通过研究，主张用连锁董事身份、高等教育、美国常青藤名校教育经历、技术专业能力和金融从业经验五个指标测度董事会综合资本。

四、董事会治理效率

董事会治理是公司内部治理机制的重要环节之一，董事会治理效率是董事会职能有效履行的程度。因此，董事会的职能以及其为企业提供资源的能力成为董事会治理研究的重点。关于董事会所具有的职能，在代理理论中，学者认为董事会的职能是监督管理层以及相对应的奖惩，防止"内部人控制"的出现。同时，越来越多的学者认识到董事会还应具有提供专业决策建议、企业重大事项审批、企业公共危机应对、战略决策等方面的职能。

第二节 董事会资本对商业银行风险承担的影响机理

一、研究假设

（一）董事会资本丰富性对商业银行风险承担的影响效应

董事会资本丰富性指董事会成员所受的任职背景、教育背景、专业技能和行业经验，以及拥有的组织内外与行业内外的关系网络具有异质性，从而获得的董事会人力和社会资本的总和。董事会资本丰富性的理论渊源是组织异质性理论，即一个组织中，其成员所擅长的能力差异性越大，则该组织的综合实力就越强，决策的有效性就越高。综上，在研究董事会资本丰富性对商业银行风险承担的影响效应时，本章以组织异质性理论为基础，一方面，商业银行业务具有高风险的特点，当商业银行董事会资本丰富性较高时，说明董事会拥有更多具有特殊技能、知识和经验的专业人才，可以为商业银行风险管理提供切实有效的建议，并在当前防范并化解金融风险的大背景下，为各项投资举措的风险评估和投资回报预测提供了专业的分析，有利于提高商业银行风险管理能力，适度降低风险承担。另一方面，结合资源基础理论和资源依赖理论，董事会资本丰富性较高还反映出董事会成员所掌握的内外社会关系网络，可以帮助商业银行及时洞悉社会政治、经济、法律政策等方面的变化，好风险识别工作。因此，提出假设2-1：

假设2-1：董事会资本丰富性对中国上市商业银行的风险承担具有抑制作用。

除此之外，本章还会验证资本丰富性分维度对商业银行风险承担的影响。第一，对于董事职能丰富性分维度，本章借鉴马连福等（2014）的研究，将董事职能定义为三类：商务资源提供者、专业资源提供者和公共事务资源提供者。商务资源提供者是指在综合管理、战略决策、商务咨询等方面有丰富经验的董事；专业资源提供者是指具有法务、财经、专业技术等方面技能的董事；公共事务资源提供者是指担任政府官员、学者，或在其他非营利性机构任职的董事。第二，对于董事职业丰富性分维度，依据海恩斯等（Haynes et al.，2010）的职业分类方法，并结合我国上市商业银行的实际情况，删去住宅地产和商业地产类型，并对运营和信息系统进行了合并划一，最终整合划一为8个种类的职业。第三，对于董事兼职丰富性分维度。扎亚克等（Zajac et al.，1996）发现当董事在不同行业内担任连锁董事时，其对外部环境的了解更加深入，有利于人力资本和社会资本的提高，从而能够为公司提供更多的资源。卡彭特等（Carpenter et al.，2001）研究认为董事会成员兼职的差异性越大，为公司提供监督、战略咨询的能力就越强。因此，提出如下假设：

假设2-1a：董事职能丰富性对中国上市商业银行的风险承担具有抑制作用；

假设2-1b：董事职业丰富性对中国上市商业银行的风险承担具有抑制作用；

假设2-1c：董事兼职丰富性对中国上市商业银行的风险承担具有抑制作用。

（二）董事会资本深入性对商业银行风险承担的影响效应

董事会资本深入性主要是度量董事会成员在企业的嵌入程度，以及通过连锁董事的身份，在企业所处行业的嵌入性程度。温森特（Wincent，2010）认为董事会成员加深行业嵌入度，可以使公司获得丰富且信度较高的信息资源，提升公司应对外部环境不确定性的能力。在商业银行中，一方面，新任董事在"组织社会化"的过程中，会逐渐调整自身行为模式以适应新的组织环境，其所具有的专业技能、管理经验等资源会因为对组织环境的熟悉感增强而得以发挥，在当前防范并化解金融风险的大背景下，面对商业银行普遍风险较高的业务，通过他们职能的发挥可以为商业银行风险管理提供切实有效的建议。另一方面，随着企业和行业嵌入程度的增高，在横向层面，董事对商业银行、监管机构、银行业金融机构、非银行业金融机构更加了解；在纵向层面，董事对银行业及金融业的改革发展历程也有更为深入的认识，因此，能够建立更为密集有效的内外关系网络，为商业银行董事会治理、公司治理和风险管理提供信息资源和政策资源，在提升商业银行风险管理水平的同时，适度降低风险承担。因此，提出假设 2 - 2：

假设 2 - 2：董事会资本深入性对中国上市商业银行的风险承担具有抑制作用。

此外，本章将董事会资本深入性划分为三个分维度：第一，董事行业职业嵌入程度，考察银行董事在本企业的嵌入程度；第二，董事行业连锁嵌入程度，考察银行董事在本行业即金融业的嵌入程度；第三，外部董事行业嵌入程度，考察银行外部董事本职工作或兼职工作在本行业的嵌入程度。

对于外部董事行业嵌入程度，海恩斯等（2010）在研究中指出，外部董事的行业嵌入性越高，其对公司治理的消极作用就会越强烈，认为外部董事很有可能在以往的行业内交流中与公司管理层结成联系，难以发挥监督职能，默许管理层对公司的某些损害行为；同时，行业嵌入程度高的外部董事，信息源更多地来源于本行业，对行业之外的了解和判断能力较低，不利于董事会治理。因此，对于分维度，根据以上分析，提出如下假设：

假设2-2a：董事行业职业嵌入程度对中国上市商业银行风险承担具有抑制作用；

假设2-2b：董事行业连锁嵌入程度对中国上市商业银行风险承担具有抑制作用；

假设2-2c：外部董事行业嵌入程度对中国上市商业银行风险承担具有加剧作用。

（三）银行行长权力的调节作用

股东大会、董事会、监事会是公司内部治理结构的重要组成部分，董事会常被学者视为公司治理的核心，对公司决策和战略制定发挥着重要作用。除此之外，CEO也会对公司的治理和兴衰产生重大作用。权小锋等（2010）研究指出公司管理层特别是CEO位于公司管理层级结构的顶端，其决策对公司有重大影响，研究发现，公司中董事会和经理层的权力分配是3.608∶3.034。对于CEO职能，芬克尔斯坦（Finkelstein，1992）认为CEO的任务是应对处理企业内外经营过程中的不确定性。因此，CEO需要具备三方面权力：第一，来自组织层级设置的结构性权力；第二，来自股份持有的所有权权力；第三，来自CEO本身所具有的管理、法务、财务等方面专业技能经验的专家性权力。具体到公司运作层面，卡彭特（Carpenter，2000）研究发现影响力较大的CEO会影响董事会做出有利于CEO自身的选择。由此，董事会在面对强势CEO时，可能不能以符合公司利益为标准进行判断、建议和决策，有碍于董事会人力资本和社会资本的发挥。

在商业银行的实际运行中，行长是银行日常经营的管理者，对银行业务部门以及分行具有直接的影响力，一方面，银行行长可能通过自身的影响力迫使董事会与之达成妥协，影响商业银行董事会资本的供应与发挥；另一方面，在董事会换届选举过程中，银行行长也倾向于安置符合自身利益的董事会成员，这会间接影响董事会资本的效力。由此，提出如下假设：

假设2-3：银行行长权力对中国上市商业银行风险承担具有加剧作用；

假设 2 – 3a：银行行长权力能够削弱董事会资本丰富性对中国上市商业银行的风险承担的抑制作用；

假设 2 – 3b：银行行长权力能够削弱董事会资本深入性对中国上市商业银行的风险承担的抑制作用。

二、研究设计

（一）研究样本

1. 样本特点

本章选择中国上市商业银行为研究对象，主要原因有以下三点：

第一，规模庞大。在我国银行业中，上市商业银行在资产总额、负债总额、存贷款余额上规模均超过非上市商业银行。根据 2019 年 2 月中国银保监会统计，截至 2018 年底，五大国有大型商业银行在整个银行业的比重超过 40%，以招商银行为代表的 12 家全国性股份制商业银行在银行业的比重超过 20%。因此，无论从个体还是整体规模上，上市商业银行群体都是十分巨大的。

第二，机制健全。上市商业银行不仅受银保监会的监管，还受证监会、证券交易所监管，公司治理机制更为健全。

第三，地位重要。上市商业银行具有业务种类全、关联机构多、社会影响广等特点，其风险承担对我国金融稳定和经济增长具有不可替代的重要影响。

2. 样本汇总

本章选取截至 2017 年 12 月 31 日前 A 股上市的 25 家商业银行为研究对象，研究时间跨度为 2013～2017 年，最终呈现的数据为非平衡面板数据。样本数据来源于《中国金融年鉴》（2013～2017）、Wind 数据库、CSMAR 国泰安数据库、巨潮资讯网以及各家银行的年报。

（二）变量设定

1. 被解释变量

本章参考借鉴曹廷求等（2010）、曹艳华等（2009）、位华

（2012）等的研究，使用不良贷款率来衡量银行的风险承担，并借鉴李燕萍等（2008）的研究，利用不良贷款拨备覆盖率作为替代变量进行稳健性检验。

2. 解释变量

本章以海恩斯等（Haynes et al.，2010）的分类方法为维度设计框架，将董事会资本测度维度划分为资本丰富性（宽度）和资本深入性（深度）。

（1）董事会资本丰富性及三项子变量。

董事会资本丰富性（BCH）是由董事会资本职能丰富性（BCH-func）、董事会资本职业丰富性（BCH-occu）、董事会资本兼职丰富性（BCH-part）三项子变量组成。三项子变量的度量，采用布劳（Blau，1977）提出的布劳异质性指数：

$$BHI = 1 - \sum_{i=1}^{R} p^2$$

其中，BHI 代表布劳异质性指数，p 代表某一类型的董事人数与董事会总人数的比值或某行业兼职数与董事会总兼职数的比值。R 代表一家银行董事会成员职能、职业或社会兼职类型的个数。通过布劳异质性指数，可以测算出董事会成员职能、职业和兼职的丰富性程度，该指数介于 0~1 之间，值越大，说明董事会资本丰富性程度越高。因此，3 个子变量求和后所拟合的董事会资本丰富性（BCH）的取值范围介于 0~3 之间。董事会资本丰富性拟合值越靠近 3，代表该上市商业银行董事会团队异质性程度越高，董事会资本越丰富。

在董事会资本职能丰富性（BCH-func）方面，将董事职能定义为三类：商务资源提供者、专业资源提供者和公共事务资源提供者。

在董事会资本职业丰富性（BCH-occu）方面，依据海恩斯等（Haynes，2010）的职业分类方法，并结合我国上市商业银行的实际情况，最终整合为管理、行政；财务、会计、金融；销售、市场；法律；生产、制造、物流；研发、工程；人力资源；学校、政府、军队 8 个种类的职业。

在董事会资本兼职丰富性（*BCH-part*）方面，根据《上市公司行业分类指引》（2012 年修订版）中的 19 个行业分类，对董事兼职公司所在行业进行分类。

（2）董事会资本深入性及三项子变量。

董事会资本深入性（*BCE*）是由董事行业职业嵌入程度（*BCE-firm*）、董事行业连锁嵌入程度（*BCE-indu*）、外部董事行业嵌入程度（*BCE-duty*）三项子维度组成。

其中，董事行业职业嵌入程度（*BCE-firm*）为具有本企业 3 年工作经验以上的董事人数除以董事会总人数；董事行业连锁嵌入程度（*BCE-indu*）为具有本行业 3 年工作经验以上的董事人数除以董事会总人数；外部董事行业嵌入程度（*BCE-duty*）是本职或兼职工作在本行业的董事人数除以外部董事总人数。

需要强调的是，对于董事来说，至少需要在本企业或本行业从业 3 年以上，才能逐渐发挥其人力资本和社会资本，才足以使用"嵌入"定义；除此之外，根据最新版《公司法》规定，"董事任期由公司章程规定，每一届董事的任期禁止大于 3 年。董事任期届满，连选可以连任"，也足以看出 3 年的门槛效应。因此本章以工作 3 年及以上为门槛进行度量。

由上述分析可知，三项子变量的值均介于 0~1 之间，董事会资本深入性（*BCE*）的取值范围介于 0~3 之间。董事会资本深入性拟合值越靠近 3，该上市商业银行的董事会团队人力资本和社会成本的深入性程度越高。

3. 调节变量

参考权小锋等（2010）的 CEO 权力指数，从六个方面度量银行行长权力：

第一，两职兼任：若董事长与行长两职兼任，则取值为 1，否则为 0。

第二，任职时间：若银行行长的任职时间超过研究样本的中位数，则取值为1，否则为0。

第三，外部任职：若银行行长在银行外兼职，则取值为1，否则为0；如果行长在外部公司，特别是关联公司任职，对其权力具有扩大和传导效应。

第四，持有股份：若银行行长持有本银行股权，则取值为1，否则为0。拥有银行股份即代表其具有委托人和代理人的双重身份，利于增强其权力影响效应。

第五，学历背景：若银行行长最高学历达到研究生，则取值为1，否则为0。

第六，机构持股：若机构持股比例低于研究样本中位数，则取值为1，否则为0；如果机构持股比例较高，外部监督治理机制作用较强，那么银行行长的权力就将会在很大程度上被弱化。

4. 控制变量

本章选取容易影响董事会资本作用机制的因素作为控制变量。

第一，董事会规模（Boardsize）。董事会规模是指样本企业中董事会成员的个数，董事会规模越大，董事成员结构也更有可能会更多样化和异质化。

第二，公司规模（SIZE）。尽管学者在公司规模对公司治理机制作用路径的研究结论不完全一致，但均普遍认为公司规模是影响公司治理的重要因素。

第三，公司年龄（Enterpriseage）。公司成立时间越长，其董事会构成越复杂，影响董事会决策以及企业的资源禀赋，对董事会资本的供应和发挥具有影响。

第四，资产负债率（Debt）。该控制变量的选取主要从外部治理机制考量，资产负债率是其公司财务政策的具体反映，如果公司的资产负债率较高，则反映出财务风险水平较高，从外部治理机制考虑，债权人为了维护自身利益，倾向于控制公司的各项决策，在此种情况下将会制约董事会资本的供应和发挥。

第五，股权集中度（*Concentration*）。该控制变量的选取主要从内部治理机制考量，股权集中度可以定义为一家公司股权或股份汇集的程度，若发生高密度汇聚情况，这些股东拥有较大发言权和深度影响力，将能够多方面对银行各项重大事务产生影响，继而影响到董事会资本与董事会决策。

具体变量及测量方法见表2.1。

表 2.1　　　　　　　　　　　　　变量界定

变量类型	变量名称	变量符号	变量含义及计算方法
被解释变量	不良贷款率	*NPL*	商业银行不良贷款占贷款总额的比例
	不良贷款拨备覆盖率	*PS*	实际计提贷款损失准备除以不良贷款余额
解释变量	董事会资本丰富性	*BCH*	由 *BCH-func*、*BCH-occu*、*BCH-part* 三项子变量拟合而成
	董事会资本职能丰富性	*BCH-func*	根据董事职能分类，由 *Blau* 异质性指数计算得出
	董事会资本职业丰富性	*BCH-occu*	根据董事职业分类，由 *Blau* 异质性指数计算得出
	董事会资本兼职丰富性	*BCH-part*	根据董事兼职行业分类，由 *Blau* 异质性指数计算得出
	董事会资本深入性	*BCE*	由 *BCE-firm*、*BCE-indu*、*BCE-duty* 三项子变量拟合而成
	董事行业职业嵌入程度	*BCE-firm*	具有本企业 3 年工作经验以上的董事人数除以董事会总人数
	董事行业连锁嵌入程度	*BCE-indu*	具有本行业 3 年工作经验以上的董事人数除以董事会总人数
	外部董事行业嵌入程度	*BCE-duty*	本职或兼职工作在本行业的董事人数除以外部董事总人数
调节变量	银行行长权力	*CEOpower*	由银行行长权力的六项维度得分拟合而成
控制变量	董事会规模	*Boardsize*	银行董事会人数
	公司规模	*SIZE*	银行年末总资产的自然对数
	公司年龄	*Enterpriseage*	银行自成立起至研究观察期当年的年数
	资产负债率	*Debt*	观察期前一年的资产负债率
	股权集中度	*Concentration*	赫芬达尔指数

资料来源：笔者整理。

（三）实证模型

本章提出了以下多元回归计量模型，通过此模型考量董事会资本对中国上市商业银行风险承担的影响效应：

$$NPL = \alpha + \gamma_j \sum ControlVariables + \varepsilon \qquad (2-1)$$

$$NPL = \alpha + \beta_i ExplanatoryVariables + \gamma_j \sum ControlVariables + \varepsilon$$
$$(2-2)$$

$$NPL = \alpha + \beta_i ExplanatoryVariables + \delta_i ExplanatoryVariables \times Micro$$
$$+ \gamma_j \sum ControlVariables + \varepsilon \qquad (2-3)$$

模型（2-1）验证控制变量对被解释变量的影响；模型（2-2）验证解释变量对被解释变量的影响；模型（2-3）验证调节变量在解释变量对被解释变量过程中的调节作用。NPL 代表被解释变量商业银行不良贷款率，$ExplanatoryVariables$ 代表董事会资本丰富性和深入性方面的解释变量，$Micro$ 代表银行行长权力，$\sum ControlVariables$ 代表控制变量矩阵，α、β_i、δ、γ_i 为模型参数，ε 为回归模型中的残差项。

第三节　董事会资本对商业银行风险承担的影响效应

一、描述性统计

相关变量的描述性统计结果见表2.2。

表2.2　　　　　　　　　　　　样本描述性统计

变量代码	观测数	平均数	标准差	最大值	最小值
NPL	97	1.3642	0.3900	2.4100	0.6500
BCH	97	1.8422	0.1545	2.2097	1.4674
BCH-func	97	0.5027	0.0701	0.6633	0.4012
BCH-occu	97	0.6076	0.1060	0.7889	0.3203

续表

变量代码	观测数	平均数	标准差	最大值	最小值
BCH-part	97	0.7319	0.0935	0.8990	0.4940
BCE	97	1.7920	0.4913	2.7462	0.6121
BCE-firm	97	0.5057	0.2514	1.0000	0
BCE-indu	97	0.5680	0.2471	1.0000	0
BCE-duty	97	0.7183	0.1456	1.0000	0.3333
CEOpower	97	2.3196	1.0057	5.0000	0
Boardsize	97	14.7216	2.4184	18.0000	8.0000
SIZE	97	19.4753	1.4872	21.6821	15.9117
Enterpriseage	97	34.7732	27.3726	109.0000	9.0000
Debt	97	0.9344	0.0094	0.9498	0.9031
Concentration	97	0.1684	0.1630	0.5439	0.0135

资料来源：笔者整理。

从被解释变量即不良贷款率（*NPL*）来看，标准差为 0.3900，说明商业银行具有较大的风险承担差异。此外，不良贷款率（*NPL*）均值为 1.3642，且有上市银行已经突破 2.4100，说明上市商业银行的风险承担水平较高。

从解释变量来看，董事会资本丰富性（*BCH*）样本最大值为 2.2097，最小值为 1.4674，平均数为 1.8422，说明样本选取的 25 家上市商业银行已经认识到董事会资本丰富性的重要性，并在董事会中聘用具有不同职能背景、职业背景和兼职状况的董事，来提高董事会决策的能力，以发挥董事会资本丰富性。同时，董事会资本丰富性（*BCH*）的标准差达到 0.1545，说明上市商业银行之间的董事会成员异质性程度具有较大差异。具体到分维度指标，董事会资本职能丰富性（*BCH-func*）的平均值为 0.5027；董事会资本职业丰富性（*BCH-occu*）的平均值为 0.6076；董事会资本兼职丰富性（*BCH-part*）的平均值为 0.7319，对比来看，中国上市商业银行在董事会资本兼职丰富性（*BCH-part*）上表现较好，反映出董事会成员兼任职务的所在行业具有异质性。

其次，在董事会资本深入性（*BCE*）上，样本最大值为 2.7462，最小值为 0.6121，平均值为 1.7920，与董事会资本丰富性（*BCH*）对比，虽然最大值较高，但均值较低，说明不同商业银行之间差异性较大。具体到分维度来看，董事行业职业嵌入程度（*BCE-firm*）的平均值为 0.5057，董事行业连锁嵌入程度（*BCE-indu*）的平均值为 0.5680，外部董事行业嵌入程度（*BCE-duty*）的平均值达到 0.7183，反映出上市商业银行中，外部董事对兼职或本职工作在本行业的程度较高。

从调节变量即银行行长权力（*CEOpower*）上，平均值为 2.3196，最大值达到 5.0000，最小值为 0，标准差为 1.0057，由此可见，上市商业银行行长权力的影响水平适中，且不同商业银行行长权力水平之间具有较大差异。

从控制变量上，董事会规模（*Boardsize*）标准差为 2.4184，可见上市商业银行之间的董事会规模差异较大。公司规模（*SIZE*）均值为 19.4753，标准差也达到了 1.4872，具有较大的离散性。在公司年龄（*Enterpriseage*）上，由于我国现代银行业始于近代，因此会出现交通银行等具有百年经营历史的银行，最大值达到 109.0000，除此之外，也出现了快速上市的江苏银行，最小值为 9.0000，标准差因此达到 27.3726。在资产负债率（*Debt*）上，由于银行业是高负债行业，因此最小值也已经达到了 0.9031 的水平。在股权集中度（*Concentration*）上，标准差为 0.1630，离散程度较高。

二、相关性分析

此处对主要研究变量相关系数进行分析，检验结果见表 2.3。

表2.3

样本相关性分析

变量	NPL	BCH-func	BCH-occu	BCH-part	BCH	BCE-firm	BCE-indu	BCE-duty	BCE	CEOpower	Boardsize	Size	Age	Debt	Concentration
NPL	1.000														
BCH-func	-0.042	1.000													
BCH-occu	0.071	0.106	1.000												
BCH-part	0.151	0.040	-0.094	1.000											
BCH	0.105	0.567	0.718	0.445	1.000										
BCE-firm	-0.361	0.126	0.147	-0.088	0.121	1.000									
BCE-indu	-0.381	0.111	0.114	-0.099	0.084	0.972	1.000								
BCE-duty	-0.070	-0.112	-0.890	0.116	-0.631	-0.191	-0.151	1.000							
BCE	-0.397	0.087	-0.132	-0.061	-0.083	0.944	0.956	0.123	1.000						
CEOpower	0.222	0.098	0.174	0.384	0.112	-0.070	-0.072	0.173	-0.021	1.000					
Boardsize	-0.270	0.182	0.046	0.004	0.121	0.221	0.189	-0.070	0.187	-0.057	1.000				
Size	0.078	0.505	-0.023	-0.169	0.139	-0.071	-0.064	0.012	-0.065	-0.048	0.164	1.000			
Enterpriseage	0.101	0.637	-0.096	0.195	0.328	-0.114	-0.113	0.087	-0.089	0.185	0.131	0.593	1.000		
Debt	-0.417	-0.289	0.128	-0.294	-0.190	0.232	0.221	-0.243	0.158	-0.235	0.158	0.061	-0.334	1.000	
Concentration	0.078	0.340	-0.302	0.028	-0.041	-0.270	-0.246	0.314	-0.169	0.203	-0.240	0.650	0.579	-0.205	1.000

资料来源：笔者整理。

59

根据表 2.3 可以看出，被解释变量与各个解释变量之间的相关系数均不超过 0.5，控制变量之间的相关系数也均不超过 0.5，变量之间不存在严重共线性问题。

三、回归分析

（一）董事会资本丰富性对商业银行风险承担的影响效应

本章构建模型（2－1－1）至模型（2－1－5）检验董事会资本丰富性对上市商业银行风险承担的影响效应，检验结果见表 2.4。

由模型（2－1－1）可以看出，模型可 F 值显著，模型整体回归效果显著。此外，董事会规模、公司规模、银行资产负债率与股权集中程度的 P 值均远小于 0.05，控制效果良好。此外，尽管公司存续时间与上市商业银行风险承担不显著，但从理论上分析，随着公司成立时间的增长，其董事会的构成就会越复杂，进而影响到董事会决策以及企业的资源禀赋，因此对该控制变量的选择依然能够有效地控制非董事会资本因素对上市商业银行风险承担的影响。

由模型（2－1－2）、模型（2－1－3）、模型（2－1－4）、模型（2－1－5）可以看出，模型可 F 值显著，模型整体回归效果显著。

在模型（2－1－2）中，董事会资本丰富性系数为 －0.8415，在 5% 水平上显著为负，假设 2－1 得到验证。在模型（2－1－3）中，董事会资本职能丰富性系数为 －1.8498，在 5% 水平上显著为负，假设 2－1a 得到验证。

在模型（2－1－4）中，董事会资本职业丰富性系数为 0.2213，P 值为 0.5368，大于显著性水平 5%，假设 2－1b 没有得到验证。出现这种情况的原因可能有以下两点：首先，在董事会资本职业丰富性（$BCH-occu$）方面，职业分类模式虽然对海恩斯等（Haynes，2010）的职业分类方法做出了合并调整，但是不一定适用于中国企业，也不

表2.4

董事会资本丰富性对上市商业银行风险承担的影响效应

变量	模型（2-1-1）		模型（2-1-2）		模型（2-1-3）		模型（2-1-4）		模型（2-1-5）	
	系数	P值	系数	P值	系数	P值	系数	P值	系数	P值
BCH			-0.8415	0.0003						
$BCH\text{-}func$					-1.8498	0.0058				
$BCH\text{-}occu$							0.2213	0.5368		
$BCH\text{-}part$									-2.1014	0
$Boardsize$	-0.0534	0.0020	-0.0528	0.0011	-0.0507	0.0024	-0.0517	0.0032	-0.0386	0.0088
$SIZE$	0.1107	0.0036	0.1106	0.0019	0.1422	0.0003	0.1051	0.0073	0.0217	0.5324
$Enterpriseage$	-0.0011	0.5579	0.0009	0.6300	0.0011	0.5818	-0.0012	0.5338	0.0007	0.6840
$Debt$	-20.0481	0	-19.6522	0	-22.8817	0	-20.1405	0	-16.7177	0
$Concentration$	-0.7909	0.0229	-1.0452	0.0019	-0.9413	0.0059	-0.7022	0.0619	-0.4129	0.1660
N	97.0000	97.0000	97.0000		97.0000		97.0000		97.0000	
调整后 R^2	0.2514		0.3474		0.3047		0.2463		0.4640	
F值	0		0		0		0		0	

资料来源：笔者整理。

一定能与上市商业银行董事会成员的职业背景相对应。其次，该分类方法可能不够细致，在职业背景之间存在交叉重叠的状况，例如一位具有会计专业背景的资深会计师在会计师事务所长时间担任 CEO，这种情况难以界定他的职业背景属于行政管理类，还是财务会计类。因此，该假设未能得到实证验证。

在模型（2-1-5）中，董事会资本兼职丰富性系数为 -2.1014，在 5% 水平上显著为负，假设 2-1c 得到验证。

（二）董事会资本深入性对商业银行风险承担的影响效应

本章构建模型（2-2-1）至模型（2-2-4）检验董事会资本深入性对上市商业银行风险承担的影响效应，检验结果如表2.5所示。由模型（2-2-1）至模型（2-2-4）可以看出，模型可 F 值显著，模型整体回归效果显著。

在模型（2-2-1）中，董事会资本深入性系数为 -0.2495，在 5% 水平上显著为负，假设 2-2 得到验证。在模型（2-2-2）中，董事行业职业嵌入程度系数为 -0.4349，在 5% 水平上显著为负，假设 2-2a 得到验证。在模型（2-2-3）中，董事行业连锁嵌入程度系数为 -0.4849，在 5% 水平上显著为负，假设 2-2b 得到验证。

在模型（2-2-4）中，外部董事行业嵌入程度系数为 -0.3546，与原假设的加剧作用不符，P 值为 0.1836，大于显著性水平 5%，假设 2-2c 没有得到验证。之所以存在这种情况，主要有以下原因：首先，外部董事行业嵌入程度越高，越可能在以往的行业内交流中与公司管理层结成联系，难以发挥董事会的监督职能。但是，随着我国立法工作和司法工作的推进，《公司法》《证券法》等法律法规细则都在不断健全，关联行为在不断的减少，从而降低了外部董事帮助经理层或是大股东损害董事会人力资本和社会资本的发挥，进而不会对董事会科学决策应对银行外部不确定性，防范金融风险产生负面影响。其次，外部董事中不乏专业会计师、资深律师、高校相关领域学者，社会地位普遍较高，较为重视自身声誉，因而从维护声誉角度，会减少与管理层的勾结行为，

表 2.5

董事会资本深入性对上市商业银行风险承担的影响效应

变量	模型（2-2-1）		模型（2-2-2）		模型（2-2-3）		模型（2-2-4）	
	系数	P 值	系数	P 值	系数	P 值	系数	P 值
BCE	-0.2495	0.0004						
BCE-firm			-0.4349	0.0026				
BCE-indu					-0.4849	0.0008		
BCE-duty							-0.3546	0.1836
Boardsize	-0.0454	0.0053	-0.0482	0.0036	-0.0489	0.0027	-0.0496	0.0044
SIZE	0.1064	0.0029	0.1132	0.0019	0.1140	0.0016	0.1001	0.0095
Enterpriseage	-0.0011	0.5412	-0.0008	0.6386	-0.0009	0.6192	-0.0014	0.4470
Debt	-18.4492	0	-17.9694	0	-17.8717	0	-21.0619	0
Concentration	-0.8472	0.0097	-0.9686	0.0044	-0.9705	0.0038	-0.5946	0.1119
N	97.0000	97.0000	97.0000	97.0000	97.0000	97.0000	97.0000	97.0000
调整后 R^2	0.3416		0.3161		0.3330		0.2579	
F 值	0	0	0	0	0	0	0	0

资料来源：笔者整理。

因此有利于促进董事会资本的提升，提高商业银行风险管理能力，适度降低商业银行风险承担水平。

（三）银行行长权力的调节作用

本章构建模型（2－3－1）至模型（2－3－3）检验银行行长权力在董事会资本丰富性与深入性对上市商业银行风险承担影响中的调节作用，检验结果如表2.6所示。

表2.6 银行行长权力的调节作用

变量	模型（2－3－1）		模型（2－3－2）		模型（2－3－3）	
	系数	P 值	系数	P 值	系数	P 值
CEOpower	0.0859	0.0191				
BCH			－ 0.9210	0.0001		
BCH × CEOpower			0.0453	0.0150		
BCE					－ 0.3698	0
BCE × CEOpower					0.0533	0.0032
Boardsize	－ 0.0565	0.0009	－ 0.0560	0.0004	－ 0.0479	0.0022
SIZE	0.1332	0.0006	0.1327	0.0003	0.1265	0.0003
Enterpriseage	－ 0.0016	0.3809	0.0002	0.8911	－ 0.0017	0.3256
Debt	－ 19.1617	0	－ 18.9462	0	－ 18.0618	0
Concentration	－ 0.9829	0.0051	－ 1.2285	0.0003	－ 1.0270	0.0015
N		97.0000		97.0000		97.0000
调整后 R^2		0.2881		0.3827		0.3964
F 值		0		0		0

资料来源：笔者整理。

由表2.6可知，模型（2－3－1）、模型（2－3－2）、模型（2－3－3）可 F 值显著，整体回归效果显著。其中，模型（2－3－1）中，银行行长权力的系数为0.0859，在5%水平上显著为正，假设2－3得到验证。模型（2-3-2）中，董事会资本丰富性的系数为 -0.9210，董事会资本丰富性与银行行长权力的交乘项系数为0.0453。二者的 P 值都远小于5%，说明董事会资本丰富性对中国上市商业银行的风险承担具有抑制作用且银行行长权力在其中起削弱作用。因此，假设2-3a得到验证。模型（2-3-3）中，董事会资本深入性影响系数为 -0.3698，董事会资本深入性与银行行长权力的交乘项系数为0.0533，二者的 P 值都远小于5%，说明董事会资本深入性对中国上市商业银行的风险承担具有抑制作用且银行行长权力在其中起削弱作用。因此，假设2-3b得到验证。

四、稳健性检验

为使本章实证分析结果更加具有科学性和严谨性，本章从两个方面对其进行稳健性检验：

第一，研究变量的再设定。借鉴李燕萍等（2008）的研究，利用不良贷款拨备覆盖率作为替代变量进行稳健性检验。需要注意的是，该指标与用不良贷款率衡量的上市商业银行风险承担符号相反，拨备覆盖率越高，银行的风险承担越低。经过检验，回归结果与之前结论一致。

第二，研究模型的再测定。董事会资本丰富性和深入性与上市商业银行风险承担之间的内生性问题是影响本章回归实证过程可信度的关键因素。为了避免内生性的影响，我们选择了当年的董事会资本数据与相应滞后一年的25家上市商业银行风险承担数据进行非平衡面板的回归分析，回归结果与之前结论一致。

第四节　主要研究结论与实践启示

一、董事会资本丰富性对上市商业银行风险承担的影响

通过研究发现，董事会资本丰富性、董事职能丰富性、董事兼职

丰富性均对中国上市商业银行的风险承担具有抑制作用。

当前我国经济进入新常态，经济由高速增长转变为中高速增长，包括银行业在内的经济风险因素有所累积，而中国上市银行具有资产规模大、业务种类全、关联机构多、社会影响广等特点，其风险承担对我国金融稳定和经济增长具有重要影响。因此，从治理层面考虑对策建议，上市商业银行董事会治理就不能仅从董事会特征、董事会结构、董事会构成和董事会运作程等个体层面入手，还需要从提升董事会资本丰富性入手，在聘用和搭配董事会成员时，应从整体层面考虑，丰富董事会成员的职能背景和兼职背景，使其人力资本和社会资本异质化程度增高，从而提升董事会决策水平和公司治理水平，进而在当前防范金融风险的背景下提高上市商业银行风险管理能力，适度降低商业银行风险承担。

二、董事会资本深入性对上市商业银行风险承担的影响

通过研究发现，董事会资本深入性、董事行业职业嵌入程度、董事行业连锁嵌入程度均对中国上市商业银行的风险承担具有抑制作用。

为了提升上市商业银行风险管理能力，适度降低其风险承担水平，商业银行在聘任和搭配董事会成员时，无论是内部董事还是外部董事，应在遵行《公司法》《上市公司治理准则》等现有相关法规准则的基础上合理合法聘任具有本企业与相关企业、本行业与相关行业任职经验的董事会成员，以此既避免了"内部人控制"现象的出现，也充分利用其由于"扎根"长久、经验丰富而产生的丰厚人力资本与社会资本，促使董事会增强为银行提供资源的能力，稳健经营，避免风险水平过高而带来的不利影响。

三、银行行长权力调节作用的影响

银行行长权力对中国上市商业银行风险承担具有加剧作用。其中，银行行长权力能够削弱董事会资本丰富性、董事会资本深入性对中国

上市商业银行的风险承担的抑制作用。

上市商业银行在实际经营过程中，需要抑制银行行长对董事会决策的干预，一方面，需要控制"内部人控制"的想象，发挥董事会在股东和管理层之间的监督和沟通功能，避免银行行长在董事会中出现"绝对影响"。另一方面，也需要在严格遵行《公司法》《上市公司治理准则》等现有相关法规准则的基础上合理合法聘任外部董事，确保董事会独立性，充分发挥董事会人力资本和社会资本的资源提供能力等。

第三章

特许权价值与商业银行风险承担

金融危机的屡次发生使人们不断探索如何更好地完善银行的风险管控体系。20 世纪 30 年代大萧条的发生，使众多学者逐渐达成共识：大萧条在很大程度上是由银行危机导致的，银行体系稳定有序才利于全球金融繁荣。自此之后，以美国、意大利为代表的众多国家针对银行风险控制进行了长久的研究，金融实业家和理论学者也分别从经验和逻辑推导的角度纷纷提出"如何维持金融行业稳定有序发展"的建议。2004 年 6 月，巴塞尔委员会颁布了 Basel II，提出最低资本要求、监督检查和市场约束"三大支柱"的监管框架，力图通过银行自身、政府监管和市场力量三种形式完善银行风险管控体系，并要求银行内部建立风险预警机制。

我国银行业兴起带有浓厚的政治色彩，我国的商业银行特别是国有银行，长期处于政府的严密监督之下，政府往往通过银行进行宏观经济调控。因此，国有银行、股份制银行、城市商业银行在经营过程中都带有强烈的政治导向，而股东利益最大化、利润最大化只是银行经营过程中众多的目的之一。同时，银行以经营货币作为主营业务，可以借助于资本杠杆从事高风险投资，其经营特点和重要性决定了政府必须对银行进行严格的监管，银行牌照的申请也必须经过严格的审核。另外，银行也只有获得了政府授予的特许权证才能进行经营，因此，这个特许权证往往具有一定的价值，这就是所谓的"特许权价值"（FV）。理论上讲，在特许权保护下，银行可以获得超额收益，本质上来讲，特许权价值来自银行业的垄断租金。一般而言，银行的资产包含有形资产和无形资产，特许权价值属于无形资产的一种。实践表明，银行风险的大小与银行特许权价值有微妙的关系，特许权价值可以视为银行破产的机会成本，特许权价值越高，相应的机会成本就越大，银行就越有动力维持正常经营，"道德风险"和"逆向选择"发生的可能性就会降低。如果银行经营不善倒闭，就意味着银行将失去由特许权价值带来的超额利润，从这个意义上讲，银行特许权价值具有自律效应。

目前，随着我国金融自由化、金融市场化的不断提出，银行业的发展有两大明显趋势。首先，我国于 2006 年推出了《中华人民共和国外资银行管理条例》，该条例标志着我国进入金融开放新局面。外资银行的进入加剧了国内市场竞争，各大银行为了抢占市场份额，纷纷进行金融创新，金融工具的多元化大大增加了银行风险。同时，外资银行的进入削弱了银行的特许权价值，特许权价值的自律效应也大有降低趋势。其次，国内出现大量新式银行，包括村镇银行等，同时，原有银行也开始布局全国市场，银行跨区域经营趋势明显。这从另一方面又加剧了银行业的竞争。

所以就现阶段而言，从宏观经济角度研究银行风险承担已经不具有现实意义，只有深入银行内部，从更加微观的视角探求银行风险承担的影响因素，才能为银行稳健经营提供建议。而特许权价值的确是一个很好的研究视角。与此同时，特许权价值通过何种方式影响银行风险承担？董事会在银行风险控制中担任着什么样的角色？是否可以通过提高董事会独立性，从而提高特许权价值的自律效应？等等，这些问题的研究对于完善银行治理架构、提高董事会运作效率、防范银行风险发生具有很强的指导意义。鉴于此，本章将深入研究特许权价值的大小与银行风险承担的关系，借此来验证自律效应的有效性。此外，还将从董事会治理的范畴，探究董事会治理状况在二者之间是否存在调节效应。

第一节　商业银行特许权价值

特许权价值的相关概念最早由戴蒙德（Diamond，1966）和拉詹（Rajan，1968）提出，他们认为：银行需要得到政府授予的牌照才能进行经营，政府在颁发"牌照"时，对银行的资产进行了严格的审查，这样银行相对于个人有信用优势。他们将这种获得许可经营的权利称为"银行特许权"。布塞尔（Buser）和马库斯（Marcus）最早阐明了"特许权价值"的概念，它是指银行由于政府授权、市场监管、政府信誉、信息优势等获得的未来收益的现值。

一、特许权价值的影响因素

大体来讲，特许权价值的影响因素有两个：市场相关因素和银行相关因素。首先，市场相关因素包括国家宏观经济形势、市场结构、政府监管当局制度安排和相关政策，如行业准入资格、利率制度等。其次，银行相关因素是与银行个体经营相关，不同银行在经营效率、服务质量、管理能力等方面存在很大差异。20 世纪 70 年代以前，由于国家实施严格的监管，导致欧美国家银行特许权价值主要来自市场相关因素，随着金融市场的逐步开放，金融自由化的加剧，银行相关因素正在成为银行特许权价值的主要来源。

国内外学者对特许权价值的影响因素进行了大量研究，主要关注于市场相关因素和银行相关因素两方面。在对市场因素的研究中，众多学者普遍达成共识，认为垄断是银行特许权价值的主要来源，金融市场化的结果是银行特许权价值的逐步降低。基利（Keeley，1990）用实证研究首先证实了这一结论，他认为由于国家对银行业准入资格管制的放松，导致 19 世纪 50 ~ 70 年代银行数量剧增，银行特许权价值也大幅度降低。

同时，众多学者也认为政府监管的放松，也会降低特许权价值。

赫尔曼等（Hellmann，2000）指出政府对银行监管条例的取消，会激励银行风险倾向，银行之间会以提高存款利率的方式进行竞争，导致金融系统不稳定。

此外，宏观经济形势和金融制度也会对银行特许权价值产生影响。桑德斯和威尔逊（Saunders and Wilson，2001）利用美国1893～1992年的数据，研究了特许权价值与宏观经济周期之间的关系，发现二者存在显著的正相关关系，宏观经济形势大好，特许权价值也较高。

国内对银行特许权价值研究较晚。由于我国政府对银行业实施严格的监管，银行业垄断性质较强，市场集中程度高，所以学者们普遍认为，市场相关因素是我国特许权价值的主要来源。

李艳、张涤新（2006）认为国家利率政策、存款准备金率会对银行特许权价值产生影响，特许权价值的降低会增强银行的冒险动机。李燕平、韩立岩（2008）研究表明，市场集中度、利率状况、宏观经济等外部市场因素与银行特许权价值之间存在显著正相关；而在银行相关因素中，银行资产规模与特许权价值显著负相关。韩立岩、李伟（2008）考察了外资银行的进入对中国市场的影响，在此基础上，研究了市场化与银行特许权价值的关系，发现外资银行数量的增加会降低银行的特许权价值。还有学者通过中美两国的对比来研究特许权价值。

二、特许权价值与风险承担

在众多国内外学者的研究中，银行特许权价值被视为银行破产成本的一部分，即破产成本包含两部分：特许权价值与银行自有资本。银行在经营决策时，会权衡破产成本与冒险收益二者的大小，如果破产成本较大，银行会选择审慎经营，对风险的控制也更加严格；如果冒险收益大于破产成本，银行冒险动机会增强，更加倾向于风险投资。由于特许权价值是银行破产成本的一部分，特许权价值的提高会增大破产成本，银行就会选择稳健经营策略。基于以上分析，国内外学者进行了实证检验，普遍认为银行特许权价值与破产风险之间负相关，即银行特许权价值越大，破产的可能性就越小。

马库斯（Marcus，1984）基于期权定价相关理论，将特许权价值视为银行看跌期权，研究特许权价值与银行风险之间的潜在关系，通过理论分析发现，特许权价值可以促使银行稳健经营，主要原因在于特许权价值是银行成本的重要组成部分，成本相对于冒险收益大幅度上升，导致银行不得不在决策时将特许权价值纳入考量范围。

基利（1990）基于状态偏好模型的研究，研究了 1980 年美国监管政策的变化对银行风险的影响，发现在美国放松银行设立标准后，银行风险动机加大。在此基础上探究了风险动机增大的原因，他认为新银行的进入对行业内原有银行造成了冲击，银行因此失去政府保护，银行对特许权价值的珍视程度下降，为了保持市场份额，纷纷提高存款利率，资金成本的增加导致接下来的 10 年间有 1200 家银行破产，创造了美国银行业成立以来的破产纪录。但是如果对银行准入进行严格把控，银行为了维持超额利润，会选择稳健经营策略。

苏亚雷斯（Suarez，1994）在相关研究中用动态规划的方法将特许权价值作为内生变量加入理论模型中，研究了市场垄断、外部治理和银行战略选择之间的影响关系，最终得出特许权价值会对银行的战略选择产生影响。并建议通过构建银行业资本壁垒的方式，确保银行有足够资金偿付公众存款。

加洛韦等（Gallowey，1997）观察到美国银行业在 20 世纪 80 年代有风险增大的趋势，针对这种现象他选取了 1977~1994 年间存续的银行，以 1985 年为时间节点，考察了银行风险恶化的成因，发现特许权价值的下降是导致风险增加的主要原因，特许权提高了银行风险激励。

奥利弗等（Olivier，2008）从投资者角度研究了欧洲银行市场结构和银行回报之间的关系，并用修正的托宾 Q 衡量特许权价值，与传统的托宾 Q 相比，修正值具有前瞻性、预测性和合理性等特点。并利用 1997~2004 年间日本银行的数据进行了实证研究，结果显示，风险管理水平是银行核心竞争力的重要体现，特许权价值是银行破产成本的一部分，破产成本的提高会促使银行合理控制风险。

国内学者于 21 世纪初才开展对特许权价值的研究，对特许权价值如何影响银行风险、如何发挥作用、影响机理等方面还处于探索阶段。研究样本的选择也局限于银行业，更多地关注特许权价值的计量方式和与银行风险的关系。陆前进（2002）是最早研究特许权价值的学者之一，并首次基于资产负债表提出特许权价值的计量方法，对我国特许权价值的研究开辟了新的途径。许国新（2008）和许国新、石琴（2009）查找了 5 家上市银行 1999～2006 年间的相关数据，用多元线性回归方法对特许权价值与银行风险的关系进行研究，发现特许权价值的自律效应在中国依旧存在，特许权价值越高，银行风险越小。但是，纵观 8 年的数据发现，我国银行特许权价值正在降低，这也从侧面说明了银行风险有增加的趋势。

贾海涛、邱长容（2009）对我国 14 家上市银行特许权价值进行了研究，检验存款保险制度是否会对特许权价值的自律效应产生调节作用，以银行信用风险作为被解释变量，通过实证研究发现，特许权价值的自律效应的确存在，但是隐性存款保险制度的潜在担保构成了银行破产的最后防线，导致银行风险倾向增强，并建议我国监管当局将隐性存款保险制度显性化。

通过以上文献的回顾，我们可以发现，无论是国外学者还是国内学者的大部分研究都表明特许权价值自律效应的存在性。但是相反的观点依旧存在。费希尔和格依埃（Fisher and Gueyie，2001）发现在加拿大和墨西哥，特许权价值的自律效应并不存在，这与美国的研究相冲突。他认为，深层次的原因在于加拿大和墨西哥的政府担保行为弱化了这种效应。

从以上文献可以看出，由于学者选择的时期和研究样本存在差异，导致结果不尽相同。主流的观点是银行特许权价值与风险承担之间显著负相关，即使有相反的观点，也是因为外界其他因素对自律效应产生了影响，例如隐性存款保险制度、宏观经济形势、政府担保等。

第二节　特许权价值与银行风险承担

特许权价值这一概念最早于 20 世纪 60 年代提出，关于其定义、形成原理、影响因素等方面，国内外学者进行了长久的探讨。关于特许权价值与银行风险承担的理论研究层面，也众说纷纭，但大多数学者普遍认为特许权与银行风险承担之间存在着制约作用。国内对银行特许权的研究较少，更多的是从理论层面解读。下面将通过对特许权概念的界定、特许权价值的经济含义、特许权价值的来源及形成原理等方面进行详细介绍，并对特许权价值自律效应的经典理论加以回顾，以期明白特许权价值对银行风险的内在作用机理。此外，结合国内外研究现状，对特许权价值的度量方法作介绍，明确各种方法的优缺点。

一、特许权价值概念的界定

特许权价值的概念在国内外研究中，有不同的名称。例如"growth opportunities""charter value"，但是大部分文献将特许权价值称为"franchise value"，不同文献称谓之间的差异，也表明各自研究的侧重点有所不同。在本章中，将沿用"franchise value"的名称。

布塞尔等（Buser et al.，1981）与马库斯（Marcus，1984）等认为特许权价值是银行牌照的价值。由于银行业的特殊性，各个国家对银行准入都有严格的规定，对银行市场实行政府准入制度。因此，银行牌照就成了一种无形资产，政府管制程度越严，特许权价值越高。林德利等（Lindley et al.，2004）认为银行牌照的授予，使得银行业具有垄断色彩，银行可以据此获得垄断租金。

赫尔曼等（Hellmann et al.，1996）首次提出金融约束理论，认为政府监管为银行获得超额收益创造了外部条件，银行为了维持持续的利润流会长期经营，也更加积极地监督企业，确保贷款风险控制在合理范围。

通过以上特许权价值概念的界定，可以看到，从本质上来讲，银行特许权价值的形成是由于国家监管形成的进入壁垒、竞争限制和利率控制等为银行所带来的租金，包括垄断利润、银行声誉、政府担保、信息优势等。德姆塞茨等（Demsetz et al.，1996）认为，银行特许权价值主要来自以下两个方面：第一，政府为了完成对银行业的管控，对银行业的准入进行了严格的限制，具体表现为银行准入制度，银行业因垄断可以获得超额收益，这是"市场相关部分"；第二，银行经营存在差异性，银行之间因经营效率、风险控制、客户资源、银行信誉及资产管理能力不同，所获取的利润也不尽相同，银行之间的个体差异也体现于此，这是"银行相关部分"。

根据以上的论述，并结合已有研究，本章认为，银行特许权价值是政府为了监管银行而对银行实施严格的市场准入限制，从而导致银行可以获取超额利润，是银行无形资产的一种。

二、特许权价值的自律效应

银行业是政府监管的重点行业，政府对银行市场准入的限制使得银行获得了超额收益，如若银行经营不善，银行的特许权也就会随之消失，从这个意义上来讲，银行特许权价值是银行破产的机会成本，特许权价值越高，破产机会成本越高。因此，为了维持特许权带来的超额收益，银行在风险倾向上会选择保守经营，对资金流向的审核也会更加审慎，这种由特许权价值导致银行风险降低的效用称为特许权价值的自律效应。道德风险和信息不对称的普遍存在致使银行业倾向于风险逐利，而特许权价值视为政府干预银行经营的一种方式，从风险动机层面降低了银行高管的风险意愿。这种自律效应是政府、银行、高管三者相互作用的结果，政府赋予特许权，银行高管为了维持特许权带来的稳定利润流，会降低风险行为，进而使得银行风险下降。

三、特许权价值的度量

在国外关于特许权价值的研究中，国外学者经常采用银行资产市值与银行总资产的比值来衡量特许权价值的大小。由于我国上市银行较少，国内学者结合我国特殊情况，采用资产负债法和税前利润法来衡量特许权。从应用范围而言，国外学者多用托宾 Q 值来衡量，因为托宾 Q 值可以反映特许权价值的三个来源，国内学者多用资产负债法和税前利润法，但资产负债法居多，但是两种方法的缺点也比较明显，都只反映了"银行相关因素"，而忽略了"市场相关因素"，不能反映市场准入带来的超额利润的大小。但是后两种方法更加适合我国国情，由于我国金融市场开放程度不强，上市银行数目较少，后两种方法可以测度所有银行（包括上市和非上市银行）特许权价值，研究的样本量也较大。综合三种方法的优缺点，并结合特许权价值的概念，在下面的研究中将采取托宾 Q 值法衡量特许权价值。

托宾 Q 比率由詹姆斯·托宾（James Tobin）在 1969 年首次提出。银行市值与重置成本之间的差值反映市场对银行的预期，市值越高，表明投资者对银行未来收益越有信心。根据国外学者的相关研究，可以用托宾 Q 值来衡量银行特许权价值，具体方法为：用银行流通市值与负债账面价值之和来代替银行的市场价值，用银行资产账面价值衡量重置成本。

用托宾 Q 值衡量特许权价值便于不同银行之间作比较。有学者（Somirlock，1984）认为用托宾 Q 值测量垄断租金是非常理想的指标，托宾 Q 值可以规避以下两个缺点：第一，用存贷之间差额度量银行盈利能力明显不够合理，存贷利差只反映银行市场相关部分的收益；第二，采用会计利润核算只反映银行相关因素，只考虑自身财务指标，可能受到会计方法的影响。

林登堡和罗丝（Lindenberg and Ross）于 1981 年用托宾 Q 值估测银行垄断性利润，随后 1990 年基利对该方法进行了优化，提出特许权价值的衡量方法。

$$\frac{FV}{A-G} = \frac{E+L-(A-G)}{A-G} \qquad (3-1)$$

其中，FV 代表特许权价值（$franchise\ value$），E 反映银行流通市值；L 表示负债的账面价值；A 为资产的账面价值；G 为商誉价值。在等式两边同时加上 1，整理后可得：

$$FV = \frac{E+L}{A-G} \qquad (3-2)$$

与托宾 Q 值的计算方式类似，因此：

$$FV = \frac{E+L}{A-G} = Q \qquad (3-3)$$

托宾 Q 值测度特许权价值的好处在于方法简单易行，托宾 Q 值一方面可以反映管理差别所产生的租金差异，因为股票波动可以反映投资者对公司的预期，与银行管理能力之间存在关系，管理能力越强，投资者对银行市值预期越好。另一方面，托宾 Q 值可以反映市场状况，在托宾 Q 值的计算过程中，用到银行流通市值指标，可以反映市场对银行的认可程度。此外，托宾 Q 值还可以反映国家安全网对银行的影响，因为国家安全网所提供的存款保险制度，会使得银行高负债经营，国家安全网对银行的影响在负债中可以得到体现。基于上述三方面原因，托宾 Q 值可以反映特许权价值的三个来源，正因为如此，国外众多学者经常用托宾 Q 值作为特许权价值的衡量指标，国内学者如马晓军、欧阳妹等人也采用此种方法对我国资本市场现状进行研究。

第三节　特许权机制对商业银行风险承担的影响机理

一、研究假设

从之前的理论推导可以知道，银行特许权价值具有自律效应，能够约束银行控制风险，实现稳健经营。但这仅仅是理论上的推导，现实的数据是否支持这一点，必须经过实证检验。同时董事会在公司经营决策中有重要的作用，上市银行的董事会风险控制作为一种内部治理机制，影响到上市银行投资决策的选择和行为偏好。从理论上讲，董事会治理程度的高低对特许权价值与银行风险承担之间关系有一定的影响作用。例如，董事会规模较大的公司、总资产比较大的银行，会更加珍视特许权价值带来的超额利润，从而导致银行董事会在经营决策时，会选择风险程度较低的决议。

（一）特许权价值与银行风险承担

银行的特许权价值是指银行被授予特许经营资格而获得的超额利润。鉴于银行业高风险的特性，同时金融危机影响的广泛性，各国监管部门纷纷制定了银行业准入制度。行业进入壁垒使得银行可以凭此获得超额收益，这样银行的特许权经营证就有了价值，即银行特许权价值。因此，特许权价值表面上看是政府设置的行业壁垒，目的是保障银行稳健经营。

综合第二章的文献综述和第三章的理论分析，以及最新的研究表明：银行特许权价值会对银行的风险行为产生影响，即银行特许权价值的高低影响到银行风险行为动机的强弱。因此，结合以上分析，得到本章的第一个假设：

假设 3-1：银行特许权价值与风险承担负相关，较高的特许权价值提高了银行的破产成本，促使银行稳健经营。

（二）董事会治理的调节效应

1. 董事会结构的调节效应

董事会是公司战略的制定机构，董事作为股东利益的代表，董事会规模小，虽然决策效率高，但是大股东对董事会控制力强，大股东偏好投资风险大的项目，在董事会进行决策时，特许权价值不能对董事冒险行为进行约束，特许权价值的自律效应不能有效的发挥，从而增加了银行的风险承担。

然而，规模较大的董事会则可以吸收董事不同的专业背景和社会资源，在董事会进行决策时，特许权价值将成为重要的考量因素，因为如若银行冒险经营，公司将因此失去由"特许权"带来的超额收益，相应地，董事和股东的利益将会受到很大损失。出于自身和股东利益的考虑，特许权价值越大，董事决策的风险倾向越低。因此，本章提出第二个假设。

假设3－2：董事会规模对特许权价值的自律效应具有调节作用，董事会规模越大，正向调节效应越大。

此外，根据《公司法》的要求，董事会中独立董事的比例不少于1/3，独立董事的比例越高，意味着董事会在进行决策时，独立董事更能有效地监督董事会其他人员的冒险行为。同时，银行机构的独立董事多为金融行业的专家或者学者教授，更加明白银行超额利润的取得源自政府赋予的"特许权价值"，倘若冒险经营致使银行陷入危机，政府可能会收回牌照。因此，独立董事对特许权价值的理解和重视程度比其他董事要强，进而可以降低管理层机会主义行为发生的概率，加强对管理层的监督，降低银行的风险承担。因此，本章提出第三个假设。

假设3－3：独立董事的比例对特许权价值的自律效应具有调节作用，独立董事比例越高，正向调节效应越大。

最后，当银行行长与董事长/副董事长两职合一时，董事会的权力过于集中，CEO拥有更多的话语权，基于自身利益，董事长发生道德风险的概率会相应增大，独立董事的监督机制下降，特许权价值的约束机制相应会受到影响。鉴于此，本章提出第四个假设。

假设3－4：董事长/副董事长与行长两职合一对特许权价值的自律效应具有调节作用，职权越集中，负向调节作用越大。

2. 董事会专业委员会的调节效应

董事会各专业委员会的建立有利于保持董事会的独立性和专业性，弥补董事会自身的缺陷。董事会成员由于时间和精力的限制，并不能全面地监督公司的行为，各专门委员会可以很好地解决这些问题，发挥独立董事的作用，提高工作的效率，降低了经营风险。因此本章提出第五个假设。

假设3-5：董事会委员会的设置对特许权价值的自律效应具有正向调节作用。

3. 董事金融职业背景的调节效应

银行中董事的职业背景包括教育经历、专业背景、金融业从业情况等。国内外有关研究表明，经济、金融、财务背景的董事的存在会提高公司决策的科学性，大大降低银行的风险倾向。而对于银行而言，拥有金融业从业背景的董事对特许权价值的重视程度优于其他董事。因此，本章提出第六个假设。

假设3-6：董事金融职业背景对特许权价值的自律效应具有调节作用，董事金融职业背景越强，正向调节作用越大。

二、研究设计

(一) 样本选择与数据来源

由于我国银行业上市的时间较晚，虽然近几年城市商业银行大量涌现，但是其数据的可获得性、可靠性、全面性存在质疑，因而对所有的银行的特许权价值和银行风险承担的考察是不可能的。而一般而言，上市银行管理制度较为规范、公司治理相对完善，公司信誉较好，所以基于数据的可信度、可获得性，本章选择16家上市银行：平安银行、宁波银行、浦发银行、华夏银行、民生银行、招商银行、南京银行、兴业银行、北京银行、农业银行、交通银行、工商银行、光大银行、建设银行、中国银行、中信银行2008～2012年间的数据作为样本（见表3.1）。同时由于各大银行上市时间不同，农业银行、光大银行于2010年上市，所以构建非平衡面板数据来进行分析。

表 3.1 16 家上市银行基本信息

银行性质	股票代码	银行简称	上市时间（年）
股份制商业银行	600016	民生银行	2000
	000001	平安银行	1991
	600036	招商银行	2002
	600000	浦发银行	1999
	601818	光大银行	2010
	600015	华夏银行	2003
	601328	交通银行	2007
	601998	中信银行	2007
	601166	兴业银行	2007
国有银行	601288	农业银行	2010
	601398	工商银行	2006
	601939	建设银行	2007
	601988	中国银行	2006
城市商业银行	601169	北京银行	2007
	002142	宁波银行	2007
	601009	南京银行	2007

资料来源：笔者整理。

此外，为了比较不同性质银行之间特许权价值的差异，本章将上市银行分为全国股份制商业银行、国有银行和城市商业银行。上市银行的主要财务数据来源于 CCER 金融数据库、国泰安数据库以及上市公司的年报，董事会数据主要来自 CCER 金融数据库和公司年报。同时，由于数据库部分数据的缺失和准确性较低，又手动查找了公司年报信息，确保数据真实可信。

（二）变量设计

1. 被解释变量

银行风险承担包括银行风险选择、风险动机和风险倾向。本章将用 Z 指数衡量银行风险承担的大小。此外，由于《巴塞尔协议》颁布以来，政府监管部门、机构投资者、相关研究机构、中小投资者都把银行"资本充足率"作为银行风险大小的考核指标，因此选择资本充足率（*CAR*）作为该指标的辅助衡量指标。

2. 解释变量

本章主要考察特许权价值（*UBFV*）对银行风险的自律效应，结合第三章第三节的分析，相对而言，托宾 Q 值更能准确地表述银行特许权价值。同时，国内外学者也多用此指标衡量特许权价值。因此，被解释变量选取托宾 Q 值。

关于董事会治理状况，我们主要考察了董事会结构（包括董事会规模、独立董事比例、行长与董事长/副董事长两职合一）、董事会专业委员会的设置、董事金融职业背景对特许权价值自律效应的调节作用。

董事会规模（*BOD*），表示董事会总人数的多少，包括独立董事、执行董事、非执行董事、董事长、副董事长。

董事会的独立性（*IDR*）可以用独立董事比例来衡量，大小等于独立董事人数与董事会总人数的比值。

两职设置状况（*POW*）可以用虚拟变量 0 和 1 来表示，当行长和董事长/副董事长两职分离时，用 1 表示，两职合一时，用 0 表示。

董事会专业委员会的衡量用设置的专业委员会（*SC*）的数目这个变量来表示，董事会专门委员会主要包括风险控制委员会、审计委员会、薪酬与考核委员会、提名委员会等。

董事金融职业背景（*FB*）状况采用 Herfindal 系数来测量，本章根据银行年报的披露情况，汇集董事会成员的信息，将董事的职业背景分为金融相关行业外、金融相关行业内本银行外、本银行内三类，分别计算三种类别的董事比例。Herfindal 系数 $= \sum_1^3 p_i^2$，其中 p_i 表示第 i 种类型董事所占比例。

3. 控制变量

为了更好地考察董事会风险控制对银行风险承担的影响，在参考相关实证研究的基础上，选择了公司规模（*SIZE*）、股权集中度

（H5）、第一大股东持股比例（TOP1）、股权制衡度（$Z_{2345/1}$）、经营杠杆（固定资产与总资产的比值 OPLV）、资本杠杆（股东权益与总资产的比值 CLV）、贷款集中度（银行最大 10 家客户贷款比率 LC）作为控制变量。

股权集中度（H5）用荷芬德尔指数来衡量，等于前五大股东持股比例的平方和，对持股比例进行平方运算后会出现"马太效应"，持股比例之间的差距也会更加明显。极端情况是只有一个大股东持有公司所有股份，H5 指数为 1，当存在一个大股东持股比例达到 50% 以上时，H5 指数达到 0.25，可以认为公司股权安排不合理。

第一大股东持股比例（TOP1）等于最大股东的持股份额与公司总股本的比例。

股权制衡度（$Z_{2345/1}$）可以用第二到第五大股东持股比例之和与第一大股东持股比例的比值来表示，该比例越高，表明第一大股东持有股份比例相对越低，相应地，第一大股东受到的制衡度越强。极端情况是，只有一个大股东，其余股东持股比例为 0，股权制衡度取值就为 0，对第一大股东没有丝毫的制衡度。该指标取值介于 0 ~ 4之间。

公司规模（SIZE）采用总资产的自然对数来衡量，一般认为，规模大的银行资本实力较强，获取外部资源的能力比较强，具有规模经济的优势，能够承担更大的风险。

经营杠杆（OPLV）用每年年末固定资产与总资产的比值来表示，当银行固定资产比率高时，银行承担风险能力强，在银行出现危机时，可以用固定资产缓冲风险带来的损失。

资本杠杆（CLV）用每年年末股东权益与总资产的比值来表示，同样，当银行股东权益比率较高时，银行承担风险能力较强。

贷款集中度（LC）可以用银行最大 10 家客户贷款比率来表示，银行贷款客户越集中，因单一客户经营不善而带来损失的概率就越大，适当分散客户可以降低风险。变量的定义和描述见表 3.2。

表 3.2 被解释变量和解释变量释义

变量类型	变量名称	变量符号	变量含义及计算方法
被解释变量	Z 指数	Z-score	$(ROA + EA) / \sigma (ROA)$ 的自然对数
	资本充足率	CAR	资产/风险加权资产
解释变量	特许权价值	UBFV	托宾 Q
	董事会规模	BOD	董事会总人数
	独立董事比例	IDR	独立董事人数/董事会总人数
	董事会两职合一	POW	行长与董事长/副董事长两职合一则为 0,两职分离则为 1
	董事会委员会设置	SC	设置的专业委员会的总数
	董事会金融职业背景	FB	Herfindal 系数 $= \sum_{1}^{3} p_i^2$
控制变量	公司规模	SIZE	总资产的自然对数
	股权集中度	H5	公司前五大股东持股比例平方和
	第一大股东持股比例	TOP1	最大股东持股数量与总股本的比值
	股权制衡度	$Z_{2345/1}$	第二到第五大股东持股比例之和与第一大股东持股比例的比值
	经营杠杆	OPLV	年末固定资产/总资产
	资本杠杆	CLV	年末股东权益/总资产
	贷款集中度	LC	银行前十大客户贷款比率

资料来源:笔者整理。

(三) 实证模型

本章以银行风险承担(Z-score)为被解释变量,以资本充足率(CAR)为辅助被解释变量,以特许权价值(UBFV)、董事会质量相关变量(董事会规模(BOD)、独立董事比例(IDR)、董事会两职合一(POW)、董事会委员会设置(SC))为被解释变量,同时,控制了公司规模(SIZE)、经营杠杆(OPLV)、资本杠杆(CLV)、贷款集中度(LC)对银行风险承担的影响。

为了检验特许权价值的自律效应,即为了验证假设 3 – 1,构建如下模型:

$$Z\text{-}score_{it}(CAR_{it}) = \alpha_1 + \beta_1 \times UBFV_{it} + \beta_2 \times SIZE_{it} + \beta_3 \times H5_{it} + \beta_4 \times$$

$$TOP1_{it} + \beta_5 \times Z_{2345/1\,it} + \beta_6 \times OPLV_{it} + \beta_7 \times CLV_{it} + \beta_8 \times LC_{it} + \varepsilon_{it}$$

$$(3-4)$$

其中 $Z\text{-}score_{it}$ 表示第 i（$i=1$, 2, 3, …, 16）家银行第 t（$t=$ 2008, 2009, …, 2012）年风险水平。α_1 为常数项，β_i 为模型参数，ε_{it} 为残差项。

为了检验董事会治理对特许权价值自律效应的调节作用，我们引入了 $UBFV$ 与 BOD、IDR、POW、SC、FB 的交叉变量，构建如下模型：

$$Z\text{-}score_{it}(CAR_{it}) = \alpha_1 + \beta_1 \times UBFV_{it} + \beta_2 \times BOD \times UBFV_{it} + \beta_3 \times IDR \times UBFV_{it} + \beta_4 \times POW \times UBFV_{it} + \beta_5 \times SC \times UBFV_{it} + \beta_6 \times FB \times UBFV_{it} + \beta_7 \times SIZE_{it} + \beta_8 \times H5_{it} + \beta_9 \times TOP1_{it} + \beta_{10} \times Z_{2345/1\,it} + \beta_{11} \times OPLV_{it} + \beta_{12} \times CLV_{it} + \beta_{13} \times LC_{it} + \varepsilon_{it}$$

$$(3-5)$$

其中 α_1 为常数项，β_i 为模型参数，ε_{it} 为残差项。

假设 3 – 2 至假设 3 – 6 可以通过上述模型得到验证，如果交叉项前面的系数为正值，表明对特许安全价值自律效应的影响是正向的，即增强了特许权价值的自律效应，减小了银行风险。否则，对特许权价值自律效应的影响是负向的，提高了银行风险。

第四节　特许权机制对商业银行风险承担的影响效应

一、描述性统计

（一）特许权价值描述性统计分析

1. 各类银行特许权价值比较分析

本章按照银行的性质将银行分为国有银行、股份制商业银行、城市商业银行三类，不同类别银行的特许权价值描述性统计结果如表 3.3 所示。

表3.3 不同性质银行特许权价值比较

银行类别	银行数目	平均值	标准差	最大值	最小值	极差
国有银行	4	1.0061	0.0210	1.0683	0.9907	0.0776
股份制商业银行	9	1.0154	0.0250	1.0966	0.9929	0.1037
城市商业银行	3	1.0375	0.0321	1.0978	1.0033	0.0945
总计	16	1.0176	0.0027	1.0978	0.9907	0.1071

资料来源：笔者整理。

由表3.3可知，总体来看，16家上市银行中大部分为股份制商业银行，国有银行和城市商业银行数目很少。16家银行特许权价值均值为1.0176，由于本章选择了托宾Q值来度量特许权价值的大小，托宾Q可以反映市场垄断程度，在完全垄断的市场上，托宾Q>1，在完全竞争市场，托宾Q<1，这也表明我国银行业属于完全垄断市场。

国有银行特许权价值均值为1.0061，标准差为0.0210，最大值为1.0683，最小值为0.9907，极差为0.0776；股份制商业银行特许权价值均值为1.0154，标准差为0.0250，最大值为1.0966，最小值为0.9929，极差为0.1037；城市商业银行特许权价值均值为1.0375，标准差为0.0321，最大值为1.0978，最小值为1.0033，极差为0.0945。

从各类银行对比分析可知，不同性质银行特许权价值差异并不明显，均值最高的是城市商业银行，为1.0375，最低的是国有银行，为1.0061。从特许权价值离散程度来看，相对而言，国有银行特许权价值较为集中，标准差为0.0210，城市商业银行特许权价值较为分散，标准差为0.0321。

根据本章的理论分析，我们认为特许权价值主要由两部分组成：首先是监管当局对银行实施准入限制，银行业垄断性强，故此，银行可以获得超额利润，这是市场相关部分；其次是各银行风险控制能力不同、经营效率存在差异、品牌影响力及客户关系不同导致银行竞争力迥异，这是银行相关部分。这两方面共同作用导致银行特许权价值高低不一。通过股份制商业银行和国有银行特许权价值对比分析可知，二者的"市场相关因素"基本相同，特许权价值不同主要是由银行自身原因导致。我国四大国有银行无论是经营效率、管理水平、团队建设、风险控制能力还是金融创新能力均落后于股份制商业银行，银行相关因素致使国有商业银行的特许权价值低于股份制商业银行。

2. 特许权价值趋势分析

图 3.1 显示的是 2008 ~ 2012 年 5 年间上市银行特许权价值趋势对比，从图中趋势可以看出，2009 年不同性质银行特许权价值均有大幅度上升，2009 年之后逐年递减，到 2012 年各类银行基本持平。

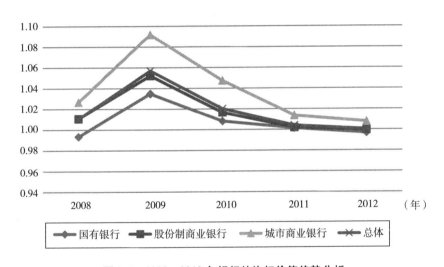

图 3.1 2008 ~ 2012 年银行特许权价值趋势分析

通过对近几年资本市场的分析可以发现特许权价值下降的原因，主要在于国内银行业市场竞争的加剧。随着我国金融市场逐步对外开放，金融自由化的提出、金融全球化的推进，政府和相关监管部门对银行业市场准入资格逐步放松。一方面，根据 WTO 的有关开放市场的承诺，国内银行业必须迎接外资银行的挑战；另一方面，国内银行体系逐步膨胀，新形式银行不断涌现，原有银行的分支网点不断增多，城市商业银行为突破地域限制，开始布局全国市场。

同时，外资银行不仅仅局限于外币交易，在本土化策略的指引下，人民币业务、金融衍生品交易不断涌现，银行业竞争逐步升级，致使银行负债成本上升，银行之间的差异因竞争而缩小，银行业市场逐步由垄断市场转变为非垄断市场，超额利润逐步被侵蚀，银行的特许权价值也逐步降低。

此外，2000 年前国家实行统一存款利率，对利率管制非常严格，银行之间不会存在存款市场竞争，但是 2000 年 9 月，国家推行利率市场化改革，2003 年提出了利率改革原则"先外币后本币，先贷款后存款，先长期大额后短期小额"，所以，目前看来银行业贷款利率市场全面放开，允许银行针对贷款去向合理浮动贷款利率。各大银行为了留住客户资源，纷纷实行低贷款利率政策，银行间的竞争又进一步加大。同时，在贷款资金的审核时，也逐步松懈，放松了对资金的监管，进一步导致银行风险增加。由以上分析可知，种种原因都导致了我国银行业特许权价值的下降。不难推测，银行业特许权价值下降已经成为未来趋势。

（二）董事会治理变量描述性统计分析

1. 国有银行董事会治理变量描述性统计

表 3.4 显示的是国有银行董事会治理变量的描述性统计分析结果。综合分析国有四大银行 2008 ~ 2012 年风险承担（Z-score）状况可以看出，Z-score 的平均值为 10.46，其值越大，表明银行风险越小。国有银行风险水平低于样本均值，表明国有四大银行在风险管控方面存在较大优势。这一方面是因为国家对大型银行实行严格的监督，另一方面是因为国有银行内部建立了比较严格的风险监控体制。

表 3.4　　　　　　国有银行董事会治理变量描述性统计结果

变量	平均值	标准差	最大值	最小值	极差
Z-score	10.46	0.31	11.00	11.08	0.93
CAR	12.72	0.85	14.32	11.14	3.18

续表

变量	平均值	标准差	最大值	最小值	极差
BOD	14.94	1.86	19.00	11.00	8.00
IDR	33.68	6.63	42.86	18.18	24.68
POW	0	0	0	0	0
AC	5.22	0.43	6.00	5.00	1.00
FB	0.44	0.07	0.59	0.34	0.25
SIZE	30.05	0.24	30.50	29.57	0.93
H5	0.37	0.11	0.54	0.23	0.31
*TOP*1	0.50	0.14	0.68	0.34	0.34
$Z_{2345/1}$	0.92	0.44	1.69	0.41	1.28
OPLV	0.94	0.23	1.28	0.63	0.65
CLV	6.23	0.48	7.10	5.25	1.86
LC	18.83	3.18	28.00	14.76	13.24

资料来源：笔者整理。

资本充足率（*CAR*）的平均值为 12.72，高于《巴塞尔协议》最低监管 8% 的资本充足水平，同时样本之间差异不大。

董事会规模（*BOD*）平均值为 14.94，最大值为 19.00，即高于总体水平，董事会规模较大可能会导致沟通成本较高，执行效率下降，因此，国有银行在董事会规模方面需要作出改进。

在独立董事比例方面，平均值为 33.68，略高于《公司法》对独立董事比例的标准要求，最小值仅为 18.18，一般认为独立董事比例越高董事会独立性越强，从以上数据可以看到国有银行虽然总体上符合独立董事的比例标准，但 1/3 的比例只是监管的最低要求，董事会的独立性仍有待提高。

从两职合一（*POW*）状况来看，所有国有银行都实行了董事长/副董事长与行长两职合一的安排，权力过于集中，董事长权力过大，容易引发内部人控制。

从委员会的设置情况来看，大部分国有银行都设置了 6 个委员会，分别为战略委员会、审计委员会、风险管理委员会、提名委员会、薪酬委员会、关联交易控制委员会，每个委员会都有相应的职能定位，保证了银行决策的科学性。

从董事会金融职业背景来看，FB 均值为 0.44，与样本总体水平持平，表明国有银行中拥有金融职业背景的人数较多。一般而言，董事职业背景越复杂，多样化越强，董事间容易形成知识互补。但是，银行业有其特殊性，专业化的金融从业经历对公司决策却是非常重要。

银行规模方面，国有银行资产规模普遍较大，$SIZE$ 均值为 30.05，而且银行间差异很小。多年的政策扶持促使国有银行完成了资本积累。以工商银行为例，2012 年年报显示，资产总额达到 17.54 万亿元，净利润为 2386.91 亿元，平均总资产收益率为 1.45%，各项指标均位于同业前列。与股份制商业银行和城市商业银行相比，具有强大的资本优势。

股权集中度方面，$H5$ 指数均值为 0.37，远高于总体样本 0.17 水平，通过对股东持股状况进行深入分析可知，国有银行第一大股东持股比例基本在 50% 以上，股权结构单一，股权集中度高是我国国有银行普遍存在的问题。

从第一大股东持股比例方面来看，$TOP1$ 平均值为 0.50，最大值为 0.68，最小值为 0.34。这也从另外一个方面说明国有银行股份集中的事实。

股权制衡度方面而言，第二、三、四、五大股东与第一大股东持股数量之比为 0.92，相比于股份制商业银行，股权制衡力度较小。第二、三、四、五大股东如果不能从持股比例上完成对第一大股东的制衡，那么很容易出现股东控制董事会的情况。

经营杠杆和资本杠杆数据显示，国有银行固定资产方面占有很大优势，$OPLV$ 的平均值为 0.94，即固定资产占总资产的 0.94%，固定资产越多，银行抵御风险的能力就越强。CLV 的平均值为 6.23，即股东权益占总资产的 6.23%，与其他类型银行持平。

贷款集中度方面，本章统计了前十大贷款人贷款比例之和，平均值为18.83，贷款越分散，银行因单个贷款人经营失败而受到损失的概率越小。总体来看，贷款较为分散，有利于银行降低风险。

2. 股份制商业银行董事会治理变量描述性统计

表3.5显示的是股份制商业银行特许权价值之外的其他变量描述性统计结果，Z-score值反映银行风险的大小，总体来看，股份制商业银行Z-score平均值为9.20，Z指数越小，风险越大。通过对比可以看到，股份制商业银行Z指数小于国有银行，这一方面是由于竞争的压力导致的，另一方面也说明股份制商业银行在风险控制方面存在不足。这与之前的研究结论相反，一般来讲，国有银行由于管理水平落后，制度不够完善等原因，使国有银行在风险控制方面存在漏洞，但是从上述分析结果来看国有银行风险管理能力却优于股份制商业银行。

表3.5　　　　股份制商业银行董事会治理变量描述性统计分析

变量	平均值	标准差	最大值	最小值	极差
Z-score	9.20	1.26	11.05	6.63	4.41
CAR	11.31	1.25	14.32	8.58	5.74
BOD	16.91	1.59	20.00	14.00	6.00
IDR	35.41	3.46	44.44	28.5	15.87
POW	0.63	0.49	1.00	0	1.00
AC	5.14	0.94	6.00	3.00	3.00
FB	0.42	0.07	0.58	0.29	0.29
SIZE	28.22	0.55	29.29	26.89	2.41
H5	0.13	0.13	0.43	0.01	0.42
TOP1	0.27	0.16	0.62	0.06	0.56
$Z_{2345/1}$	1.18	0.67	3.18	0.31	2.87
OPLV	0.48	0.17	0.85	0.20	0.64
CLV	5.26	1.02	8.03	3.18	4.84
LC	25.22	6.97	40.85	13.97	26.88

资料来源：笔者整理。

从资本充足率的分析结果来看，股份制商业银行的平均值为

11.31，小于国有银行，而且 CAR 波动性较大，标准差为 1.25。学者多用资本充足率来衡量银行经营的稳健性，通过以上数据可以进一步说明国有银行在风险控制方面有较大幅度提高。

从董事会治理数据来看，股份制商业银行董事会规模均值为 16.91，远大于最佳水平。独立董事比例平均值为 35.41，依旧存在董事会独立性不强的现象。而且在股份制商业银行中有 37% 的银行存在董事长/副董事长与行长两职合一的情况，董事长权力过于集中，容易引发道德风险。此外，股份制商业银行平均设立了 5.14 个委员会，基本涵盖了审计委员会、薪酬委员会、提名委员会、风险控制委员会、战略委员会等。不同委员会专业职能的发挥有利于银行健全风险控制体系。金融职业背景变量（FB）的统计结果显示，股份制商业银行董事会中有较大比例的金融人才，董事的金融职业背景性越强，越能为银行提供专业的指导。

从股权状况来看，$H5$ 指数平均值为 0.13，表明股权较为分散，利于股东之间相互制衡。第一大股东持股比例均值为 0.27，相对于国有银行，分散的股权安排可以降低银行被第一大股东控制的可能性。股权制衡度 $Z_{2345/1}$ 指数的平均值为 1.18，表明第二、三、四、五大股东的存在削弱了第一大股东的控制力。

从贷款集中水平来看，前十大贷款人总贷款比例为 25.22，最大值为 40.85，这也充分说明股份制商业银行在放贷时，对风险的控制存在缺陷。分散风险的最好方法无疑是进行多领域、全行业的投资，而股份制商业银行这种集中贷款的做法潜在地增大了银行经营的风险。

3. 城市商业银行董事会治理变量描述性统计

表 3.6 显示的是城市商业银行相关变量的描述性统计结果。我国上市银行中城市商业银行仅有 3 家：北京银行、宁波银行、南京银行。城市商业银行的辐射范围小、经营业务单一、管理理念落后等，种种原因导致城市商业银行竞争力不强。通过 $Z\text{-}score$ 的统计分析结果可以看到，平均值仅为 8.82，在三类银行中，风险水平最高，这主要是由

于管理理念落后导致的。资本充足率 *CAR* 水平较高，均值为 15.23，高于总体水平，最大值为 24.12。

表 3.6　　　　　城市商业银行董事会治理描述性统计分析

变量	平均值	标准差	最大值	最小值	极差
Z-score	8.82	0.30	9.43	8.42	1.01
CAR	15.23	3.23	24.12	10.75	13.37
BOD	16.07	2.02	19.00	13.00	6.00
IDR	33.60	3.08	38.46	26.67	11.79
POW	0.33	0.49	1.00	0	1.00
AC	5.67	0.48	6.00	5.00	1.00
FB	0.42	0.08	0.54	0.34	0.19
SIZE	26.46	0.75	27.74	25.26	2.48
H5	0.05	0.01	0.10	0.03	0.07
*TOP*1	0.14	0.02	0.16	0.11	0.05
$Z_{2345/1}$	2.20	0.83	4.55	1.41	3.14
OPLV	0.56	0.22	0.97	0.22	0.75
CLV	7.33	1.70	12.11	5.27	6.83
LC	29.26	9.72	44.42	16.10	28.32

资料来源：笔者整理。

从董事会治理角度来看，城市商业银行董事会规模均值为 16.07，同样存在董事会规模较大的问题，虽然董事人数越多，决策时考虑问题越全面，但由此引发的沟通成本和决策效率却大幅度下降，容易得

不偿失。独立董事比例为 33.60，即独立董事占到董事会总人数的
33.60%，银行间差异不明显，标准差为 3.08，最大值与最小值之间
的差额为 11.79。此外，大部分城市商业存在董事长/副董事长与行长
两职合一情况，约占到 66% 的比例，存在"内部人控制"的风险。从
委员会设置情况来看，平均设置了 5.67 个委员会，与股份制银行和国
有银行设置情况相同。董事金融职业背景而言，*FB* 均值为 0.42，表
明拥有金融从业经历的董事占有较大比例。

从股权安排情况来看，H5 的均值为 0.05，表明城市商业银行股
份非常分散，存在众多的中小投资者。理论上讲，股东越分散，监管
主体越容易缺失，容易引发监管主体不明，部分股东可能会存在"搭
便车"行为。第一大股东持股比例（*TOP*1）均值为 0.14，持股比例
不高，此外 $Z_{2345/1}$ 指数均值为 2.2，这一方面说明城市商业银行第一大
股东控制力不强；另一方面表明其他股东对第一大股东制衡力度大。

从贷款集中度来看，城市商业银行与股份制商业银行同样存在贷
款过于集中的现象。分散投资去向、做好风险管理是降低银行风险的
有效手段。

4. 不同性质银行对比分析

表 3.7 比较了不同性质银行各变量均值。通过对比三类银行各类
指标的均值统计结果，我们可以发现，三类银行在风险水平、董事会
治理状况、股权结构安排、资产状况、不良贷款率方面各有优缺点。

表 3.7　　　　　　　　不同性质银行各变量均值比较

分类	Z-score	CAR	BOD	IDR	POW	AC	FB	SIZE	H5	TOP1	$Z_{2345/1}$	OPLV	CLV	LC
国有银行	10.46	12.72	14.94	33.68	0	5.22	0.44	30.05	0.37	0.50	0.92	0.94	6.23	18.83
股份制商业银行	9.20	11.31	16.91	35.41	0.63	5.14	0.42	28.22	0.13	0.27	1.18	0.48	5.26	25.22
城市商业银行	8.82	15.23	16.07	33.60	0.33	5.67	0.42	26.46	0.05	0.14	2.20	0.56	7.33	29.26
总体	9.42	12.42	16.28	34.64	0.42	5.26	0.43	28.31	0.17	0.30	1.32	0.61	5.90	24.50

资料来源：笔者整理。

国有银行的优势主要表现在风险水平较小、董事金融职业背景强、资产规模大、固定资产比重大、不良贷款率低几方面。股份制商业银行的优势体现在董事会规模大、董事会独立性强、董事长权力分散几个方面。城市商业银行虽然整体竞争力不强，但是在股权分散性、股权制衡度、大股东持股比例方面优于其他性质银行。

二、相关性分析

表3.8给出的是所有变量相关性分析结果，从相关系数大小可以发现变量之间的关系。总体来看，所有系数均在0.5以下，不存在多重线性相关的问题，同时大部分系数在10%、5%、1%的水平上显著，说明数据之间独立性强，适合做回归分析。由于本章主要关注于银行特许权的自律效应，所以从表中 Z-score、CAR 与 UBFV 的相关系数可以看出，Z-score 与 UBFV 之间是正相关关系，相关系数为0.27，表明银行特许权价值越高，Z-score 的值越大，银行风险就越小，但是并不显著，因此，特许权价值的自律效应存在质疑。同样，CAR 与 UBFV 之间也是正相关关系，相关系数为0.02，说明银行特许权的增大会提高资本充足率水平，资本充足率越高说明银行经营越稳健，风险性越小。

三、回归分析

本章使用基于面板数据方法对式（3－7）和式（3－8）进行回归，表3.9呈现了该模型回归结果。通常实证分析环节，采用面板数据的模型主要有三种：混合模型、固定效应模型及随机效应模型。本章根据沃尔德F检验和 Hausman 检验的结果，选用截面随机效应及时间固定效应模型。

表 3.8

变量相关性分析结果

变量	Z-score	CAR	UBFV	BOD	IDR	POW	SC	FB	SIZE	H5	TOP1	Z2345/1	OPLV	CLV	LC
Z-score	1.00														
CAR	0.13	1.00													
UBFV	0.27	0.02	1.00												
BOD	-0.30**	-0.18	0.08	1.00											
IDR	-0.19	-0.07	-0.11	0.24**	1.00										
POW	-0.24**	-0.15	0.05	-0.12	-0.03	1.00									
AC	0.02	0.13	0.17	0.47***	0.08	-0.01	1.00								
FB	-0.23**	-0.06	-0.01	-0.21*	0.09	0.03	-0.17	1.00							
SIZE	0.59***	-0.27**	-0.42***	-0.14	0.03	-0.30***	0	-0.10	1.00						
H5	0.58***	0.04	-0.41***	-0.45***	-0.05	-0.19	-0.29**	0.09	0.66***	1.00					
TOP1	0.55**	-0.03	-0.43***	-0.38***	0.01	-0.09	-0.26**	0.11	0.64***	0.97***	1.00				
Z2345/1	-0.32***	0.29***	0.24**	0.15	-0.02	-0.15	0.08	-0.06	-0.52***	-0.54***	-0.67***	1.00			
OPLV	0.43***	0.26**	-0.18	-0.4***	-0.26**	-0.33***	-0.11	0.38***	0.39***	0.62***	0.50***	-0.02	1.00		
CLV	0.16	0.85***	-0.03	-0.25**	-0.16	0.07	0.14	0.01	-0.19*	0.19*	0.14	0.14	0.35***	1.00	
LC	-0.25**	-0.14	0.54***	0	-0.08	0.14	-0.12	-0.01	-0.49**	-0.32***	-0.28**	0.09	-0.33***	-0.12	1.00

注：*** 表示在 1% 水平上显著，** 表示在 5% 水平上显著，* 表示在 10% 水平上显著。

资料来源：笔者整理。

表 3.9 特许权价值与银行风险承担回归结果分析

变量	模型（3-4）		模型（3-5）	
	Z-score	CAR	Z-score	CAR
常数项	12.158 ***	17.348 **	8.014 ***	20.075 ***
	(5.33)	(4.96)	(3.34)	(3.77)
UBFV	0.498	1.294	0.269 **	2.927 ***
	(0.67)	(0.21)	(2.30)	(3.54)
UBFV × BOD			0.014 **	0.147 *
			(2.07)	(1.94)
UBFV × IDR			0.003 **	0.025 *
			(1.72)	(0.85)
UBFV × POW			-0.463	-1.349 ***
			(-1.11)	(-4.48)
UBFV × SC			0.031	0.036
			(0.67)	(0.09)
UBFV × FB			0.480 ***	2.626 **
			(2.86)	(2.27)
SIZE	-0.111 ***	-0.376 ***	0.011	-0.491 ***
	(-2.71)	(-2.95)	(0.16)	(-3.67)
H5	0.432 *	0.341	0.201	0.123 *
	(2.32)	(0.22)	(0.32)	(0.11)
TOP1	-0.086	0.628	1.672 *	1.12
	(-0.32)	(0.12)	(1.23)	(0.012)
$Z_{2345/1}$	1.451 ***	-1.08 ***	2.33	3.67
	(3.20)	(-2.70)	(0.02)	(1.23)
OPLV	0.330	0.060	0.734 ***	-0.568
	(1.28)	(0.08)	(2.74)	(-0.71)
CLV	0.106 ***	1.395 ***	0.102 ***	1.342 ***
	(6.69)	(10.52)	(5.18)	(12.15)
LC	0.004	-0.050 *	0.005	-0.042 **
	(1.07)	(-1.89)	(1.33)	(-2.07)
调整的 R^2	0.1345	0.7514	0.2093	0.8346
F 值	21.33 ***	178.34 ***	88.72 ***	327.88 ***

注：*** 表示在1%水平上显著，** 表示在5%水平上显著，* 表示在10%水平上显著。

资料来源：笔者整理。

表 3.9 显示的是模型（3-4）和模型（3-5）的多元线性回归结果，模型（3-4）检验了银行特许权价值在我国是否存在，模型（3-5）引入了董事会治理变量与银行特许权价值的交乘项，为了检验董事会

治理对特许权价值自律效应的调节效应。通过上面表格的数据，可以发现，与多数研究相反，无论是选用 Z-score 还是 CAR 作为衡量银行风险的指标，银行特许权价值的自律效应并不存在。在控制股权结构、银行规模、经营杠杆、资本杠杆和贷款集中度的情况下，银行特许权价值 UBFV 与 Z-score 回归系数为 0.498，表明特许权价值对银行风险有一定的抑制作用，但是这种作用并不显著；此外 UBFV 与 CAR 回归系数为 1.294，同样说明，银行特许权价值的提高会降低银行风险动机，但是并不显著。

通过模型（3-5）的回归结果发现，在引入董事会治理的相关变量后，特许权价值与银行风险之间出现了显著正相关关系。UBFV 与 Z-score 回归系数为 0.269，并在 10% 的水平下显著，与模型（3-4）的结果相比，说明董事会的存在可以使银行特许权价值的自律效应得以有效发挥。UBFV 与 CAR 回归系数为 2.927，并且在 1% 的水平下显著，同样证明了上述结论。通过董事会治理变量与特许权价值交乘项的回归系数可以判定董事会治理是否调节效应。通过表格可以看到，$UBFV \times BOD$ 与 Z-score 的回归系数为 0.014，大于零，并且在 10% 的水平下显著，说明董事会规模的大小对特许权自律效应的发挥有促进作用，董事会规模越大，越利于特许权自律效应的发挥。证明了上面的第二个假设。用 CAR 作为银行风险承担的代理变量也同样证明了董事会规模对特许权价值自律效应的正向调节作用。$UBFV \times IDR$ 与 Z-score的回归系数为 0.003，大于零，并且在 5% 的水平上显著，说明独立董事比例越大，董事会独立性越强，董事会就越珍视特许权带来的超额利润，特许权价值的自律效用就越能充分发挥。证明了上面的第三个假设。用 CAR 作为银行风险承担的代理变量也同样证明了独立董事对特许权价值自律效应的正向调节作用。

但是，在证明董事长/副董事长与行长两职合一是否促进特许权价值自律效应时，当选择 Z-score 作为银行风险承担的度量变量时，这种促进作用并不显著，而选择 CAR 衡量银行风险时，正向调节作用却在

1%的水平上显著。变量选择的差异导致研究结论不一致。假设四不能得到证明。$UBFV \times SC$ 前面的回归系数为 0.031、0.036，均不显著，说明专业委员会的设置对银行特许权自律效应的发挥并不存在促进作用。这可能是由于专业委员会虽然规定了各委员会的职责，但是在执行时，专业性、独立性不能得到发挥。假设五不能得到证明。

此外，$UBFV \times FB$ 与 $Z\text{-}score$ 的回归系数为 0.480，大于零，并在10%的水平上显著，说明董事会金融职业背景可以使董事在进行决策时，考虑特许权价值带来的超额利润，对特许权价值的自律效应具有正向调节作用。假设六得到证明。

通过以上分析，我们可以看到，特许权价值的自律效应在我国并不存在。通过分析，本章认为阻碍特许权价值自律效应发挥的主要原因有以下两个方面：第一，金融自由化、金融市场化的加剧，导致银行特许权价值有下降趋势。尤其是最近五年期间，外资银行的进入、城市商业银行的兴起、村镇银行的崛起都使得国内银行市场竞争加剧。此外，由于利率市场化的提出，导致银行之间恶性竞争，特许权带来的超额利润正在摊薄，未来收益的预期也逐步降低。这就导致银行对特许权价值的珍视程度下降，董事在进行决策时，特许权价值因素成为次重要因素。第二，由于我国普遍实行隐性存款保险制度。政策的保护助长了银行冒险经营的动机，特许权价值的自律效应正在减弱。目前而言，我国的隐性存款保险制度涵盖了银行业、证券公司、保险公司等金融机构，由人民银行负责设计实施。银行一旦经营不善，或遇到债务危机，国家"扶持之手"会以自由资金为银行接盘。在现有体制下，存款保险制度的存在加大了银行道德风险和机会主义行为。同时，隐性存款保险制度不利于银行之间公平竞争，国家倾向于对国有银行提供政治保护，因为"大而不倒"的原因，导致国家在必要时会提供资金支持。从银行角度考虑，资产规模大的银行会认为如果银行发生资不抵债情况，国家自然会给予援助，冒险倾向就会增加。而对于规模小的银行，由于自负盈亏，国家对其扶持力度小，银行在经营时会考虑特许权价值带来的超额利润，特许权价值的自律效应就会有效发挥。以上两个方面就是导致特许权自律效应不能有效发挥的主要原因。

四、进一步研究

（一）存款保险制度概述

存款保险制度自实行以来，一直都是银行危机防范和管理的重要举措。其主要目的在于维护金融体系稳定性，给予公众信心，防止银行危机的发生。目前从实行的情况来看，主要分为隐性存款保险制度和显性存款保险制度。

20世纪90年代大萧条的发生使西方国家逐渐认识到国家制度在稳定本国金融市场稳定性方面的重要作用，于是纷纷在国家制度层面颁布显性存款保险制度。实行显性存款保险制度的国家主要有以下三类：市场化程度高的发达国家、曾经出现过金融危机的发展中国家、经济发达的国家。从发达国家的实践经验来看，显性存款保险制度可以使国家直接干预银行的信贷资金流向，使银行的投资取向更加自由化，有效地预防了金融危机的发生，因此，国内外很多学者普遍认为显性存款保险制度是抑制银行风险行为的行之有效的方法。

隐性存款保险制度主要在市场化程度不高的发展中国家实行。在选择隐性存款保险制度还是显性存款保险制度时，主要考虑由此导致的经济成本的大小。由于发展中国家金融市场不完善，金融创新较少，金融工具较少，国家主要通过政治干预的方式为危机银行提供资金支持。同时，银行多受政府控制，自由性低，银行往往成为政府进行经济干预的媒介。这类国家与银行的政治关系紧密，实行隐性存款保险制度是政府扶持银行稳健经营的重要手段。

（二）我国存款保险制度现状

我国银行业一直实行的是隐性存款保险制度，具体特征为政府主导、银行受益、基本涵盖所有金融企业。资金来源主要为财政资金。

在中国市场化不透明的现状下，隐性存款保险制度的弊端逐步凸显，隐性存款保险制度加剧了道德风险和机会主义行为发生的可能性，同时导致银行业不公平竞争。同时因为"大而不倒"现象的存在，政府倾向于对大型银行实行隐性存款保险制度，从而导致强者愈强，造就了目前银行业垄断性的市场结构。

（三）存款保险制度相关研究

国外学者对存款保险制度对银行的风险行为进行了较多研究。债权人在存款银行时主要考虑银行风险的大小，银行风险主要有以下两个因素影响：一是银行自身经营的风险状况；二是国家对银行的保护情况，主要指的是国家安全网因素，在现阶段表现为隐性或者显性存款保险制度。

尼尔（Nier）对银行业进行了实证研究表明，当银行获得政府赋予的存款保险制度时，银行的风险倾向明显上升，而当银行实行保险制度时，银行在风险选择方面更加慎重。

今井（Imai，2006）还对日本政府对银行的扶持行为进行了研究，发现存款保险制度仅覆盖大型银行，对于小型银行，没有了政府的"扶持之手"，银行信贷市场的约束效应更容易发挥。

张正平等（2005）对我国隐性存款保险制度的现状进行了深入探讨，尤其关注隐性存款保险制度的覆盖范围，通过实证研究发现，隐性存款保险制度覆盖了所有上市银行，而且由于隐性存款保险制度的存在，银行风险有所增加。

李燕平等（2008）通过实证分析，发现特许权价值自律效应不能有效发挥的主要原因就是隐性存款保险制度削弱了特许权价值的约束作用。

曲洪建等（2010，2011，2012）的研究发现，理论上我国隐性存款保险制度仅覆盖了大型银行，尤其是国有银行，因为国家是最大的股东，对国有银行的扶持理所当然，但是从实行结果来看，在所有上市银行中都实行了隐性存款保险制度，覆盖范围甚至扩大到某些城市商业银行。立足于中国隐性存款制度的政治背景，本章该部分将引入隐性保险制度这一调节变量，研究隐性存款保险制度对特许权价值自律效应产生何种影响。

（四）相关变量的选择

特许权价值与存款保险制度研究变量选择见表3.10。

表3.10 特许权价值与存款保险制度研究变量选择

变量类型	变量名称	变量符号	变量含义及计算方法
被解释变量	Z指数	Z-score	$(ROA+EA)/\sigma(ROA)$ 的自然对数
	资本充足率	CAR	资产/风险加权资产
解释变量	特许权价值	UBFV	托宾Q
	存款保险制度	DI	国有四大银行取值为1，其他银行取值为0
控制变量	公司规模	SIZE	总资产的自然对数
	经营杠杆	OPLV	年末固定资产/总资产
	资本杠杆	CLV	年末股东权益/总资产
	贷款集中度	LC	银行前十大客户贷款比率

资料来源：笔者整理。

从隐性存款保险制度救助性角度来考虑，政府对不同类型的银行实行有差异的隐性存款保险制度。谢平和易诚（2004）通过回顾我国银行业发展过程，发现国家对个人实行"全额赔付"，即银行债务清偿时，优先保证个人存款"全额赔付"。而对公存款实行的是"部分赔付"，因此对公存户的损失较大。但是国有四大商业银行因为国家控股的原因，政府对其采取"大而不倒"的完全隐性存款保险制度，国家是银行债务的最终承担者。并由此推知，隐性存款保险制度仅覆盖国有银行。

因此，在分析隐性存款保险制度对特许权价值自律效应的影响时，我们用虚拟变量来作以区分。鉴于国有四大银行在国民经济中的超然地位，借鉴谢平和易诚的研究，认为隐性存款保险制度仅覆盖四大国有银行，相应变量的取值为1，对于非国有银行国家基本不会采取隐性存款保险制度，相应变量的取值为0。

（五）存款保险制度的调节效应

隐性存款保险制度的存在对于提高公众信心，增强金融系统稳定性具有重要作用。但是政府隐性存款保险制度也会产生不利的影响：（1）隐性存款保险的潜在保护作用的存在，使得银行在选择高风险投资组合时，无须为高风险损益埋单，从而加大了银行风险行为，削弱了特许权价值自律效应的发挥。（2）债权人主要通过存款数量和利率要求对银行实行监督，隐性存款保险制度的存在降低了债权人对银行的监督，导致债权人的市场约束减弱。由此可以推知，隐性存款保险制度鼓励了银行更大的冒险行为，导致银行风险增加，削弱了特许权价值的自律效应。

鉴于以上分析，本章拟建立以下方程，对存款保险制度的调节效应进行研究。

$$Z\text{-}score_{it}(CAR_{it}) = \alpha_1 + \beta_1 \times UBFV_{it} + \beta_2 \times UBFV \times DI + \beta_3 \times SIZE_{it}$$
$$+ \beta_4 \times OPLV_{it} + \beta_5 \times CLV_{it} + \beta_6 \times LC_{it} + \varepsilon_{it} \qquad (3-6)$$

根据分析结果，若特许权价值前面的系数为正值，则可以推知特许权价值自律效应的确存在，但是从表3.11的数据结果可以看到，特许权价值前面的系数为负值，而且并不显著，进一步说明了特许权价值的自律效应在我国现阶段并不存在。证明了文章第五章第二节的结论。

表3.11　　　　隐性存款保险制度与银行风险承担回归结果分析

变量	银行风险承担变量	
	Z-score	CAR
常数项	11.43 *** (5.01)	25.17 ** (2.18)
UBFV	-0.70 (-0.92)	-2.89 (-0.46)
UBFV × DI	-1.03 ** (2.20)	-1.04 (1.04)

续表

变量	银行风险承担变量	
	Z-score	*CAR*
SIZE	−0.09 (−1.38)	−0.59 ** (−2.11)
OPLV	0.39 (1.52)	−0.67 (−0.64)
CLV	0.11 *** (6.62)	1.38 *** (10.36)
LC	0.01 (1.29)	−0.05 * (−1.88)
调整的 R^2	0.22	0.76
F 值	109.10 ***	179.94 ***

注: *** 表示在1%水平上显著, ** 表示在5%水平上显著, * 表示在10%水平上显著。

资料来源：笔者整理。

从特许权价值与隐性存款保险制度的交乘项 *FV* × *DI* 的系数来看，无论是选择 *Z-score* 还是 *CAR* 来衡量银行风险的大小，前面的系数均为负值，而且分别在1%和10%的水平下显著。通过对数据的分析我们可以发现，第一，存款保险制度削弱了银行风险自律作用，隐性保险制度的存在增强了银行风险。第二，在变量选择方面，对国有银行和非国有银行设定隐性存款保险制度的取值分别为1和0，交乘项系数为负值表明隐性存款保险制度降低了国有银行特许权价值的自律效应。

但是，以上的分析存在一个前提假设，即假定只有在国有银行中才实行隐性存款保险制度，但纵观我国银行业近几年的发展状况可以看到，银行资产规模有较大幅度提高，银行机构遍布全国各地，银行业在国民经济中的作用越来越大。由于大而不倒效应的存在，我们有理由认为隐性存款保险制度的覆盖范围并不局限于国有银行。故此，对存款保险制度的覆盖范围进行了进一步研究。检验结果如表 3.12 所示。

表 3.12   非国有银行特许权价值自律效应研究

变量	银行风险承担变量	
	Z-score	*CAR*
常数项	9.79 *** (3.90)	27.37 ** (1.97)
UBFV	− 0.32 (− 0.37)	− 3.45 (− 0.45)
SIZE	− 0.05 (− 0.66)	− 0.65 ** (− 1.96)
OPLV	0.39 (1.38)	− 0.44 (− 0.31)
CLV	0.11 *** (6.76)	1.36 *** (8.75)
LC	0.01 (1.24)	− 0.05 (− 1.51)
调整的 R^2	0.24	0.77
F 值	90.75 ***	135.57 ***

注：*** 表示在1% 水平上显著，** 表示在5% 水平上显著，* 表示在10% 水平上显著。

资料来源：笔者整理。

通过对表 3.12 的分析，可以看到，同样无论采用 *Z-score* 还是 *CAR* 来衡量银行风险，特许权价值 *FV* 的系数均为负值，而且并不显著，说明特许权价值对银行承担过度风险的约束几乎失效，而且这种失效同时体现在国有银行和非国有银行。这也从一个侧面说明，对待非国有银行，国家政府依旧实行隐性存款保险制度，这一制度基本覆盖了整个银行体系。

第五节　主要研究结论与实践启示

一、主要研究结论

本章首先回顾了特许权价值的相关文献，通过对国内外研究的梳理，发现已有研究的不足，并确立了研究方向。在此基础上界定了特许权价值的含义，通过特许权价值的来源、特许权价值的经济意义两方面对特许权有了清晰的认识。接着阐述了特许权价值自律效应的理论基础，通过金融约束理论、状态偏好模型、价值危机模型、两阶段模型从理论层面分析了特许权价值自律效应的作用机理。并汇总了国内外关于特许权价值的计量方法，分析了每种方法的优缺点。文章通过理论分析提出相关假设，并将董事会治理相关变量纳入研究范围，研究董事会在特许权价值自律效应发挥中的调节作用，并利用实证方法进行了检验，得出以下结论。

（一）银行特许权价值的自律效应在现阶段并不存在

从实证分析结果可以看到，特许权对银行风险的自律作用并不显著，二者之间虽然存在着负相关关系，但是这种关系很微弱，与大多数学者的结论不一致。深入分析这种现象发生的原因，主要有以下两个原因：

第一，我国普遍实行的隐性存款保险制度助长了银行冒险动机，降低了特许权价值的自律效应。存款保险制度构成了国家金融安全网，国家为了防止银行危机对我国金融业的冲击，虽然没有通过法律规定存款保险制度的相关条目，但是从我国银行业的实践来看，国家普遍实行的是隐性存款保险制度。其主要功能就是维持公众对金融系统的信息，防止银行危机蔓延。目前而言，我国的隐性存款保险制度涵盖了银行业、证券公司、保险公司等金融机构，由人民银行负责设计实施。银行一旦经营不善，或遇到债务危机，国家"扶持之手"会以自由资金为银行接盘。在现有体制下，存款保险制度的存在加大了银行道德风险和机会主义行为。

第二，金融自由化、金融市场化的加剧，致使银行特许权价值有下降趋势，导致特许权对银行风险的约束作用不能有效发挥。尤其是最近五年期间，外资银行的进入、城市商业银行的兴起、村镇银行的崛起都使得国内银行市场竞争加剧。此外，由于利率市场化的提出，导致银行之间恶性竞争，特许权带来的超额利润正在摊薄，未来收益的预期也逐步降低。这就导致银行对特许权价值的珍视程度下降，董事在进行决策时，特许权价值因素成为次重要因素。

（二）董事会规模对特许权自律效应具有调节作用

通过实证分析，本章发现，董事会规模越大越有利于特许权自律效应的发挥。在规模大的董事会中，董事会知识异质性、职业背景异质性强，董事会决策时可以吸收董事不同的专业背景和社会资源，特许权价值将成为重要的考量因素，因为，如若银行冒险经营，公司将因此失去由"特许权"带来的超额收益，相应董事和股东的利益将会受到很大损失。出于自身和股东利益的考虑，特许权价值越大，董事决策的风险倾向越低。

（三）独立董事对特许权价值的自律效应具有调节作用

根据实证分析结果，独立董事比例越高，董事会独立性越强，特许权价值自律效应越容易发挥，银行的风险行为越能受到特许权的约束。独立董事的比例越高，意味着董事会在进行决策时，独立董事更能有效地监督董事会其他人员的冒险行为。同时，银行机构的独立董事多为金融行业的专家或者学者教授，更加明白银行超额利润的取得源自政府赋予的"特许权价值"，倘若冒险经营致使银行陷入危机，政府可能会收回牌照。因此，独立董事对特许权价值的理解和重视程度比其他董事要强，进而可以降低管理层机会主义行为发生的概率，加强对管理层的监督，降低银行的风险承担。

（四）董事金融职业背景对特许权价值的自律效应具有调节作用

回归分析结果显示，董事会金融职业背景可以使董事在进行决策时，考虑特许权价值带来的超额利润，对特许权价值的自律效应具有正向调节作用。银行中董事的职业背景包括教育经历、专业背景、金融业从业情况等。国内外有关研究表明，经济、金融、财务背景的董事的存在会提高公司决策的科学性，大大降低银行的风险倾向。而对于银行而言，拥有金融业从业背景的董事对特许权价值的重视程度优于其他董事。所以，董事中金融职业性越强，对银行特许权价值自律效应的发挥更有利。

（五）隐性存款保险制度的存在削弱了银行特许权价值自律效应的发挥

本章针对我国目前普遍实行的隐性存款保险制度进行了实证研究。由于我国普遍实行隐性存款保险制度。政策的保护助长了银行冒险经营的动机，特许权价值的自律效应正在减弱。通过实证研究发现，隐性存款保险制度的存在削弱了银行特许权价值自律效应的发挥。

二、研究不足与展望

（一）研究不足

本章选取了 16 家上市银行 2008～2012 年间的特许权价值数据和董事会质量相关变量，针对银行特许权价值的自律效应和董事会的调节效应进行了研究。本章的不足主要有以下几个方面。

第一，样本选择问题。由于我国上市银行只有 16 家，这 16 家银行并不能代表所有的银行状况，同时，近些年外资银行、城市商业银行、村镇银行不断涌现，仅用 16 家上市银行来验证特许权价值的自律效应未免有失偏颇，有以一概全的嫌疑。样本容量需要扩充，相关结论也需要更大样本量的支撑。

第二，关于特许权价值的计量方法。国内外对特许权价值的计量方法分为托宾 Q 法、资产负债法、税前利润法三种，每种方法都有其优势，同时又存在不足，每种方法都只能反映特许权价值的一个维度。目前还未找到特许权价值理想的计量方法，要对特许权进行全面的衡量还需要进一步研究。

第三，数据库及数据搜集的偏差。本章大部分数据由人工查找年报而得出，准确性较高。但是也有部分数据来自 CCER 和国泰安数据库，数据虽然经过作者实际论证，但是难免有错误数字的存在。

（二）研究展望

特许权价值的自律效应对中国银行业防范风险、降低风险动机，提高银行抗风险能力有重要的促进作用。特许权作为银行超额利润的重要来源，银行一旦经营不善，政府就会收回特许权，从这个意义上而言，银行特许权具有自律效应。但从实证研究发现，特许权价值的自律效应现阶段在我国并不存在。这其中一部分是由于我国实行隐性存款保险制度导致，当然还存在其他原因。本章的研究虽然取得了一定的进展，但所做的工作仍然存在很多不足。还需要更为系统性的研究和深入细致的探讨。下一步的研究可以从以下两个方面展开：

第一，特许权价值的影响因素较多，隐性存款保险制度只是其中之一。根据之前的叙述，特许权价值的影响因素主要包括市场相关因素、银行相关因素和国家安全网因素。本章基于我国银行业的现状，仅考虑了国家安全网因素对特许权价值自律效应的削弱作用，其他两个方面还有待深化研究。如三个因素之间是否存在替代和促进作用？国家宏观经济形势、市场结构、政府监管当局制度安排和相关政策等如何影响特许权价值的发挥？银行经营效率、服务质量、管理能力的提升如何影响特许权价值？等等，这些问题依旧是目前研究的热点。

第二，特许权价值在高管制行业普遍存在，银行业只是众多行业代表之一，在证券行业、能源行业、电力行业等关乎国计民生的行业中，特许权价值普遍存在。这也为进一步研究拓宽了思路，特许权价值的自律效应在银行业并不存在，在其他行业是否也存在同样的状况？从另一个角度思考，隐性存款保险制度显性化之后，会不会导致特许权价值自律效应的回归？这也为国家政策的制定提供了思路。

第四章

董事异质性与商业银行创新

第一节　研究背景

近年来，随着我国商业银行股份制改革的深入发展，商业银行的竞争也越来越激烈，银行创新正不断成为金融领域一个热门的话题。同时，对于商业银行的公司治理也成为大家关注的问题，学者们关于商业银行的公司治理与商业银行绩效及创新绩效的研究也越来越多，本章将从董事会治理的角度深入研究董事会成员个体特质的异质性与银行创新绩效的关系。

一、银行创新竞争激烈

近些年来，随着科学技术与经济社会的不断发展，全球经济一体化程度的加深，金融行业市场化程度也进一步加深，全球经济一体化使得中国的金融市场出现了国内与国外金融机构平等竞争的商业格局。对于中国的商业银行来说，除了面临国内商业银行的竞争，还要应对国外商业银行进入争夺市场份额的强大威胁。由于中国商业银行相对于国外具有实力的银行来说起步较晚，经验相对较少，其在治理结构、经营管理、风险控制等各个方面还存在一定的差距，因此对于中国的商业银行来说，不断完善公司治理结构，积极改善经营管理，努力进行金融创新才是其制胜的良方。同时，随着我国银行体制改革的不断深入，越来越多的银行通过股份制改革提升了自身的盈利能力，这对于我国的商业银行来说既面临着很多机遇，同时也面临着更大的挑战。

当前我国商业银行纷纷进行创新，银行之间的竞争已不仅仅局限于存贷款业务，基本的存贷业务已不能满足顾客对于银行的需求，同质化的发展战略也已无法满足市场的需要。为了应对日益激烈的银行竞争，尽快适应严峻的经营环境，争夺更大的市场份额，银行只能不断地进行金融创新，因此，近些年我国的银行产品与创新层出不穷，呈现出多样化竞争的局面。目前，金融创新已经成为银行增强核心竞争力的重要手段，银行的一些创新业务不但在一定程度上通过多样化产品组合降低了银行的经营风险，而且也日渐成为商业银行增加经营收益的重要途径。商业银行创造的经营利润已不仅仅是依靠存贷利差收入，其经营收入已逐步转向收入的多元化方向，银行创新产品的中间业务收入所占比重正呈现出逐年上升的趋势，商业银行的创新能力成为衡量银行发展状况的重要指标。

任何创新活动都伴随着巨大的风险，商业银行作为金融行业的主体有其自身的特殊性，如负债率高、信息不对称等，商业银行的这些特征使得经营者在银行公司治理、日常经营管理以及监管等各个方面都必须充分考虑其自身的特殊性。同时，商业银行的脆弱性、信息不对称以及高负债等特点也使得其在经营过程将面临巨大的市场风险、操作风险、流动性风险以及信用风险等，与一般企业相比商业银行经营过程对安全性和流动性的要求更高，对银行风险的监控更是银行经营过程中的重中之重。同样地，商业银行的创新活动相对于一般的企业来说，其创新活动也面临着更大的风险，创新活动更加充满了不确定性，其创新决策更需要全面和谨慎。因此，商业银行的创新是在充分的风险控制下的创新过程，需要决策者充分认识、控制风险并及时作出决策的过程。银行创新是在新形势下获得竞争优势、争夺市场份额的必要选择，同时在进行银行创新的过程中，要准确及时地意识到创新活动的风险因素，有效控制风险，积极创新。

二、董事异质性影响银行战略决策

为了增加中国商业银行的竞争能力，更大程度地适应市场化经济的要求，对商业银行的市场化改革逐步深入，以建立现代公司制度以及相应的公司治理机制为目标的中国商业银行改革正在有序进行。而董事会作为公司治理机制的核心，对于银行的创新活动以及创造性思维的激发都会产生无比重要的影响。

学者们对董事会的属性及角色的定义从不同角度进行了研究探讨，最受认可的还是委托代理理论。委托代理理论认为，在经济社会里，每个人作为一个经纪人都会追求自身利益的最大化，高管层作为"代理人"在对公司进行经营管理的过程中享有较大的经营权，如果在没有监督的情况下，管理层很可能会做出有损于股东利益的利己行为，为了自身利益而损害"委托人"的利益。因此，董事会被赋予了监督和激励的职能，在监督高管层行为的同时对其进行相应的激励，激励高管层安分守己并为了股东的利益最大化而努力。除了监督激励的职能外，代理理论也赋予了董事会进行战略决策的职能，董事会对企业的公司使命以及经营战略、发展方向等具有最终的决策权。

作为内部治理的重要机制之一，近些年来学者们对于董事会治理的相关研究十分丰富，大致可以分为两类：第一类是从董事会整体的结构特征，如董事会规模、董事会股权结构、女性董事所占比例、董事会的独立性等角度出发，研究董事会治理与企业绩效之间的关系。第二类是深入到具体的董事会成员的个体特征，如董事年龄、董事的专业背景、教育水平等，探讨董事会成员个体特征与企业绩效之间的关系。无论从哪个角度对企业的董事会治理进行探讨，主要还是因为董事会治理对于企业的经营管理决策会产生重大的影响。

对于商业银行来说，其董事会治理本身具有一些不同于一般企业的特征。从董事会规模来看，商业银行董事会的规模相对于一般企业的董事会规模来说较大，董事会人数相对较多有利于董事会成员对银行面临的各种风险进行较全面充分的监控，降低经营过程中的不确定性；从董事会的构成来看，商业银行董事会成员很多都是来自相关机构的派出人员，与一般企业相比，商业银行的董事会成员持股比例相对较少；从董事会的独立性来看，商业银行对于独立董事的专业背景要求相对来说更加专业一些，主要集中于金融经济相关类，这样有利于独立董事对于金融环境进行充分的认知和监督，对于银行经营过程中面临的风险进行有效的预测和控制，更加专业的教育背景有利于其进行有效的监督并辅助董事会进行相关决策。因此，商业银行的董事会治理，一定程度上影响着商业银行的战略决策，对于银行创新活动及创新决策产生着重要的作用。

第二节　团队异质性与商业银行创新

一、高管团队特征研究综述

（一）高层梯队理论回顾

1984 年汉布里克（Hambrick）和梅森（Mason）提出了"高层梯队理论"，自此，对于高管团队整体特征的研究便层出不穷。高层梯队理论认为，公司的行为是管理者特征的集中反应。单个的管理者不可能全面掌握或观察到组织自身以及其所存在的外部环境，战略研究者应该将重点放在组织整个高层管理团队上，而不仅仅只是某个高层领导者个人，它从崭新的视角研究了高管团队的特征对企业战略选择的影响。杰克逊（Jackson，1991）等认为，管理者的特征包括外在的易观察的特征（如年龄、种族、任期、教育背景等）和内在的深层特质（如价值观、认知等）。在管理团队中，由于管理者之间的特征存在很多不同，在进行战略决策时往往由于教育背景、专业知识、职能背景、经验等不同而产生认知偏差，从而对公司的创新活动产生不同的看法，易使团队在讨论过程中产生更多分歧，影响公司的创新决策。管理者之间的年龄、任期、教育背景、职能经验以及认知、价值观之间的差异程度称为高管团队异质性。高层梯队理论认为，高管团队异质性会导致不同的战略选择。高管团队特征与企业创新的关系成为备受管理学界关注的新兴研究领域，取得了许多研究成果。

（二）高层管理团队特征与企业绩效研究

从高层梯队理论出发，目前学者对于董事会成员异质性的研究大体从董事会成员的年龄、性别、教育程度、职能背景以及任期等特征进行研究，因为外部特征相对于认知、价值观等内部特征来说更容易测量，数据更容易获得，更方便进行实证研究，因此，现有研究大多是从高管团队的外部特征进行研究，探讨其对于企业绩效与企业创新的影响。

董事会成员异质性有助于充分利用董事会成员不同的专业知识以及不同领域经验带来的有效信息，但董事会成员的异质性并非越高越好，董事异质性对企业创新意识的影响有利有弊，一方面，董事会成员的异质性使得董事会在决策过程中，由于各种思想的碰撞而产生富有创造性的思维，从而改善企业的战略决策质量，有利于企业进行改革创新；另一方面，董事会成员特征异质性程度过高易使得董事会成员对问题的看法存在较大差异，从而引发矛盾，难以达成共识，从而导致效率低下。因此董事会成员异质性对于企业创新的影响并非单一的，控制好异质性的程度，使董事会成员的异质性处于一个适度的水平对于企业来说至关重要。以往学者针对董事会或高管层相关特征及其异质性的研究也很丰富，从不同角度研究了高管团队特征对企业绩效、企业创新以及业绩波动等的影响。

关于高管年龄特征的现有研究十分丰富，结论也不一致，主要是从不同年龄段的人群接受新事物的能力以及创新思维角度的差异出发，认为年龄较大的管理者相对较保守，年轻的管理者思想较活跃，从而导致不同年龄段管理者的经营理念产生差异。威尔斯马等（Wiersema et al.，1992）研究表明，年龄差异较大的高管，思考问题的角度和思想差异较大，因此对于风险的处理态度也会存在很大的不同，年龄越大的高管在进行决策时更加倾向于回避冒险，而较年轻的则趋向于进行主动冒险；同时，发现公司管理层的年龄小越倾向于改变公司的经营战略，有利于企业积极进行创新变革，并且当团队成员年龄差异较大时会刺激不同年龄段高管进行思想碰撞，从而有助于对问题提出创新性的看法，加速企业的创新活动。理查德（Richard，2002）、曾格等（Zenger et al.，1989）的研究表明高管团队年龄异质性与企业绩效呈现负相关关系，他们从心理学进行解释认为具有相似人口特征的人群可能会具有相似的价值观，在沟通的过程中更容易和谐相处，减少障碍形成良好的工作关系；国内学者也有相当丰富的研究，孙法海、严茂盛等对纺织和信息技术公司进行了相关的研究，研究结果显示高管平均年龄与企业绩效呈现负相关的关系。朱志龙和王丽针以湖南省的上市公司为样本，对经营者个体特征和公司绩效之间的关系进行了研究也证实了上市公司经营者年龄与公司绩效的负相关关系。陈忠卫和常极（2009）对高管年龄异质性进行的研究则表明，高管团队年龄异质性越大，越有利于提高团队整体的创新能力。李民（2012）研究了董事年龄异质性与公司业绩波动的关系，研究发现董事年龄异质性越大，公司的业绩波动越小，表现越稳定，年龄异质性与业绩波动呈负相关关系。

对于高管团队教育专业与企业绩效的研究也很多，威尔斯马等（Wiersema et al.，1992）研究发现受教育水平高且具有理工科教育专业背景的高管越倾向于进行战略变革；威尔斯马等（Wiersema et al.，1993）的研究表明，高管成员专业背景的异质性越大，管理团队整体所具备的专业知识就越丰富，涵盖的知识范围也更加广泛，这将有利于高管团队在进行决策时从不同专业角度思考问题，促进问题的有效解决。国内学者马富萍和郭晓川（2010）以资源性企业为样本，发现高管团队教育专业异质性与技术创新呈现正相关关系。

关于高管团队教育程度异质性的研究结论也不尽相同。普遍的观点是认为高管教育程度越高，高管层对于创新机会的发现及认知能力越强，威尔斯马等（Wiersema et al.，1992）研究发现高管层的教育程度与企业创新的速度呈正相关关系；吉普森（Gibson，2003）等的研究认为，高管团队的受教育程度越高，越具有较高发现信息及处理信息的能力，越能够及时有效地处理创新过程中出现的不确定性及风险，越有利于企业的创新活动等。也有学者研究的结论恰好相反，弗勒德（Flood，1997）进行了实证研究，结果表明，高管团队平均受教育程度低的企业反而在开发新产品的时候比竞争对手速度要更快，更能够及时抓住机遇，教育程度较高的团队反而会由于更多的无效分析而耽误时机。此外，还有学者的研究表明，教育程度的差异化也会导致成员对于同一问题产生不同的认知程度及接受能力，李小青和周建（2012）研究表明，教育程度差异化越大，成员之间的沟通相对越困难，对于问题的认知及讨论越容易产生冲突和分歧，不利于企业的创新活动，董事会成员教育程度异质性与 R&D 支出呈现负相关关系。

职业背景不同的董事会成员对于问题的思考角度也是有差异的，同一行业内的董事会成员对于行业的了解认知较相似，不同行业董事会成员思维模式可能会存在很大的不同，而职能背景异质性对于企业创新的影响则结论不一，米歇尔等（Michel et al.，1992）的研究指出，董事会成员相同或相近的职能背景有利于其对于问题的看法或认知达成一致，相似的认知模式有利于增加团队的凝聚力，从而更利于公司进行决策；楚和汉布里克（Cho and Hambrick，1996）认为职能背景异质性程度高的董事会成员职能背景更丰富，多样化的任职经历使得成员更易于接受新的思想和创意，更有利于提高企业的创造性。而国内学者李华晶、张玉利（2006）以天津市科技型中小企业进行研究，结果表明高管团队职能经历的异质性与企业创新呈现负相关关系，即高管团队职能经历差异化越大越不利于企业的创新活动。

高管团队任期对企业绩效及创新也会产生影响，米歇尔等（Michel et al.，1992）的研究发现，团队任期较长的企业，高管团队之间容易产生小团体，易产生组织内与组织外人员的区分，小团队之间的个人感情代替个体的差异，不利于企业的战略决策。威尔斯马等

（Wiersema et al., 1992）的研究结果也支持了这种结论，发现团队任期越长，团队成员之间越趋于同化，尽管高管团队个体之间存在人口特征差异，但是团队成员在长期的相处过程中认知已趋于同化。国内学者对于任期的研究结论有所不同，王道平、陈佳（2004）对高管团队异质性与企业创新绩效的关系进行了研究，通过问卷调查的方式收集数据，实证研究结果表明高管团队任期的延长有利于建立团队之间良好的归属感，这种良好的归属感强化了团队异质性与企业绩效之间的关系。谢凤华等（2008）的研究表明，高管团队成员的任期异质性越大，越有利于企业进行技术创新，越有利于创新绩效的提高。

以上研究多以普遍意义上的技术创新企业为研究对象，而本章在以往研究的基础上，将研究对象锁定在比较特殊的行业——中国上市银行，金融行业具有自身的一些特殊性，银行信息不对称情况相对较严重，这使得银行的风险控制成为银行经营及创新活动过程中需要重点把握的一关，需要银行在创新决策过程中充分考虑创新存在的风险，在控制风险的前提下进行创新。而银行董事会成员的个人能力及特征将对商业银行的风险控制能力、创新决策等产生不同的影响，目前专门针对商业银行的研究还相对较少，本章将以中国商业银行为对象，试图从董事会成员年龄异质性、教育专业异质性、教育水平异质性、职能背景异质性等几个角度出发，研究我国上市银行董事异质性对于银行创新活动绩效的影响。

二、商业银行创新研究综述

（一）公司治理与创新研究

目前关于公司治理与公司绩效的研究已经十分丰富，而近几年对于公司治理与创新之间的研究也越来越受到国内外学者的重视。赖特（Wright，1996）认为，所有权和经营权的分离产生的代理问题更容易使经营者关注自身利益，从而追求个人效用的最大化，经营者在追求个体财富、权利等的同时会严重影响或者削弱他们的创新意识，不利于企业的创新活动。而杰森和梅克林（Jensena and Meckling，1976）的研究则认为，通过对经营者实施一定的激励，使得经营者的回报与企业的经营绩效挂钩，对经营者实施股票期权等有助于使经营者从所有者的角度出发，保持利益的一致性，从而有效提高对于企业技术创新的支持力度。弗朗西斯和史密斯（Francis and Smith，1995）的研究则从股权结构角度进行了相关研究，研究认为，当企业股权结构相对较分散的情况下，中小股东考虑到监督成本问题更多会选择"搭便车"，这对企业创新过程中产生的代理问题的解决是十分不利的。玛塞拉和戴维克（Marcela and Dewick）对德国、瑞典、丹麦等国家的公司治理特征进行了研究，从所有权结构、财务管理结构以及管理组织结构等方面进行了比较，研究其不同的公司治理特征对于企业创新产生的影响。

近几年，国内学者对于公司治理与创新之间的关系也越来越重视，创新一时之间成为理论界与实践中共同关注的话题。董事会治理是公司治理机制的核心，因此学者们对董事会治理与创新之间的研究尤其丰富，现有的研究基本是从董事会的结构特征进行分析的，如从董事会的规模、董事会独立性、董事长与总经理两职合一、大股东持股比例以及激励机制等角度考察董事会治理与企业创新之间的关系取得了丰硕的成果，但研究结论不尽相同。国内学者陈隆等（2005）从公司治理结构、董事会结构以及企业的负债结构三个方面对企业创新活动的影响进行了相关的实证研究。张扬（2009）对公司治理结构对企业技术创新的影响进行了研究，实证分析表明，董事长持股比例与创新效率呈正相关关系，公司董事会规模对创新绩效的影响不显著。华锦阳（2002）选取了企业创新资源要素、创新绩效评价、创新战略等角度，对公司治理与技术创新的影响进行研究，结果显示，公司治理对企业的技术活动产生了根本性的决定作用。张宗益和张湄（2007）对高新技术企业进行了研究，发现股权集中度与企业的创新呈现出显著的倒"U"形关系，董事长与总经理的两职合一对企业的技术创新具有正面的影响，对于高层管理者的激励机制也有利于企业的技术创新活动，董事会的独立程度与企业的技术创新也有显著的影响。

（二）商业银行治理与创新研究

目前关于我国商业银行董事会治理与银行创新关系的研究相对较少，商业银行作为金融机构重要的组成部分，与生俱来具有一些特殊的性质，一般的治理理论不能简单地套用在商业银行的研究上。刘星、张建斌（2010）通过整理我国上市银行 2003～2007 年披露的年报数据，并进行实证研究，结果表明，商业银行的董事会规模与银行的创新能力呈现正相关关系，独立董事的比例与银行创新能力也存在正相关关系，对高层管理者的激励机制也有利于提高商业银行的创新能力，而国有持股比例与银行的创新能力呈负相关关系。周建、张文隆、刘琴和李小青（2012）也对我国商业银行的董事会治理与银行创新之间的关系进行了研究，结果表明适度控制董事会规模、对高层管理人员进行长期激励等措施，有利于提高商业银行的创新能力。

通过阅读文献，我们对近几年公司治理与创新之间的研究进行总结，发现有以下几个特点：（1）目前已有的研究大多处于理论研究阶段，实证研究相对较少。（2）对于创新影响的研究大多是针对普遍意义上所有的上市公司，鲜有就商业银行创新能力进行单独实证研究的结论，具体深入到研究商业银行董事会特征异质性与银行创新之间关系的研究十分缺乏。（3）目前对于商业银行的相关研究大多使用横截面数据，本章认为包含更多信息的面板数据更适合用于研究我国发展较快的商业银行，使结论更具有可靠性。

第三节 董事会异质性对商业银行创新的影响机理

一、概念界定

（一）董事异质性及其维度

目前学者更多研究的是作为组织的经营者的高管团队异质性，高管团队异质性的概念来源于"高层梯队理论"。所谓的高管团队异质性指的就是组织管理者团队中，管理者之间的外部特征（如年龄、性别、任期、教育专业、职能背景等）以及内在的认知和价值观之间的差异程度。经过学者不断的研究及充实，耶恩等（Jehn et al., 1999）对于团队异质性进行了划分，分为三种类型：社会类别异质性、信息异质性与价值异质性，社会类别异质性顾名思义，主要就是指团队成员在社会类因素上的差异，也就是我们所说的人口学特征，如年龄、性别等；信息异质性主要是指团队成员在学习教育方面的差异，如学习、教育水平与专业等；而价值观异质性指的是团队成员内在的心理特征异质性，包括对团队目标、使命等的认知与差异。

而本章的董事会成员异质性的概念同样来源于"高层梯队理论"，只是我们的研究对象是担任组织决策者的董事成员。我们认为，董事会成员在企业的战略决策过程中担任着重要的角色，执行董事、非执行董事以及独立董事在企业的经营过程中担任着监督、服务以及战略决策的重要职能，其对于企业的战略选择产生着重要的指导及决定性的作用。因此，本章将研究对象锁定在商业银行的董事成员，研究商业银行董事会成员异质性与银行创新绩效之间的关系。本章所界定的董事会成员异质性是指企业的董事成员，包括执行董事、非执行董事以及独立董事成员的个体外在特征以及内在的认知和价值观之间的差异程度。

考虑到数据的可获得性以及时间成本等因素的制约，本章将结合商业银行自身的特点，选取年龄、教育专业、教育水平、职业背景特征四个维度来度量董事会成员的异质性。年龄异质性是指董事会成员年龄的差异程度；教育专业异质性主要是指董事会成员所接受的专业教育方面的差异程度；教育水平异质性主要是指董事会成员接受教育程度方面的差异；职业背景异质性主要指董事会成员任职经历的差异程度。

（二）银行创新概念界定

20 世纪 60 年代以来，金融创新开始活跃，具体到商业银行，其创新大体包括三个方面，首先是产品和服务创新，其次是管理、技术和渠道创新，最后是体制和机制的创新。而就我国现阶段而言，我国的商业银行创新主要还停留在产品与服务的创新阶段，我们所讲的银行创新主要是指银行产品的创新。其实，商业银行的创新不一定是新产品或者新渠道的产生，对已有产品或产品线的提升也是银行的创新。近些年来，我国商业银行的产品创新主要集中于银行的业务创新上，如理财业务，包括对公理财与对私理财，银行卡业务、网上银行、手机银行等领域。与国外的商业银行相比，我国商业银行发展得相对较晚，体制建设也相对较落后，因此我国商业银行的产品创新大多是以模仿经济发达国家的银行产品为主，于是商业银行之间的产品普遍存在着同质化的现象。此外，银行的制度和体制创新是一个长期的过程，投入与产出具有较大的时滞性，因此本章定义的银行创新主要包括两个方面：一方面是指银行新产品新业务以及新渠道的创新，主要表现在中间业务的发展（包括产品和渠道）；另一方面是指对于传统存贷业务提升的创新，主要是指银行同业业务的创新方面。

那我国近几年商业银行的创新活动具体表现在哪些方面呢？目前，银行的业务基本上可以分为传统的存贷业务和中间业务，我国商业银行的创新活动首先表现在银行中间业务的创新上，如近几年的新兴业务基金、保险、信托、代理、咨询等，而且这些新业务很多都是通过商业银行的电子渠道（网上银行、手机银行等）和后台处理流程来实现的。而商业银行的中间业务收入是商业银行主要创新活动的绩效表现，是商业银行产品及渠道创新的综合经营成果。其次，我国商业银行的创新还体现在对传统存贷业务的提升上，这是适应金融市场新环境的创新表现。近几年，随着利率市场化发展以及银行传统信贷业务的放缓，商业银行在宏观经济环境下开始大力发展银行同业业务，银行同业业务是指以金融同业客户为服务和合作对象，以同业资金融通为核心的各项业务，包括银信合作、代收代付、同业理财、远期收购承诺函等，是商业银行近年来兴起并蓬勃发展的一项新业务。同业业务的创新发展是经济形势和国家宏观信贷调控政策共同催生的，在宏观经济下行的压力下，银行利率市场化程度不断深入，商业银行存款业务竞争激烈，银行在贷款的使用上更是捉襟见肘，而在新资本管理办法监控指标的约束下，商业银行同业业务较之贷款的资本回报率凸显，以存放同业、拆出资金、买入返售金融资产为主构成的同业资产正在成为银行资产的主角之一。于是商业银行开始加快轻资本、低风险业务——同业业务的创新发展，做大做强同业业务已经不约而同成为金融机构的共识。

二、研究假设

（一）年龄异质性对银行创新影响的分析与假设

董事年龄异质性是影响银行创新决策的重要方面。由于成长环境以及时代的不同，董事会成员在知识结构、认知层面上会存在较大的差异。一般来说，年长的管理者行业经验丰富，对行业的顾客、竞争者、政策、风险以及行业专业知识及实践有较深刻的认识，更能够有效预测行业环境的变化，同时，对于突发情况的处理能够采取及时有效的手段。尤其对于复杂多变的金融行业来说，富有经验的年长的管理者一直是经理人市场具有强有力竞争优势的人群，他们对于金融行业的认识、风险控制、经营管理等具有相当丰富的经验。同时，考虑到我国国情，金融行业与其他企业、政府机构以及证监会联系密切，年长的管理者具有更多的社会关系，能够有效应对复杂的外部环境。而年轻的管理者具有较强的创新能力和适应能力，对新事物有较强的接受能力，对于商业银行创新来说是一股新鲜的血液。

此外，考虑到目前商业银行的创新活动更多的是针对具有较高教育水平的城市白领阶层以及大学生等潜在顾客，这些客户接受新鲜事物的能力较强，是近年来网上银行、手机银行等通过自助终端进行交易的金融电子化创新产品的主要客户。因此，年轻的管理者思想活跃，对新鲜事物的认识更加全面，能跟上时代的脚步，更容易察觉到行业中潜在的机会，易与主要客户群体的思想接轨，从而刺激银行进行有效的创新活动。因此，当董事会成员年龄异质性较大时，年长的管理者与年轻的管理者能够充分发挥各自的优势，在识别环境有效控制风险的前提下及时发现机会，有利于刺激银行的创新活动。而当董事会成员年龄异质性较小时，大多由年长的领导者控制不易刺激创新思想的产生，而大多由年轻的领导者控制则容易导致对创新事物空有一腔热血却不能充分有效地识别潜在的风险，易导致创新失败，这些对银行的创新活动都是不利的。威尔斯马等（Wiersema et al.，1992）认为，当团队成员年龄差异较大时，思想差异会使得对风险的处理态度出现差异，从多角度思考问题将有利于企业的创新活动。马富萍和郭晓川（2010）的研究也表明，高管团队年龄异质性与技术创新绩效正相关。因此，本章提出假设：

假设4-1：董事会成员年龄异质性与银行创新绩效呈正相关关系。

（二）教育专业异质性对银行创新影响的分析与假设

管理者的专业技能代表着管理者对其所从事岗位及领域的专业性认知，是影响企业战略决策的重要因素，对企业的创新也会产生重要影响。董事会成员在财务、法律、营销、金融等领域的专业知识能够帮助企业全面认识所处的经营环境，并在多元化的知识结构碰撞下激发企业的创新意识和战略变革。董事会成员专业异质性程度越大，成员掌握的专业知识越丰富，越能够从全方位的角度进行分析并监控风险，既有利于企业的战略决策，也有利于企业的创新活动。卡门等（Carmen et al.，2005）认为，高管团队教育专业背景的差异程度越大，团队对环境的变化越敏感，对问题的分析越透彻，越能够积极进行创新变革。威尔斯马等（Wiersema et al.，1993）的研究表明，高管成员专业背景的异质性越大，管理团队整体所具备的专业知识就越丰富，涵盖的知识范围也更加广泛，这将有利于高管团队在进行决策时从不同专业角度思考问题，促进问题的有效解决。

但是，对于专业性要求较强的金融行业来说，扎实的金融知识是对管理者最基本的要求，同时，为了防范金融风险，法律、财务等专业的人才也是十分重要的，因此，金融机构商业银行的董事会成员，其教育专业更偏重于金融、财务、法律及经济类，即财经及法律类。而具有金融学专业以及会计学专业的董事更偏重于从自身专业的角度对银行本身的经营风险、非流动性风险等进行直接的、具体的、专业的分析和把控，其对于风险的认知及控制更具有专业性的权威，同样对于本银行的创新活动风险的监控能力也最强。而具备经济学及管理学专业的董事更多的是对银行所处的整个金融行业大环境存在的风险进行宏观的把控，他们对于银行经营及创新的风险具有较好的认识和接受能力，当与专业风险控制部门的人员进行具体深入的讨论后，具备较高认知能力的他们更容易理解与接受，其对于银行创新活动的风险监控氛围相对较宏观和宽泛。而法律类专业的董事会成员更多的会从银行经营是否合规等角度对银行经营风险进行一定的监控，其对于企业创新活动的风险监控与其他专业的董事角度不同。其他专业的董事会成员对于银行创新活动的风险监控能力相对更弱。

正是由于商业银行本身的一些特殊性，一般商业银行的董事会规模相对于普通行业来说更大。如果董事会成员专业异质性差距较小，看待问题的角度相似，思维较一致，董事会成员在专业性认知上监控风险的角度较一致，也就降低了从其他专业的角度看待问题发现机会和威胁的可能性，不利于银行全方位的风险监控以及创新意识的产生。随着董事会成员间专业异质性程度的加大，董事会成员的知识与思维将更加丰富，看待问题的角度也更加多样化，从不同角度看待问题有利于银行在有效控制风险的同时激发创新思维，有利于银行的创新活动。因此，本章提出假设：

假设 4-2：董事会成员教育专业异质性与银行创新绩效呈正相关关系。

（三）教育水平异质性对银行创新影响的分析与假设

教育水平代表了每个人接受教育的层次与学习知识的高度。一般来说，教育水平越高的人越具有较高的专业知识与探索信息的能力，越能提供更加多元化的信息，对问题也会有更加深入的理解。众多研究结果表明，董事会成员受教育的水平越高，制定决策时考虑得越全面，准备也越充分，越有利于企业的创新活动，即董事会成员受教育的水平与企业创新活动呈正相关关系。有学者（Bantel and Jackson，1989）的研究表明，高管团队的教育程度越高，高管接触的知识面越丰富，程度也越深，从而为企业决策提供更有用的建议。而对于董事会成员教育水平异质性与企业创新绩效的研究结果结论却不一致。黄越等（2011）的研究结果却表明，团队教育水平异质性越大，对同一问题认识的偏差越大，高层管理团队教育背景异质性与企业绩效呈负相关。

我们认为，商业银行的创新研发具有很大的不确定性和风险性，同时也存在很大的信息不对称，需要具有较高认知能力、学习能力以及理解能力的管理者参与决策过程，充分认知市场环境，控制市场风险，把握创新机会，对管理者的能力具有较高的要求。当企业决策者的受教育程度较高时，在企业经营过程中，决策者探索和处理信息的能力和水平就越高，更能以开放和严谨的态度对待研发活动中的不确定性，而且更善于接受新鲜事物。因此，我们认为，董事会成员教育水平差异越大，在决策过程中的认知就可能存在较大的偏差，造成沟通不畅，影响银行的创新决策。因此，我们提出假设：

假设4-3：董事会成员教育水平异质性与银行创新绩效呈负相关关系。

（四）职业背景异质性对银行创新影响的分析与假设

管理者的职业背景经历对于企业来说是一种宝贵的财富，这些经历使得管理者具备不同职业经验，反映了企业内部掌握专业知识的范围，影响着管理者自身的知识结构、观念和能力，这些都对企业的战略决策产生重要的影响，也是影响企业创新决策的重要因素。具有不同职业背景的管理者由于之前从事行业或岗位的不同，接受的职业培训或积累的工作经验都不尽相同，对问题的思考角度及认知模式也存在差异。信息—决策理论认为，相对来说异质性大的团队能够提供更广泛的知识、技能和视角，对外部环境的变化更加敏感，能够更有效地应对复杂的环境。亚马逊和萨皮恩扎（Amason and Sapienza，1997）认为，高管团队成员职能背景越丰富，越有利于成员从不同角度思考问题，从而为决策提供更加全面的意见。古家军和胡蓓（2008）对高管团队成员职能背景异质性对于技术创新的 R&D 绩效和过程绩效进行研究，结果显示具有积极的显著影响。黄越等（2011）的研究表明，高层管理团队职能背景异质性与企业绩效正相关。楚和汉布里克（Cho and Hambrick，2006）的观点是，职能背景异质性程度相对较高的董事会更易于接受企业发展过程中出现的新思想并对其进行积极有效的讨论，从而有利于提高董事会成员的创造性以及企业应对环境变化的能力，对创新具有积极有效的影响。

对于商业银行来说，大多董事会成员都具有金融行业类相关经历的职能背景，董事会成员很多是从银行系统内提拔上来的，因此，我们此处的董事会成员职业背景主要包括董事会成员职业背景属于金融相关行业以外的、金融相关行业内本银行外的、本银行内的三大类。在这三大类的基础上董事会成员职业背景异质性对银行创新绩效的影响，我们认为，董事会成员职业背景多样化有利于充分发挥成员各自的经验及优势，并有利于董事会成员从不同角度全面的思考问题控制风险，并有效借鉴之前职业中的创新理念，在有效的认识并防范风险的同时进行创新决策，更加有效地应对复杂多变的金融市场带来的不确定性。因此，本章提出假设：

假设 4 - 4：董事会成员职业背景异质性与银行创新绩效呈正相关关系。

第四节　董事会异质性对商业银行创新的影响效应

一、样本及变量的选取

（一）样本选择与数据来源

本章以中国上市银行为研究对象，研究董事会成员特征异质性对银行创新绩效的影响，本章拟选取截至目前的上市银行为研究样本，目前我国所有上市银行可以分为三大类。第一类是大型的国有银行：中国工商银行、中国农业银行、中国银行、中国建设银行、交通银行；第二类是全国性股份制银行：深圳发展银行、上海浦东发展银行、中国民生银行、招商银行、华夏银行、中信银行、兴业银行、光大银行；第三类是城市商业银行：北京银行、南京银行、宁波银行。查阅商业银行年报搜集数据信息后，我们发现南京银行对我们研究所需的相关信息披露得相当不完备，考虑到相关数据的可获得性，我们剔除了南京银行，因此我们的数据来源于剩下的 15 家上市银行。

基于以上说明，本章将 15 家 A 股上市银行的基本概况整理如表 4.1 所示。

表 4.1　　　　　　　　15 家上市银行基本信息

类别	银行名称	股票代码	上市时间（年）
国有商业银行	中国工商银行	601398	2006
	中国农业银行	601288	2010
	中国银行	601988	2006
	中国建设银行	601939	2007
	交通银行	601328	2007

续表

类别	银行名称	股票代码	上市时间（年）
全国性股份制商业银行	深圳发展银行	000001	1991
	上海浦东发展银行	600000	1999
	中国民生银行	600016	2000
	招商银行	600036	2002
	华夏银行	600015	2003
	中信银行	601998	2007
	兴业银行	601166	2007
	光大银行	601818	2010
城市商业银行	北京银行	601169	2007
	宁波银行	002142	2007

资料来源：笔者整理。

本章数据主要从以上 15 家上市银行 2008～2011 年间历年的年度财务报告中选取，制成 60 个面板数据并对其进行相关分析。其中，董事会相关信息数据主要从历年上市公司年报中"董事、监事和高级管理人员的主要工作经历和任期情况"中手动整理而得，然后根据搜集的信息计算出董事异质性 H；银行创新绩效主要从公司年报"手续费及佣金净收入""营业净收入""存放同业款项""拆除资金""买入返售金融资产"等搜集相关财务数据；其他财务数据也均由笔者自银行年报中手动搜集。之所以选择 2008～2011 年间的数据主要是因为：（1）我国银行的上市时间相对较晚，大多是在 2006 年之后，因此 2007 年以后的数据更易获得。（2）2003 年 9 月，党中央、国务院决定对国有商业银行实施股份制改革，并允许改制银行在香港和内地市场上市。在之后几年间不断深化银行股份制改革，并提出建立现代银行制度。中国银监会的统计数据显示，我国商业银行直至 2007 年，现代银行制度才有了实质性的进展，银行的创新活动相对较多且较稳定，因此 2007 年之后的数据更具有代表性。（3）2004 年 9 月中国证监会发布了《关于加强社会公众股股东权益保护的若干规定》，进一步完善了独立董事制度，上市公司独立董事相关数据的选取及研究更有意义。

（二）变量设计

本章拟从董事会年龄异质性、董事会教育专业异质性、董事会教育水平异质性、董事会职业背景异质性四个维度对董事异质性与银行创新绩效的关系进行研究。虽然这四个维度不能穷尽所有方面，但却具有较关键的代表性，是董事会成员外部个体特征中具有典型性的几个方面，并且一些指标在很多研究中被广泛采用。

1. 被解释变量

目前学者们对于企业创新绩效的衡量，大多可以归纳为两方面：一方面是企业的创新投入，如 R&D 费用表示创新投入；另一方面是通过企业的创新产出来衡量创新绩效，如企业获得专利权的数量、创新产品的数量等。但考虑到商业银行自身的特点，如商业银行年报中基本没有披露 R&D 费用，银行的创新产品极易被模仿，银行创新产品种类繁杂，很多银行自身都不清楚银行所有的产品数量等原因，且相关银行数据很难获得，因此针对一般企业创新绩效的衡量标准用到对商业银行的研究上都不是很准确，不能简单地将其套用在商业银行研究上。

对于商业银行创新的衡量，我们需要从商业银行自身的创新特点出发。目前中国上市银行的业务收入大致可以分为两大部分，即传统的存贷业务收入（利息收入）和中间业务收入（非利息收入），而银行创新也主要是从这两方面出发：一方面是银行新产品新业务以及新渠道的创新，主要表现在中间业务的发展（包括产品和渠道）；另一方面是指对于传统存贷业务提升的创新，主要是指银行同业业务的创新方面。因此，本章对于商业银行的创新指标的选取是从商业银行具体的创新产品及业务入手。

（1）手续费及佣金净收入在营业收入中的占比（用 TechP 表示）。对于商业银行来说，收入结构可以从一定程度上判断银行的创新能力。

银行的存贷业务是其最传统的业务类型，主要为商业银行带来利息收入，而非利息收入通常由手续费及佣金净收入与其他非利息收益组成，手续费及佣金净收入占主要部分，包括代理业务手续费、结算与清算手续费、信用承诺手续费、银行卡手续费、托管和其他信托业务手续费等，商业银行的创新绩效主要就是由这些中间业务和新兴业务带来的，因此具有良好的概括性和代表性。商业银行手续费及佣金净收入在营业收入中的占比可以从一个侧面反映其金融创新的程度。因此，我们选择手续费及佣金净收入在营业收入中的占比来衡量上市银行创新绩效。这一指标在很多文献中都得到广泛的运用，具有一定的借鉴意义，周建、李小青等（2012）学者曾采用手续费及佣金净收入来衡量上市银行创新能力。同时从数据的可靠性及可获得性角度考虑，我们可以从商业银行年报中获得手续费及佣金净收入的相关数据，具有公开性及可比性。

（2）同业资产的规模（用 SA 表示）。由于商业银行在技术、服务、品牌等领域的创新行为难以量化，不易衡量，所以目前学者对于商业银行的创新绩效的衡量比较单一，基本上都只是采用手续费及佣金净收入这一指标。本章通过阅读大量关于银行创新的相关文章及资料，笔者从银行创新业务角度出发，发现近几年商业银行的创新活动除了体现在中间业务的迅猛发展之外，对已有产品的提升也是银行创新的方向之一，银行同业业务正成为银行不断进行创新的重要领域。银行同业业务是指以金融同业客户为服务和合作对象，以同业资金融通为核心的各项业务，是商业银行近年来兴起并蓬勃发展的一项新业务。在宏观经济下行的压力下，商业银行存款业务竞争激烈，银行在贷款的使用上更是捉襟见肘，而在新资本管理办法监控指标的约束下，商业银行同业业务较之贷款的资本回报率凸显，于是商业银行开始加快轻资本、低风险业务——同业业务的创新发展，同业业务的创新程度主要是通过银行拥有的同业资产的规模进行衡量。同时，2013 年公布的《上市银行业务创新能力榜》也将银行同业业务资产规模纳入商业银行创新能力的考量范围，并选取商业银行"同业资产的规模"作为测量指标。因此，本章认为银行资产中同业资产的规模可以在一定程度上反映银行顺应经济发展新形势，在相关政策监管下对银行传统信贷业务进行提升，这也是一种把握机遇积极进行有利于银行发展的业务创新。因此，本章创新性的选取上市银行"同业资产规模"作为测量银行创新绩效的另一指标，以存放同业、拆出资金、买入返售金融资产为主的同业资产总额计量。

2. 解释变量

对董事特征异质性的衡量，本章选择年龄异质性（HA）、教育专业异质性（HES）、教育水平异质性（HEL）、职业背景异质性（HWB）四个维度进行分析。借鉴之前学者对高管团队异质性的测量，本研究将采用 Herfindal-Hirschman 系数来测量，即 $H = 1 - \sum_{i}^{n} P_i^2$，$H$ 值界于 $0 \sim 1$ 之间，值越大，说明董事会信息的异质性程度越高。P_i 是团队中第 i 类成员所占的比例，n 为种类的数量。

考虑到研究对象是金融行业中的商业银行，相对于其他行业来说，其对董事会成员要求相对较高，董事会成员普遍资质高，年龄相对较大，查阅相关年报，银行董事会年龄基本都在 30 岁以上，因此，我们将年龄分段为 40 岁及以下、41～50 岁、51～60 岁、61 岁及以上；对教育专业的分类，张平将专业背景分为科学工程（理学、工学、农学和医学）、经济管理（经济学、管理学）、文学艺术（哲学、文学、历史学）、法律（法学）、其他（教育学和军事学，以及无教育专业者）等五类。而基于之前的分析讨论，我们认为商业银行对管理者相关金融知识的要求较高，董事会成员的专业背景相对偏重于金融财经类，且不同专业背景的董事会成员对于银行风险监控的角度及能力有所不同，具备金融和会计类专业背景的董事更易于从专业的、具体的角度出发对银行相关风险进行监控，其风险控制能力更具有专业权威性，经济和管理类专业的董事更多的是从宏观角度对银行创新及经营风险进行较全面的整体认知和把控，其风险监控能力更加广泛和宏观，而具备法律专业的董事会成员更偏重于从银行经营合规性角度出发考虑银行风险，其他专业董事的风险控制能力相对较弱。因此，本章将教育专业具体细分为金融及会计类专业（风险监控专业性较强）、经济及管理类专业（风险认知宏观性较强）、法律及其他类专业（其他角度进行银行风险监控）三大类。教育水平分段为本科及以下、硕士、博士；由于商业银行董事会成员大多具有多年的金融行业从业背景，且很多董事会成员是从本银行内其他地区或岗位提拔上来的，因此，对于职能背景我们分为三大类：金融相关行业外、金融相关行业内本银行外、本银行内，如表4.2所示。

表4.2　　董事年龄、教育专业、教育水平和职业背景的划分标准

年龄	教育专业	教育水平	职业背景
40岁及以下	金融及会计类专业	本科及以下	金融相关行业外
41～50岁	经济及管理类专业	硕士	金融相关行业内本银行外
51～60岁	法律及其他类专业	博士	本银行内
61岁及以上			

资料来源：笔者整理。

3. 控制变量

本章选取银行规模（$Bsiz$）、银行盈利性（$Bpay$）、银行成长性（$Grow$）、经营稳定性（$Stab$）、银行风险（$Bris$）、第一大股东持股比例（FP）、董事会规模（$Dsiz$）作为控制变量。一是银行规模（$Bsiz$），商业银行的规模代表着银行不同的财力及在技术、渠道和市场等各方面的能力，规模较大的银行因为经营历史久，银行网点多等原因而更有财力投入银行创新活动，规模较小的银行可能更具有灵活性，本章用银行总资产的对数来衡量银行规模。二是银行盈利性（$Bpay$），通常银行盈利性较好的银行更愿意并且有能力投入更多的资金进行创新，本章用总资产收益率（ROA）和净资产收益率（ROE）来衡量银行的盈利性。三是银行成长性（$Grow$），一般来说成长性较好的银行更善于进行创新，并且用于创新研究的投入相对更多，因此本章用银行营业收入增长率表示。四是经营稳定性（Stab），一般来说银行经营越稳定，在风险较低的情况下越有利于银行积极进行银行创新，同时也会加大对银行创新活动的投入，积极开发新产品，本章用总资产收益率的方差（SDROA）和净资产收益率的方差（SDROE）来衡量银行经营的稳定性。五是银行风险（Bris），不良贷款率是用来衡量银行经营风险的，一般来说经营风险越高的企业越没有太多资金和精力进行银行创新，其进行创新的风险也会相对较高。六是第一大股东持股比例（FP），一般来说第一大股东持股比例越高对银行整体经营策略的影响越大，股权较集中和较分散的银行董事会的决策也会存在一定的差异，对银行的创新决策也会产生很大影响。七是董事会规模（Dsiz），董事会规模越大，董事成员数量越多，其成员的相关背景也更多样化，因此董事会规模会影响董事会信息异质性程度，本研究采用董事会人数作为控制变量。关于本章变量的定义及取值说明见表4.3。

表 4.3　　　　　　　　　　　变量界定

变量类型	变量符号	变量名称	变量含义及计算方法
被解释变量	TechP	银行中间业务创新绩效	手续费及佣金净收入占营业收入的比例
	lnSA	银行同业业务创新能力	银行资产中同业资产的自然对数
解释变量	HA	年龄异质性	$H = 1 - \sum_{i=1}^{n} P_i^2$，其中 P_i 是第 i 类年龄段董事所占比例
	HES	教育专业异质性	$H = 1 - \sum_{i=1}^{n} P_i^2$，其中 P_i 是第 i 类教育专业董事所占比例
	HEL	教育水平异质性	$H = 1 - \sum_{i=1}^{n} P_i^2$，其中 P_i 是第 i 类教育程度董事所占比例
	HWB	职业背景异质性	$H = 1 - \sum_{i=1}^{n} P_i^2$，其中 P_i 是第 i 类职业背景董事所占比例

变量类型	变量符号	变量名称	变量含义及计算方法
	Bsiz	银行规模	银行总资产的自然对数
	Bpay	银行盈利性	银行总资产收益率（ROA）、净资产收益率（ROE）
	Grow	银行成长性	营业收入增长率
控制变量	Stab	经营稳定性	总资产收益率的方差（SDROA）、净资产收益率的方差（SDROE）
	Bris	银行风险	不良贷款率
	FP	第一大股东持股例	第一大股东持股比例
	Dsiz	董事会规模	董事会人数

资料来源：笔者整理。

二、研究模型的选择与说明

（一）模型构建与介绍

由于本章的研究数据是面板数据，因此本章选择采用多元线性回归分析来验证假设，本章构建模型如下：

$$TechP = \alpha_0 + \alpha_1 HA + \alpha_2 HES + \alpha_3 HEL + \alpha_4 HWB + \alpha_{5-13}(Control) + \varepsilon$$

$$(4-1)$$

$$\ln SA = \alpha_0 + \alpha_1 HA + \alpha_2 HES + \alpha_3 HEL + \alpha_4 HWB + \alpha_{5-13}(Control) + \varepsilon$$

$$(4-2)$$

变量说明：在上述模型中，α_0 为常数项，α_1、α_2、α_3、α_4、α_5、α_6、α_7、α_8、α_9、α_{10}、α_{11}、α_{12}、α_{13} 分别为董事会年龄异质性、教育专业异质性、教育水平异质性、职业背景异质性、银行规模、银行盈利性、银行成长性、经营稳定性、银行风险、第一大股东持股比例、董事会规模对银行创新绩效的影响系数。银行创新的衡量指标本章分别选取了反映银行中间业务创新绩效的手续费及佣金净收入在营业收入中的占比（TechP），反映银行适应金融市场及监控环境及时对传统借贷业务进行提升创新的银行同业业务资产规模（lnSA）。ε 为随机扰动项。

（二）模型估计方法的选择

对于面板数据的模型估计，通常来说有两种主要的估计方法：一种是普通最小二乘法（OLS）；另一种就是广义最小二乘法（GLS），而广义最小二乘法又分为固定效应模型（FE）和随机效应模型（RE）。本章采用广义最小二乘法对相关数据进行多元线性回归，并将运用 Stata 软件进行 Hausman 检验判断是采用固定效应模型还是随机效应模型。Hausman 检验结果如表4.4所示。

表4.4 Hausman 检验结果

分类	Chi-square	Prob	选择模型
模型（4－1）	37.05	0.0004	固定模型
模型（4－2）	17.05	0.1968	随机模型

资料来源：笔者整理。

由表4.4我们可以看出，Hausman 检验对于模型（4－1）结果显著，我们应该采用固定效应模型进行多元回归分析，而模型（4－2）检验结果不显著，我们应该选用随机效应模型对面板数据进行回归分析。

三、描述性统计

本章选取了我国15家上市银行2008～2011年的年报数据构成了面板数据，为了对面板数据进行更好的研究，本章运用 Stata 软件，采用多元线性回归方法对面板数据进行实证研究。对变量进行描述性统计，统计结果见表4.5。

表4.5 变量的描述性统计特征

变量	观测数	均值	标准差	最小值	最大值
TechP	60	12.42	4.75	3.97	21.91

变量	观测数	均值	标准差	最小值	最大值
ln*SA*	60	11.27	1.51	8.77	14.73
HA	60	0.56	0.11	0.14	0.71
HES	60	0.54	0.09	0.22	0.67
HEL	60	0.62	0.05	0.43	0.67
HWB	60	0.57	0.08	0.34	0.71
Bsiz	60	14.56	1.19	11.55	16.55
ROA	60	1.08	0.25	0.15	1.49
ROE	60	20.17	4.42	4.32	36.71
SDROA	60	0.12	0.10	0.01	0.57
SDROE	60	2.31	2.70	0.02	15.75
Grow	60	0.26	0.16	−0.12	0.61
Bris	60	1.15	0.70	0.38	4.32
FP	60	32.54	19.46	5.90	70.88

资料来源：笔者整理。

从表4.5可以看出，样本数量是60，我们选取了15家上市银行，2008~2011年总共4年的样本数据，构成了典型的平衡面板数据。从表中的描述性统计数据中我们可以看出变量的一些基本的统计信息。

（一）银行创新绩效——因变量描述性统计结果。

对于银行创新的衡量本章选取了三个指标，首先，从表4.5中可以看出，各上市银行中间业务占营业收入的比均值为12.42，说明银行中间业务收入在银行整体的营业收入中占比还是比较小的，对于中间业务的发展还是很有潜力的，商业银行应该积极创新，调整商业银行的营业收入结构。从表中我们发现，这一指标的最小值和最大值差异较大，因而标准差较大，说明各上市银行中间业务占营业收入的比例整体的差异相对较大，不同商业银行由于中间业务创新而产生的绩效在总营业收入中的占比差异性还是比较显著的，也就是说中间业务创新绩效对各商业银行营业收入的贡献程度各不相同且差异较明显。从表4.5中我们看到上市银行中间业务占营业收入的比均值为12.42，但是从最小值和最大值的差异我们也可以发现一些问题，最小值为3.97，最大值为21.91，最小值与最大值的差异相对较大，说明个别银行中间业务收入对于银行营业收入的贡献程度还是比较落后的，与其他银行相比还是存在显著差异的，甚至距离整体的平均水平还存在很大的距离。其次，我们选取了用于衡量银行适应市场和政策监管及时进行有利于银行发展的产品创新能力的指标——银行同业业务资产，在模型中我们取银行同业业务资产的自然对数，用 lnSA 表示，从表4.5 中我们发现，样本均值为 11.27，最小值为 8.77，最大值为14.73，标准差为 1.51，总体来说银行之间的差异相对来说不大，这说明上市银行对于市场环境中存在的创新机会都能够及时识别，并充分利用创新机会对传统的存贷业务进行创新，也反映了商业银行对于创新的重视。从整体来说，我们发现银行普遍对于创新都十分重视，且银行整体创新水平差异不是十分显著，但是个别银行的创新绩效还是不容乐观的，与其他银行间的差距还是很大的，有的甚至与上市银行整体的平均水平还存在相当大的差距。

（二）董事异质性——自变量描述性统计结果。

对高管团队异质性的测量，本研究采用 Herfindal-Hirschman 系数的 H 值来测量，H 值界于 0～1 之间，值越大，说明董事会信息的异质性程度越高。从表4.5 中我们发现，年龄异质性、教育专业异质性、教育水平异质性和职业背景异质性的均值都在 0.5 以上的水平，这说明银行董事异质性水平总体相对较高，教育水平的异质性平均水平最高，均值达到了 0.62，商业银行董事会成员之间的特征差异性还是相对较大的，这也体现了商业银行注重高异质性团队的建设。标准差相对较小，说明商业银行之间董事异质性的差异相对较小，都比较注重对于异质性团队的构建，其中教育水平异质性差异是最小的，说明商业银行董事会的教育水平差异是很小的，这也是很符合商业银行这一行业自身的特点的，一般对于从业人员的教育水平要求较高。从最小值、最大值的比较中我们还发现，虽然银行整体的异质性水平相对较高，大多数银行的异质性水平差异较小，但是个别银行异质性水平与平均水平差异还是很显著的。

（三）控制变量描述性统计结果。

从表4.5中对于控制变量的描述性统计结果中我们发现，不同上市银行的盈利水平差异性还是相对比较大的，我们选择了 ROA、ROE 两个变量来衡量银行的盈利水平，表中最大值和最小值的差距较大，标准差较大，说明上市银行自身的盈利水平存在显著差异，因此这会对银行的创新投入，包括资金、平台以及人员等各个方面的投入产生影响，从而影响银行的创新能力和绩效。同样我们也对银行的经营稳定性进行了控制，选择了 SDROA 和 SDROE 两个指标对银行经营稳定性进行了衡量，从表中可以看出最小值和最大值差距较大，标准差较大，银行经营稳定性将会对银行创新活动产生影响。从表中我们也发现，商业银行的规模、成长性、风险以及第一大股东持股比例的最小值与最大值差异都是比较大的，因此标准差相对来说比较大，说明商业银行在这些方面都是存在较大差异的，而银行规模、成长性和风险会影响银行对创新活动的投入，从而影响银行创新能力和绩效，第一大股东持股比例不同反映了不同商业银行大股东的控制能力，从而影响银行进行创新的决策，商业银行在这些方面的差异会显著影响商业银行的创新活动，因此必须对此进行控制。最后，我们发现商业银行董事会规模的均值大约为 16.27，这个人数比一般企业的董事会人数要多，这也是商业银行董事会的一大特点。

四、回归分析

（一）模型（4-1）回归结果分析

根据前面对模型的设计和本章数据的特点，运用 Stata 软件分别对面板数据采用模型（4-1）和模型（4-2）进行估计，探讨董事异质性对银行创新绩效的影响。模型（4-1）通过 Hausman 检验采用固定效应模型，结果见表4.6。

表 4.6 　　　　　　　　　　　　　　模型 4-1 的回归结果

TechP	系数	z	$P > |z|$
HA	6.400	2.10 **	0.035
HES	1.884	0.58	0.561
HEL	-16.754	-2.82 ***	0.005
HWB	13.819	2.96 ***	0.003
Bsiz	3.775	10.24 ***	0
ROA	5.026	2.57 ***	0.010
ROE	-0.185	-2.24 **	0.025
SDROA	14.378	2.93 ***	0.003
SDROE	-0.557	-2.96 ***	0.003
Grow	-1.377	-0.72	0.473
Bris	-0.974	-2.10 **	0.035
FP	-0.017	-0.75	0.456
Dsiz	-0.173	-0.89	0.373

注：*** 表示在 1% 水平上显著，** 表示在 5% 水平上显著，* 表示在 10% 水平上显著。

资料来源：笔者整理。

模型（4-1）因变量选取了中间业务收入占银行经营收入的比来衡量银行中间业务创新绩效，考察了董事异质性对银行中间业务创新绩效的影响，回归结果显示：

（1）首先对控制变量回归结果进行分析，总体来说，控制变量对银行创新绩效还是比较显著的。银行规模与银行创新绩效显著正相关（相关系数为 3.775，显著水平为 1%）。这说明上市银行规模越大，银行的融资能力以及进行创新投入的能力就越强，越有利于银行积极进行中间业务的创新活动，同样中间业务创新绩效对银行营业收入的贡献也越来越大。ROE 和 ROA 两个财务指标我们用来衡量企业对投入资金的运作回报能力，对商业银行数据的回归结果反映了用 ROE 和 ROA 衡量的商业银行盈利能力与银行创新绩效的关系出现了相反的结论，我们认为对于商业银行来说这是合理存在的。由于商业银行高负债的资本结构使得银行的经营具有一定的特殊性，银行的自有资本相对较少，主要靠吸收存款，因此银行都是负债经营的，且负债较高，国家规定商业银行资本充足率要达到 8%，也就意味着商业银行的负债率允许高达 90% 以上，商业银行财务杠杆比较高，这也是商业银行经营风险比一般企业要大得多的原因。因此，对于商业银行盈利性的衡量我们认为采用 ROA 比 ROE 更加合理。结果显示商业银行盈利能力与银行创新绩效存在显著的正相关关系（相关系数为 5.026，显著水平为 1%）。同样用 SDROA 衡量的银行经营稳定性与中间业务收入占营业收入的比也呈正相关关系，且结果显著（相关系数为 14.378，显著水平为 1%）。银行成长性则与中间业务收入占营业收入的比衡量的银行创新绩效呈负相关，但是结果不显著。这说明银行成长性越快的企业，营业收入增长率越高，而中间创新业务收入的增长速度落后银行整体的营业收入，中间业务收入的增长率相对较低。而银行的不良贷款率与银行创新绩效呈显著的负相关关系（相关系数为 -0.974，显著水平为 5%），这说明银行不良贷款率越高，相对风险越大，越不利于银行继续开展其他创新业务，银行在中间业务的创新投入及创新绩效也相对较低。而第一大股东的持股比例和董事会规模都与银行的创新绩效呈负相关关系，但是不显著。

（2）对董事异质性自变量回归结果进行分析。在对银行规模、盈利能力、经营稳定性等能够影响银行创新活动的变量进行控制后，我们对董事会年龄异质性、教育专业异质性、教育背景异质性和职业背景异质性进行回归分析。回归结果显示：年龄异质性与银行创新绩效呈显著正相关关系（相关系数为 6.400，显著水平为 5%），验证了本章的假设 4-1。说明我国上市银行董事会成员年龄异质性越高，越有利于充分利用各年龄段成员的社会资源以及人生经验，更有效地对银行创新活动进行科学决策，有利于银行创新。董事会教育专业异质性与银行创新绩效呈正相关关系，但是数据不显著，没有验证本章的假设 4-2。董事会教育水平异质性与银行创新绩效呈显著的负相关关系（相关系数为 -16.754，显著水平为 1%），这一结果验证了本章的假设4-3，即董事会教育水平异质性越大，不同知识水平层次的董事认知结构以及看问题的深度等方面会存在一定的差异，在进行创新决策时易产生矛盾，影响董事之间的沟通，从而影响银行进行创新决策的效率和效果。而职能背景异质性与银行创新绩效呈现显著的负相关关系（相关系数为13.819，显著水平为1%），验证了本章的假设4-4，说明董事会职业背景异质性程度越高越能够充分利用董事之间的不同职业经验，使董事能够从不同角度对问题进行思考，更全面地进行创新决策。因此，本章的假设4-1、假设4-3、假设4-4都得到了验证，假设4-2结果不显著。

（二）模型（4-2）回归结果分析

通过 Hausman 检验，我们对模型（4-2）选择采用随机效应模型进行回归，回归结果如表4.7所示。

表4.7　　　　　　　　模型4-2的回归结果

lnSA	系数	z	$P > |z|$
HA	-3.449	-2.84***	0.005
HES	-2.328	-1.80*	0.072
HEL	-0.860	-0.36	0.717
HWB	-2.145	-1.15	0.250
Bsiz	0.845	5.73***	0
ROA	1.658	2.12**	0.034
ROE	-0.051	-1.54	0.124
SDROA	-2.338	-1.19	0.234
SDROE	0.102	1.37	0.172
Grow	0.616	0.80	0.423
Bris	-0.393	-2.12**	0.034
FP	-0.002	-0.26	0.792
Dsiz	-0.115	-1.48	0.119

注：***表示在1%水平上显著，**表示在5%水平上显著，*表示在10%水平上显著。

资料来源：笔者整理。

模型（4-2）因变量选取了银行同业业务资产规模的自然对数来衡量银行积极应对金融市场新环境以及监管政策并及时把握机遇对传统存贷业务进行提升的创新能力，回归结果显示：

（1）首先对控制变量回归结果进行分析，总体来说控制变量对银行同业业务创新能力的影响不够显著。从上表中我们可以看出只有银行规模、银行盈利性和不良贷款率对同业业务创新能力的影响比较显著。银行规模在1%水平下与同业业务创新能力呈现显著正相关关系，银行运营能力在5%水平下与银行同业业务创新能力呈现显著正相关关系，这说明银行规模越大，经营绩效越好，银行越具备雄厚的资本和能力尽快适应并积极应对金融市场发展的新形势，发现新机遇并积极进行创新。而银行的不良贷款率与银行同业业务创新能力呈显著负相关关系，这说明银行不良贷款率越高，相对风险越大，银行越不具备积极应对市场风险与新形势进行业务创新的能力。

（2）对董事异质性自变量的回归结果分析。在对相关变量进行控制后，我们对董事异质性与银行创新能力的影响进行分析。从表4.7对模型4-2的回归结果中我们可以发现：董事会年龄异质性与银行创新能力呈显著负相关关系（相关系数为-3.449，显著水平为1%），与本章的假设4-1结论相反，这说明我国上市银行董事会成员年龄异质性与银行发现机会积极进行创新的能力呈负相关关系，这可能是由于商业银行所处的金融环境比较复杂，受到的监管力度也相对较大，对于商业银行来说，并不是很容易就能发现机会并及时作出创新决策的，不同年龄阶段的董事由于经历、认知等方面的差异导致对风险以及创新机遇的观点存在差异，从而使得董事之间产生沟通障碍，进而影响银行的创新决策，导致银行适应环境进行创新的能力较弱。而董事教育专业异质性与银行创新能力则呈现显著的负相关关系（相关系数为-2.328，显著水平为10%），这与本章的假设4-2正好相反，这说明商业银行董事会教育专业异质性越高越不利于银行的创新活动，这可能是因为商业银行作为金融行业的主体，与普通的企业不同，对于专业性的要求相对较高，需要董事具备相应的金融财务经济管理等相关领域的知识，而过于多样性的董事教育专业将相对降低具备金融及会计类专业的董事比例，金融会计类专业是从更加专业和具体的角度对银行所处环境及经营风险进行监控，具有专业的权威性，相对于其他专业来说对银行的决策贡献度更大。而董事会教育水平和职业背景与银行创新的关系则不显著，本章假设4-3、假设4-4没有得到验证。因此，假设4-1结论与实证回归结果相反，假设4-2结论与实证回归结果相反，假设4-3、假设4-4没有得到验证。

第五节 主要研究结论与实践启示

一、主要研究结论

商业银行作为金融行业的主体，正在努力寻求银行创新，争夺市场份额，在竞争中占得先机。商业银行自身的特殊性决定了普通企业的创新研究不能简单地直接套用在商业银行上，因此将商业银行作为独立的群体进行专业的研究已成为当下学术界的研究热点，对商业银行董事会治理的研究也越来越多，但是目前对商业银行创新从董事会治理的角度进行的研究大多是从董事会的治理结构特征进行的，而本章将研究视角转移到具体的董事会成员个体特征的异质性上，探讨作为商业银行决策机构的董事会成员的个体特征差异性对商业银行创新活动的影响，相关的研究结论如下：

（1）商业银行董事年龄异质性对银行创新的影响表现出不一致性，这也与本章文献综述部分的结论相一致。一方面，商业银行董事会成员年龄异质性较高可能会使得不同年龄阶段的成员充分进行思想交流与碰撞，并有利于充分利用不同年龄阶段董事成员的资源优势，使商业银行更加有效地识别风险和机遇，有利于把握先机积极进行创新活动，赢得市场份额。而另一方面，商业银行董事会的年龄异质性可能会使得董事成员对于金融环境以及创新机遇的认知产生差异，从而在进行创新决策的过程中产生矛盾，造成成员之间的沟通不畅，影响银行的创新决策质量和效率。

（2）商业银行董事教育专业异质性与银行创新呈现显著的负相关关系。这与普通企业的大多数研究结论不一样，一般认为，企业董事会成员的教育专业越丰富，越有利于拓宽董事会讨论的视野，有利于董事会成员从不同专业角度更全面地制定战略决策。而商业银行由于自身的特殊性可能需要专业性较强的董事会，商业银行董事成员需要具备更专业的金融等相关知识才能更好地认识金融行业以及整个金融市场，专业性越强越有利于对整个金融环境变化及风险的认知，有利于商业银行及时把握机会进行创新活动。而异质性程度较高就可能使得专业性较强的人才的比例相对降低，这就可能影响银行董事会整体专业人才的素质，从而影响创新决策和银行的创新绩效。

（3）商业银行董事教育水平异质性与银行创新呈现显著的负相关关系。这也是本章研究假设的结论，笔者认为，商业银行不仅对董事教育专业要求较集中，而且对于董事的教育程度要求也相对较高，这也是由商业银行这一金融行业的行业特点所决定的，因此董事大多具有较高的教育水平。教育水平在一定程度上反映了董事的认知水平以及知识的高度，董事会教育水平异质性较高易使得董事对相关问题产生不同的观点，易使得沟通过程中产生矛盾，造成沟通不畅，这将直接影响董事会的决策效率和质量。

（4）商业银行董事职业背景异质性与银行创新呈现显著的正相关关系。这也是本章假设提出的结论，基于研究对象是商业银行，大多数的银行董事都是长期在金融系统中工作的，因此本章在对商业银行董事进行数据信息搜集的时候将董事会职业背景分为了三大类，即金融相关行业外、金融相关行业内本银行外、本银行内。基于这种分类，商业银行董事职业背景异质性程度越高，董事会团队的职业经验越丰富，对商业银行的创新活动会产生促进作用，本章数据分析也证实了这一点。

（5）控制变量对银行创新绩效的影响也十分显著。银行规模、银行的运营能力以及银行不良贷款率等控制变量在一定程度上决定了银行进行创新投入的资本以及能力，因此也都会对银行创新绩效产生重要的影响。

二、研究启示

本章的研究结论为我国商业银行董事会建设提供了一定的借鉴作用，启示如下：

（1）对于商业银行来说，要注重提高自身的创新能力，但是在进行创新的同时一定不能不计风险盲目进行创新，要在控制风险的前提下积极推进银行中间业务的发展，及时发现金融市场中存在的创新机遇。

（2）董事会作为商业银行的决策机构，董事会自身的治理会很大程度上影响银行的创新活动及决策，因此也要重视商业银行董事会的治理。要重视董事会团队的建设，商业银行应该努力构建一个有利于商业银行提高创新能力的决策机构，构建一个在年龄、教育专业、教育水平以及职业背景方面对商业银行决策合理有利的董事会团队，提高董事会团队的决策效率和质量。

（3）商业银行要适当构建年龄异质性相对合理的董事会团队，尽量能构建老中青均衡的董事团队，这样将更有利于银行创新思维的激发，努力构建活力与稳重力量并存的成员结构，有利于银行创新绩效以及整体绩效的提高。

（4）商业银行对董事会成员的专业要求素质要进一步加强，董事成员在金融会计等专业领域具备相当丰富的经验将有利于对银行整个经营风险的监控，对行业深刻的认识将有利于银行及时应对复杂多变的金融环境。因此商业银行应努力构建专业性较强的董事会人员结构。

（5）董事会成员的职业经验会对银行的经营绩效及创新产生重要影响，商业银行要重视将内部晋升与外部引进相结合，构建具备丰富职业经验的董事会团队，将具备不同职业经验的董事结合在一起，发挥各自的优势，提高商业银行的决策和创新能力。

第五章

董事会断层与商业银行创新

第一节　团队断层与创新

一、银行创新

改革开放 40 多年以来，特别是商业银行股份制改革以来，中国银行业得到了迅猛的发展。据英国银行杂志《银行家》的统计，2011 年我国银行业的总利润几乎占到了全球银行业总利润的 1/3。欣喜之余，经过细致的分析不难发现，我国银行业的这种高利润增长是不具有可持续性的，同时这也并不意味着我国银行业整体的核心竞争力和创新能力达到了发达国家的水平。究其原因，根本上是因为我国银行业的发展方式基本上还保持在传统粗放型发展的水平。长期以来，我国社会的融资结构异常不合理，普遍是以向银行贷款这种间接融资方式为主。这种投资拉动型的经济增长方式不可避免地带来了商业银行贷款的高投放，进而造成其依靠存贷款规模扩张增加盈利的经营方式，这种依托存贷利差获利的经营方式也必然会导致我国银行业中间业务收入占比过低的局面。与全球范围内发达国家银行的中间收入占比普遍超过 40% 的情况相比，我国银行一般还仅维持在 20% 以内，这巨大的差距表明我国商业银行还有一段很长的路要走。

因此，在经济一体化席卷全球，国内利率市场化不断加深的背景下，面对着日趋多元化的消费者和市场需求，同质化的银行服务已然无法再胜任自身的职责。如何高效地提高我国商业银行的创新能力，成为当下银行竞争日渐惨烈的焦点问题。总之，我国银行业必须要积极调整发展战略，在现有基础上，通过不断提升自身的创新能力来深化商业银行的公司治理改革。

二、团队断层影响团队绩效的机理

在经济环境瞬息万变，技术更新迭代如此频繁的今天，团队这一组织模式日渐盛行。从20世纪90年代末起，团队运作模式便得到了越来越多的重视与研究。管理者只有认清团队的本质和特性，才能使团队的优势得到最佳的利用。随着经济一体化席卷全球，构成团队的组织成员所具备的特质越来越多元化，这一趋势已然成为当今企业的新常态。例如，面对如今的外部环境，组织在遇到发展困境时，越来越倾向于招揽具有不同职业背景的员工，以组成跨职能团队来攻克难题；在跨国公司对生产要素、资源进行优化配置和重新整合的背景下，其在全球范围内招贤纳士，组建不同人种、不同国籍的人员汇聚而成的团队也越来越常见。如今在构建多元化、异质性团队的潮流中，同质化的团队几乎无处可寻。

当关注的焦点聚集于上述这种多样化团队构成形式的同时，人们往往忽略了另外一种团队的构成形式，即多重成员特征属性（尤其是人口统计特征）共同作用将团队划分为彼此异质、内部同质的子团队，也即团队断层。团队断层的概念提出以来，之所以能够引起广泛的关注，是因为团队断层被认为是造成团队内耗并阻碍团队沟通机制运行的罪魁祸首，如果不加以有效的管理，很可能导致团队低效运行甚至关系破裂。这得到了诸多学者研究结果的证实，如不同子团队成员会面临较多的情感冲突与交流障碍，进而降低团队凝聚力和社会整合能力，甚至导致团队的分裂，从而对团队产出产生负面的影响。然而，如果能够对团队断层施加有效的管理，是可以将其负面效应转变为正面效应的。部分学者的实证研究对此也进行了验证，如团队断层有利于发挥团队中差异化的认知资源，能够促进信息加工和处理的过程等。

自断层概念提出以来，相关研究逐渐升温，本章在回顾了前人研究的基础上，从信息决策理论视角出发，选取我国16家上市银行为研究样本，收集相关数据制作成非平衡面板数据，用理论分析与实证研究相结合的方法，深入研究团队断层与银行创新之间的关系，力求为我国银行业的发展做出贡献。

三、团队断层与创新

从已有研究文献中，可以得知团队断层是基于团队成员一个或多个相似或突出的属性特征，将团队划分为若干个子团队的一组假想的分割线。当团队成员相互之间共享某些特征时，他们会基于这些属性特征聚合在一起；随着子团队内部的属性特征越来越以相似的方式聚合在一起，子团队内部的同质化会逐渐得到增强，相应的不同子团队间差异化也会得到增强。当成员进入子团队后，会潜意识的逐渐"去个性化"，并视自己为子团队中的一员，从而对所在子团队产生更多的社会认同。这种社会认同感会致使团队成员产生"团队内—团队外"的感知，个体很可能倾向于将负面评价强加于其他子团队，而将正面评价赋予自身所在的子团队，这样便导致了团队成员之间刻板印象和歧视的加深，阻碍了相互间的沟通和协调，进而最终会对团队的创新和绩效产生不利影响。

当刘和默宁翰（Lau and Murnighan，1998）开创性地提出断层概念时，他们的研究发现，团队断层是有损于团队过程和团队产出的。但随着后续学者们研究的不断进行，现有关于团队断层与团队效能的实证研究结论并不一致，这种不一致并不仅仅涉及团队断层效能作用的大小，还涉及其作用的方向。

随着时间的推移，有关团队断层的实证研究越来越多，但学术界仍然没有形成一个一致性的论断。部分学者认为，团队断层有利于提升团队的决策质量，进而提升公司的创新性和前瞻性。这主要是因为团队断层能够增加各子团队间的学习行为，并可以提升团队成员相互间的满意度和柔性思维，从而促进异质性的信息和观点的整合。团队断层对团队创新及绩效具有正向效应的观点也得到了一些学者实证研究结果的支持。例如，学者霍曼等（Homan et al., 2008）的实证研究结果表明，在团队成员能够理解团队多样性价值的基础上，团队断层是有助于提高团队绩效的。学者吉布森和韦尔默朗（Gibson and Vermeulen，2003）将 156 个团队作为研究样本，并在深入分析后发现，相比之下，中等强度的团队断层是有利于团队学习行为的，从而得出了适度的团队断层是健康的结论。

通过总结以往的研究文献，对现阶段有关团队断层与银行创新水平的研究进行总结梳理，发现以下几个特点：

（1）目前我国学者就团队断层对团队决策过程影响的研究还比较匮乏，研究还主要集中在考察团队断层对绩效产生的影响；

（2）已有研究主要是针对普遍意义上的上市公司，大多忽略了行业因素的影响，鲜有就商业银行进行单独实证研究的结论；

（3）目前对于商业银行的相关研究大多使用横截面数据，研究认为包含更多信息的面板数据更适合于研究我国发展较快的商业银行，使结论更具可靠性。

鉴于此，本章以我国沪深两市 16 家上市银行 2010~2013 年间的数据为研究样本，基于断层理论的研究视角，深入探讨银行董事会断层与其创新水平之间的关系。力求能够丰富相关领域的研究文献，并加深人们对此作用机制的认知，为我国银行业提高创新能力提供借鉴。

第二节　董事会断层对商业银行创新的影响机理

一、董事会断层内涵

（一）董事会断层的来源

从基本构成上看，中国公司制企业的董事会普遍是由执行董事和非执行董事构成的。非执行董事是不在公司经理层担任职务的董事，对执行董事起监督、检查和平衡的作用，他们往往是兼职的，独立于公司且不承担执行责任；而执行董事则与公司签订了全职契约并承担企业战略执行及经营管理职责。此外，长期以来董事会在团队内部已经形成了成熟的沟通机制和心智共享模式。因此，这种基本结构使董事会先天性的存在团队断层。

（二）董事会断层的构成因素

自刘和默宁翰（Lau and Murnighan，1998）提出将断层的内涵界定为性别、种族和年龄等因素的组合后，相关的研究便开始沿用基于人口统计特征差异的界定方法。然而，戴克和斯塔克（Dyck，Starke，1999）通过深度访谈的调查研究发现，成员彼此熟识的团队断层是由深层次的认知特征差异造成的，并非由浅层次的人口统计特征差异所致。别兹鲁科娃（Bezrukova，2009）等学者在 2009 年完成的一项研究中指出，现有团队断层概念的内涵已经无法满足当下研究的需要，应该对其进行更为细致的分类。他们在总结梳理已有团队多样性研究文献的基础上，根据团队断层与工作任务的关联程度，将团队断层分为基于社会分类视角的断层和基于信息加工视角的断层（前者的成因包括性别、年龄、种族等表层因素，而后者的成因则包括工作经历、任职期限和受教育背景等深层因素）；随后成功证实了两种断层对团队过程及团队产出产生不同的显著影响。在这之后的诸多学者也都在研究中得出，与社会分类视角的断层（如年龄、性别和种族等表层因素）相比，信息加工视角的断层（如工作经历、任职期限和受教育背景等深层因素）对董事会决策过程和企业绩效产生更大的影响。

董事会断层的激活问题同样至关重要。因为只有当董事会成员意识到其属性特征差异造成的影响时，董事会断层才会处于显现状态。而董事会断层到底处于休眠状态还是实质上被激活的状态，则取决于一个能够突出团队成员属性特征差异的任务情境。譬如，带有歧视或种族色彩的言语可能会激活基于种族划分的断层；退休及养老金问题可能会激活基于年龄划分的断层；潜在的、来源于职位天花板的压力可能会激活基于性别划分的断层等。董事会当中的一些因素，如是否为执行董事、在董事会任职时间长短、受教育的程度等因素，常会被董事会成员广泛的关注与提及。那么，这样一些因素就会导致团队断层发挥作用。

综上所述，本章将董事会成员是否为执行董事、在董事会任职时间和受教育程度三个因素确定为划分董事会断层的基础，但不同于以往学者的观点，研究认为上述三方面同样可以成为董事彼此分类形成断层的原因。

二、研究假设的提出

（一）银行董事会断层与其创新水平

在断层显著的团队中，由于激活潜在的冲突和沟通问题相对容易，因此团队断层具有先天性的缺陷。当团队中成员基于相似的特征聚集在一起进而产生"团队内—团队外"的感知时，个体很可能倾向于将负面评价强加于其他子团队，而将正面评价赋予自身所在的子团队，这样便导致了团队成员之间刻板印象和歧视的加深，阻碍了相互间的沟通和协调，进而最终会对团队的创新和绩效产生不利影响。此外，基于社会分类理论，不同子团队成员间持有刻板态度和消极的负面评价会造成子团队成员间紧张的人际关系。诸多学者展开的研究都证实了断层的负面影响，例如，学者李和刘等（Li and Lau et al.，1998）分别对存在于派系团队之间的断层进行的实证研究都发现，由于团队中强断层的存在，会导致团队成员相互之间的沟通不畅、摩擦增大及冲突加剧，进而会瓦解团队成员一致性的行为模式，最终影响了团队的产出。由于董事会子团队间缺乏相互的交流，并且董事会整体无法充分利用不同成员的异质性认知资源，这会严重影响决策的质量并最终导致绩效的下降。又如，当独立董事感觉到自己对公司的贡献被忽视这种情况出现时，他们很可能会削弱自身对董事会甚至整个公司的认同程度；而每天在公司上班的执行董事很可能不仅仅将自身视为一名普通的董事会成员，并且其对于 CEO 的认同程度相比之下很可能更高；与之类似的情况是，任职期限长的董事很可能对新履职的董事有隐瞒信息的动机，这反过来便会影响后者对于其董事会角色以及整个董事会的认同。

董事会作为公司治理机制的核心和公司竞争优势的来源，其职能最完美的体现就是对公司面临的发展困境进行分析讨论得出相应的解决措施并制定发展战略。而董事会强断层的出现，很可能会伴随着子团队之间就公司资源展开争夺的现象，进而会导致董事会成员间的沟通渠道阻塞和相互依存关系破坏及冲突加剧，最终，董事会整体无法通过谈判达成共识，影响企业创新战略的制定和实施。基于此，本章提出以下研究假设：

假设 5 - 1：董事会断层强度与银行创新水平呈负相关关系。

（二）董事繁忙程度的调节作用

研究中繁忙的董事具体指的是"连锁董事"（interlocking directo-rates）。由于连锁董事同时在不同的公司担任相关职务，这种情况就会纯天然地影响董事对公司事务的关注度，进而影响自身对公司事务投入的时间和精力，并最终对董事会成员的行为方式产生影响。现有部分研究表明，一般情况下，上述董事的忙碌情况并不会对公司事务产生重大影响。然而，当连锁董事的繁忙超过一定的程度时，就会对公司的决策和绩效产生显著的负面影响。这是由于连锁董事本身在公司的发展过程中起到了至关重要的作用，他们不仅能够根据自身的经验和掌握的信息为公司提供很多宝贵的建议，同时还可以在公司战略的制定过程中，提供一些有用的讯息。

当董事成员拥有多个公司的董事身份时，会产生"身份危机"效应，即其他公司的董事会身份会影响和弱化该董事对其所在公司董事身份的认同感。因此，当断层在具有不同的董事会任期、受教育程度的执行董事和非执行董事两个子团队之间发挥作用时，相对于不忙碌的董事会，忙碌的董事会的断层负面影响会较大一些。连锁董事投入本公司事务的时间、精力及其意愿会非常有限，这会削弱整个团队的凝聚力与相互间的沟通协调。许多学者得出的研究结论也证实了上述的判断。例如，汉布瑞克等（Hambrick et al.，2008）的研究中便强调了董事会成员在积极参与公司事务方面的重要性，他们认为良好的参与程度和投入的时间及精力有助于提高团队的效能。福布斯和米来克（Forbes and Millike，1999）的研究表明，董事会成员对公司事务投入的时间及精力会根据其自身的繁忙程度存在显著差异，这些差异在一定程度上决定了董事会对股东利益的保护程度和对公司绩效的贡献大小。洛尔施（Lorsch，1989）的研究发现，能够对某一公司投入足够多时间并积极搜取信息的董事，可以胜任预防并管理危机的职责。王斌和童盼（2008）针对 A 股上市公司的研究发现，董事的繁忙程度与公司绩效显著负相关，董事会行为对公司绩效的影响比董事会结构更加直接。穆勒卡利和卢埃林（Muller – Kahle and Lewellyn，2011）的研究指出，繁忙的董事会与金融行业次级抵押贷款呈显著负相关关系。伊志宏等（2011）的研究表明，董事会成员的努力程度与公司未来的经营绩效之间呈显著的正相关关系，忙碌的董事会提高了 CEO 被迫离职的概率并增强了其与公司绩效间的敏感性。基于此，本章提出以下研究假设：

假设 5 – 2：董事的繁忙程度对董事会断层与银行创新水平之间的关系有负向调节作用。

（三）CEO 任期的调节作用

较长的董事会任职经历会使 CEO 对公司资源及其运作方式更加熟悉，而这增强了 CEO 的专业能力，有助于形成其权威性。汉布瑞克（Hambrick，1981）的研究发现，长期担任 CEO 会使得个人获得"神秘感和权威"，这通常会导致对那些质疑 CEO 权威的压制情况。最终，与其他董事会成员相比，具有较长任期的 CEO 会因其权力而形成职位壕沟，进而影响董事会结构与公司绩效。

在我国，不同职位的董事会成员在公司决策的制定与实施过程中扮演着不同的角色。当董事会中存在长期任职的 CEO 时，其权威性会对团队成员产生强烈的影响或抑制持有不同意见的董事参与决策，即这种情况下，发表不同认知与观点的董事会承受额外的压力，进而选择禁言或屈从于 CEO 的权威，这便造成了内部偏见现象的出现，进而恶化断层的负面效应。如扎卡洛和克里莫斯基（Zaccaro and Klimoski，2002）的研究表明，不同子团队之间正式权力分布的不均衡会影响团队成员间的信息传递和共享。这是由于成员会根据权威持有者的预期而进行与其沟通方式的调整，进而造成只汇报其想知道的，而不是其应该知道的不利局面。邦德森（Bunderson，2003）的研究认为，与拥有较长董事会任职经历的 CEO 的职能背景不同的团队成员参与决策制定和实施的意愿与行为水平更低。

而根据期望地位理论（expectation states theory），任务相关能力被称为特定的地位特征，具有某项能力的人被期望做出与任务相关的特定行为，因此他们的异质观点和行为都能得到理解和认可，从而其引起的负面社会分类过程将会被积极的任务相关过程所综合。由于银行业不同于其他行业，其经营环境瞬息万变，所以其从业人员尤其是像行业高管的精英人群，一定要具备相当的专业性。一个专业性极强或拥有职位壕沟的 CEO，能够营造一种和谐、包容的团队文化以促进团队成员间的信息共享，并可以在团队意见不统一甚至各执己见、冲突加剧的情况下，给予调节并综合各方观点，进而有效的弱化冲突及子团队认同带来的社会分类过程的负面影响。卡卡巴德斯和巴勒特（Kakabadse and Barratt，2006）的研究指出，有效的权威持有者应该能够为所有团队成员提供一个参与互动的平台，进而有效控制和管理团队内部的动态性。基于此，本章提出以下研究假设：

假设 5－3：CEO 任期对董事会断层与银行创新水平之间的关系有正向调节作用。

第三节 董事会断层对商业银行创新的影响效应

一、样本及变量的选取

（一）样本选择与数据来源

为了有效检验银行董事会断层与其创新水平之间的关系，借鉴已有文献的研究指标与方法，研究选取 2010～2013 年 16 家上市银行的数据为研究对象，样本包括 5 家国有商业银行（中国银行、中国农业银行、中国工商银行、中国建设银行和中国交通银行）、8 家股份制商业银行（招商银行、中信银行、上海浦东发展银行、兴业银行、平安银行、民生银行、光大银行和华夏银行）以及 3 家城市商业银行（北京银行、南京银行和宁波银行）。基于以上说明，研究将 16 家上市商业银行的基本概况整理如表 5.1 所示。

表 5.1　16 家上市商业银行的基本概况

类别	银行名称	股票代码	上市时间（年）
国有商业银行	中国工商银行	601398	2006
	中国农业银行	601288	2010
	中国银行	601988	2006
	中国建设银行	601939	2007
	中国交通银行	601328	2007
股份制商业银行	平安银行	000001	1991
	浦发银行	600000	1999
	民生银行	600016	2000
	招商银行	600036	2002
	华夏银行	600015	2003
	中信银行	601998	2007
	兴业银行	601166	2007
	光大银行	601818	2010

续表

类别	银行名称	股票代码	上市时间（年）
城市商业银行	北京银行	601169	2007
	南京银行	601009	2007
	宁波银行	002142	2007

资料来源：笔者整理。

董事会断层（董事类型、任职时间、受教育程度）原始数据主要从巨潮资讯网中各公司年度报告的"董事、监事和高级管理人员基本情况"中手工整理而来；有关样本公司创新水平的数据及公司治理相关数据均来源于国泰安 CSMAR 数据库、巨潮资讯网和新浪财经网等网站。考虑到收集数据的不完整性，研究对数据进行了多次的整理和校对；另由于部分数据的缺失或不准确，研究通过其他网站（如百度百科、金融界网）进行了相应的数据补充。数据分析主要采用 Stata 等软件。

（二）变量定义

1. 被解释变量

针对目前银行业的实际情况，非利息收入占总营业收入的比例能够代表银行的创新水平。因为银行传统的存贷业务主要为银行带来的是利息收入，而手续费及佣金净收入等非利息收入则是由基金、信托、保险、理财、投资和咨询等中间业务贡献的。并且当前学术界针对银行创新绩效的实证研究，其计量标准也一般选取中间业务收入指标。如朱盈盈和李平等（2011）将手续费及佣金净收入占银行总资产的比例作为衡量银行创新能力的变量；刘星和张建斌（2010），周建和张文隆等（2013）则直接选取手续费及佣金净收入作为衡量银行技术创新的指标，并以其自然对数引入模型；与之类似，朱明星（2013）将中间业务收入增长率作为因变量来考察公司治理机制与银行创新的关系；李小青等（2014）将手续费及佣金净收入作为衡量金融创新的中介变量。

此外，由于各家商业银行的年报均未披露 R&D 费用，而手续费及佣金净收入相比则较容易获得，因此，研究在借鉴国内学者已有研究方法的基础上，选取手续费及佣金净收入的自然对数来衡量银行的创新水平（In）。

2. 解释变量

本章对董事会断层（Fau）的测度选择了撒切尔和别兹鲁科娃（Thatcher and Bezrukova，2009）等多位学者提出的测度方法。具体的计算方法按照文献综述中断层的测量部分进行。

3. 调节变量

为了验证假设 5 – 2 与假设 5 – 3，探讨银行董事会断层与其创新水平的调节机制，本章引入连锁董事兼任董事职务数量的指标和 CEO 任期的指标来考察董事的繁忙程度和 CEO 任期对于银行董事会断层与其创新水平之间的调节效应。其中，董事的繁忙程度（$Bbusy$）用虚拟值表示，当董事平均兼任的职位数大于等于 3 时用 1 表示，否则用 0 表示。CEO 任期（$CEO\ tenure$）的测量为 CEO 的在任时间，上任小于半年的记为 0.5，大于等于半年的记为 1。

4. 控制变量

本章在参照国内已有研究文献的基础上，引入银行规模（$Csize$）、银行绩效（ROA、ROE）、银行成长性（$Grow$）、银行风险（NPL）、董事会规模（$Bsize$）、独立董事比例（$IDratio$）及市场因素（$Intensity$）和年份（$Year$）等内外部影响银行创新水平的变量作为研究的控制变量。具体的，银行规模用银行资产总额的自然对数来表示；银行绩效用总资产收益率和净资产收益率来表示；银行成长性用银行主营业务的收入增长率来表示；银行风险用不良贷款率来表示；董事会规模用董事会总人数的自然对数表示；独立董事比例用董事会中独立董事人数与董事总人数的比值来表示；市场因素用行业集中度（样本银行中最大 5 家银行的总资产除以所有样本银行的总资产）来表示。最后，为了控制时间因素的影响，引入年份虚拟变量。所有变量的具体定义如表 5.2 所示。

表5.2 变量界定

变量类型	变量名称	符号代码	变量含义及计算方法
被解释变量	创新水平	*In*	手续费及佣金净收入的自然对数
解释变量	董事会断层	*Fau*	断层强度参考别兹鲁科娃等（2009）的方法计算
调节变量	董事会繁忙程度	*Bbusy*	董事平均兼任的职位数大于等于3时用1表示，否则用0表示
	CEO 任期	*CEOtenure*	CEO 在任时间
控制变量	银行规模	*Csize*	银行资产总额的自然对数
	银行绩效	*ROA、ROE*	总资产收益率、净资产收益率
	银行成长性	*Grow*	营业收入增长率
	银行风险	*NPL*	不良贷款率
	董事会规模	*Bsize*	董事会成员总数的自然对数
	独立董事比例	*IDratio*	独立董事人数/董事会总人数
	市场因素	*Intensity*	样本中5家最大的银行资产总额/所有银行的资产总额
	年份	*Year*	以 2010 年为基础，设 3 个虚拟变量

资料来源：笔者整理。

二、模型的设定

基于前述分析与变量设计，本章通过构建多元回归模型来检验银行董事会断层与其创新水平之间的关系，以及董事的繁忙程度和 CEO 任期的调节作用，并验证提出的假设。模型的具体形式如下：

$$In = \beta_0 + \beta_1 Fau + \beta_{2-10}(Control) + \varepsilon \qquad (5-1)$$

$$In = \beta_0 + \beta_1 Fau + \beta_{2-10}(Control) + \beta_{11} Bbusy + \beta_{12} Fau \times Bbusy + \varepsilon \qquad (5-2)$$

$$In = \beta_0 + \beta_1 Fau + \beta_{2-10}(Control) + \beta_{11} CEOtenure + \beta_{12} Fau \times CEOtenure + \varepsilon \qquad (5-3)$$

式中，β_0 为方程的常数项；$\beta_1 \sim \beta_{12}$ 为回归系数；*Control* 为控制变

量；ε 为随机干扰项。其中，模型（5-1）用来检验银行董事会断层对其创新水平的影响；模型（5-2）用来检验董事的繁忙程度对于银行董事会断层与其创新水平之间关系的调节效应，$Fau \times Bbusy$ 表示董事会断层和董事繁忙程度的交互项；模型（5-3）用来检验 CEO 的任期对于银行董事会断层与其创新水平之间关系的调节效应，$Fau \times CEOtenure$ 表示董事会断层和 CEO 任期的交互项。

三、描述性统计与相关性分析

（一）描述性统计

本章选取了我国 2010～2013 年 4 年间，16 家上市商业银行的数据构成平衡面板数据。为了更好地研究面板数据，研究运用 Stata 12.0 软件，采用多元线性回归方法对面板数据进行实证研究。首先，对变量进行描述性统计，统计结果见表 5.3。

表 5.3 　　　　　　　　　　变量的描述性统计结果

变量	变量名称	样本量	均值	标准差	最小值	最大值
被解释变量	*In*	64	10.0294	0.6748	8.6764	11.0875
解释变量	*Fau*	64	0.3270	0.0551	0.2480	0.4597
控制变量	*Csize*	64	12.4352	0.5193	11.3454	13.2769
	ROA	64	0.0120	0.0020	0.0064	0.0184
	ROE	64	0.2057	0.0343	0.1489	0.3501
	Grow	64	0.2675	0.1209	0.0976	0.6563
	NPL	64	0.8405	0.2749	0.3800	2.0300
	Bsize	64	1.1944	0.0696	0.9542	1.3010
	IDratio	64	0.3571	0.4750	0.1667	0.4545
	Intensity	64	0.7423	0.0178	0.7219	0.7673
调节变量	*Bbusy*	64	4.7392	4.2270	0.1176	25.4167
	CEOtenure	64	4.3750	2.7240	0.5000	10.0000

注：*** 表示在 1% 水平显著，** 表示在 5% 水平上显著，* 表示在 10% 水平显著。

资料来源：笔者整理。

从表5.3可以看出，样本数量是64，研究选取了16家上市银行，2010～2013年总共四年的样本数据，构成了典型的平衡面板数据。从表5.3的描述性统计数据中可以看出变量的一些基本的统计信息。

1. 银行创新水平—被解释变量的描述性统计结果

从表5.3可知，以上引入模型的上市商业银行样本中，各银行手续费及佣金净收入的自然对数的均值为10.0294，与各家商业银行营业净收入的自然对数相比能够发现，代表创新能力的手续费及佣金净收入在银行整体的营收中占比还是很小的，但同时也反映出创新业务的发展是大有潜力的，商业银行应该积极转变发展思路，调整相应的发展战略并优化营业收入结构。此外，这一指标的最大值和最小值相差不大，因而其标准差很小，这说明了在我国目前的发展阶段，各上市商业银行整体的创新程度差异不大，不同的商业银行由于中间业务中的手续费及佣金净收入带来的绩效贡献差异不显著；这恰恰也证明了当下时期，各家银行的创新业务同质化严重，没有显著区别于其他银行的经营立足点。

总体上，各上市商业银行间的创新水平差异不大，这说明了能够上市的银行都具备在当下市场环境中识别创新机会并加以有效利用的意愿和能力；由此也可以看出，目前银行业对于创新普遍十分重视。

2. 董事会断层—解释变量的描述性统计结果

对于董事会断层的测量，本章采用学者撒切尔和别兹鲁科娃等（Thatcher，Bezrukova et al.）提出的Fau值来测量，Fau值界于0～1之间，取值越大，说明董事会的断层越明显。从表5.3中可以看到，董事会断层的基本统计量都在0.5以下，其均值为0.3270，这在一定程度上可以反映出银行董事会的团队断层水平总体较低，体现了上市商业银行并没有注重多元化董事会的构建。标准差为0.0551，说明了各上市商业银行间董事会断层的差异相对较小，都没有形成组建差异化和多样性的董事会的认知。

3. 控制变量的描述性统计结果

从表 5.3 中，通过对控制变量的描述性统计结果分析可以发现，不同上市商业银行在银行规模、盈利能力、成长性、经营风险、董事会规模、独董比例及市场因素等各个方面都存在较大差异，而上述各因素会显著影响银行对创新业务的投入，其中主要包括资金、平台及人员等各方面，从而影响银行的创新水平与绩效。具体的，银行资产规模自然对数的均值为 12.4352，标准差为 0.5193，最小值和最大值分别为 11.3454 和 13.2769；银行绩效选取了 ROA、ROE 两个指标进行衡量，其中 ROA 的均值为 0.0120，标准差为 0.0020，最小值和最大值分别为 0.0064 和 0.0184；ROE 的均值为 0.2057，标准差为 0.0343，最小值和最大值分别为 0.1489 和 0.3501；银行成长性的均值 0.2675，标准差为 0.1209，最小值和最大值分别为 0.0976 和 0.6563；银行风险的均值为 0.8405，标准差为 0.2749，最小值和最大值分别为 0.3800 和 2.0300；董事会人数自然对数的均值为 1.1944，标准差为 0.0696，最小值和最大值分别为 0.9542 和 1.3010；独董比例的均值为 0.3571，标准差为 0.4750，最小值和最大值分别为 0.1667 和 0.4545；市场集中度的均值为 0.7423，标准差为 0.0178，最小值和最大值分别为 0.7219 和 0.7673。

4. 调节变量的描述性统计结果

从表 5.3 中对于调节变量的分析可以看出，董事繁忙程度的均值为 4.7392，说明在我国上市商业银行的董事会中，董事们普遍在外担任连锁董事且每名董事大约同时在其他不同公司或高校及研究所兼任 4 个及以上的职位；并且由其标准差为 4.2270 可知，不同上市商业银行的董事繁忙程度差异是非常大的，最小值和最大值分别为 0.1176 和 25.4167。同样地，研究发现 CEO 任期在不同的上市商业银行间的差异也非常显著，其标准差为 2.7240，最小值及最大值分别为 0.5000 和 10.0000。

（二）相关性分析

分析各变量的描述性统计结果后，本章对主要变量进行了 Pearson 相关系数检验，具体的相关性分析结果见表 5.4。

表5.4

变量的 Pearson 相关系数检验

变量	In	Fau	Bsize	Csize	Intensity	ROA	ROE	Grow	IDratio	NPL	Bbusy	CEOtenure
In	1.0000											
Fau	0.2118* (0.0930)	1.0000										
Bsize	-0.1589 (0.2097)	-0.3050** (0.0140)	1.0000									
Csize	0.3380*** (0.0060)	0.2020 (0.1100)	-0.2320* (0.0640)	1.0000								
Intensity	-0.4680*** (0.0001)	-0.1266 (0.3188)	0.0603 (0.6359)	-0.1692 (0.1813)	1.0000							
ROA	0.4270*** (0.0004)	0.0725 (0.5693)	-0.2018 (0.1099)	0.2623** (0.0362)	-0.1548 (0.2219)	1.0000						
ROE	0.3320*** (0.0073)	0.4222** (0.0005)	0.2195* (0.0813)	0.2026 (0.1084)	0.3576*** (0.0037)	0.6801*** (0)	1.0000					
Grow	-0.5370*** (0)	0.2100* (0.0957)	0.0265 (0.8354)	-0.2127* (0.0915)	0.2045 (0.1051)	-0.3000** (0.0161)	-0.0810 (0.5271)	1.0000				
IDratio	0.0639 (0.6161)	-0.4150*** (0.0007)	0.1018 (0.4234)	0.0437 (0.7320)	-0.0078 (0.9515)	-0.3310*** (0.0076)	-0.4460*** (0.0002)	-0.0136 (0.9154)	1.0000			
NPL	-0.4480*** (0.0002)	0.0096 (0.9399)	-0.0103 (0.9356)	-0.1286 (0.3111)	0.4364*** (0.0003)	-0.1147 (0.3669)	-0.1576 (0.2136)	0.0808 (0.5257)	-0.1097 (0.3882)	1.0000		
Bbusy	0.0784 (0.5379)	0.0740 (0.5612)	-0.2960** (0.0176)	0.0999 (0.4324)	0.1738 (0.1695)	-0.1162 (0.3605)	-0.0368 (0.7727)	0.1690 (0.1819)	0.0614 (0.6301)	-0.0823 (0.5177)	1.0000	
CEOtenure	0.3130** (0.0118)	-0.0131 (0.9180)	0.0530 (0.6775)	0.1673 (0.1863)	-0.3680*** (0.0028)	0.3467*** (0.0050)	0.3560*** (0.0039)	-0.0999 (0.4322)	0.0112 (0.9299)	-0.3200*** (0.0100)	-0.0467 (0.7143)	1.0000

注：*** 表示在1%水平显著，** 表示在5%水平显著，* 表示在10%水平显著。

资料来源：笔者整理。

表5.4给出了各变量之间的相关系数。从表中可以看出，银行董事会断层与其创新水平在10%的置信区间上显著正相关，这与原假设1相反，还需要进一步地回归分析来进行验证；董事繁忙程度的调节效应在统计相关性上不显著，这没有支持原假设5－2，同样需要进一步的回归分析来进行验证；CEO任期对于银行董事会断层与创新水平的正向调节效应在5%的置信区间上显著，这支持了原假设5－3。

此外从表5.4中还可以发现，银行的资产规模和盈利能力与其创新水平在1%的置信区间上显著正相关，这表明了规模大的银行因更具经营历史，拥有更多网点等因素而有更多的财力投入到创新活动中；同样的，盈利能力强的银行有意愿且有能力将更多资金投入到创新中；银行的不良贷款率和银行业的市场集中度与创新水平在1%的置信区间上显著负相关，这表明了不良贷款的增加会导致银行没有能力和资金去进行创新业务的开展，并且集中的市场份额会导致垄断现象的出现，这同样不利于银行的创新。

四、实证分析与稳健性检验

（一）回归分析

对于面板数据的模型估计，通常有两种主要的估计方法：其一是普通最小二乘法（OLS）；其二就是广义的最小二乘法（GLS）。而广义的最小二乘法又可分为固定效应模型（FE）和随机效应模型（RE）。因此，研究采用广义的最小二乘法对相关数据进行多元线性回归，并进行Hausman检验以判断到底采用固定效应模型还是随机效应模型。由于研究中Hausman检验为负，根据前人实证研究经验（就实证分析观点来看，固定效应模型更加贴近真实世界的情况；并且在实际研究中，研究者很难排除个体效应与可观测解释变量的相关关系，这也就是大多数国内外学者普遍使用固定效应模型的主要原因），确定采用固定效应模型对数据进行分析处理。

1. 银行断层与其创新水平的回归结果分析

表5.5给出了银行董事会断层对其创新水平影响的分析结果。模型（5-1）被解释变量选取了手续费及佣金净收入来衡量银行业务的创新水平，考察了董事会断层对银行业务创新水平的影响。

表5.5　　　　　　　　　　银行断层与创新水平的回归结果

变量	模型（5-1）	模型（5-2）	模型（5-3）
Fau	-1.1849*** (0.009)	-0.9922** (0.026)	-1.249*** (0.005)
$Bbusy$		0.0087 (0.314)	
$Fau \times Bbusy$		-0.4102** (0.030)	
$CEOtenure$			0.028 (0.708)
$Fau \times CEOtenure$			0.0423 (0.368)
$Csize$	0.1084* (0.051)	0.0935* (0.08)	0.099* (0.068)
ROA	102.5684*** (0.002)	105.6779*** (0.002)	101.546*** (0.003)
ROE	-4.3488** (0.010)	-4.103** (0.027)	-4.56** (0.011)
$Grow$	-1.1848*** (0)	-1.2165*** (0)	-1.197*** (0)
NPL	-0.3318** (0.045)	-0.3226* (0.073)	-0.3179* (0.062)
$Bsize$	-0.3735 (0.385)	-0.5668 (0.178)	-0.449 (0.29)
$IDratio$	1.9854*** (0.009)	2.0686*** (0.009)	1.881** (0.018)
$Intensity$	-17.8698** (0.030)	-14.5004*** (0.005)	-14.131*** (0.007)
$constant$	19.2650*** (0)	18.8719*** (0)	18.8776*** (0)
N	64	64	64
$Wald\ chi2$	68.21	67.26	66.65

注：　***表示在1%水平显著，**表示在5%水平上显著，*表示在10%水平显著。

资料来源：笔者整理。

　　首先对控制变量回归结果进行分析。总体来说，控制变量对银行创新业务水平的影响还是非常显著的。其中，银行的资产规模与其创新业务水平在10%的置信区间上显著正相关（相关系数为0.1084，显著水平为10%），这反映出上市商业银行的资产规模越大，自身相应的资金和人员调动能力以及进行创新投入的能力就越强，越有利于银行积极地进行创新业务的开展，同样由创新业务带来的营业绩效贡献也就越大。反映银行盈利能力的 *ROA*、*ROE* 两个指标与创新水平分别在1%和5%的置信区间上显著，但两者的作用方向相反。研究认为，对于银行盈利能力的衡量采用 *ROA* 更合理，原因在于银行都是负债经营的，根据《巴塞尔协议Ⅲ》的规定，商业银行资本充足率需要达到8%，这也就意味着其负债率可以在90%以上，即银行的财务杠杆是非常高的；而 *ROE* 会因财务杠杆的不同形成财务风险的差异，因此，对于商业银行来说，采用 *ROA* 衡量银行的盈利能力更具合理性。结果显示 *ROA* 与创新水平显著正相关（相关系数为102.5684，显著水平为1%）。银行的成长性与创新水平在1%的置信区间上显著负相关（相关系数为 −1.1848，显著水平为1%），原因可能在于相比于银行整体的营业收入增长速度，中间业务收入的增长速度较缓慢，贡献较低。银行的不良贷款率与创新水平显著负相关（相关系数为 −0.3318，显著水平为5%），这反映出银行的不良贷款越多，其经营风险就越大，也越不利于银行开展创新业务。银行业的市场集中度与创新水平在5%的置信区间上显著负相关（相关系数为 −17.8698，显著水平为5%），这说明了银行业的市场越集中，资源越垄断于几大国有商业银行，越不利于创新业务在银行业整体的普及与发展。董事会中独立董事的比例与创新水平显著正相关（相关系数为1.9854，显著水平为1%），这反映出独立董事更能发挥监督和建议的职能，不会放任内部董事的短视行为而放弃利于公司长远发展的创新业务。银行的董事会规模与其创新水平呈负相关关系，但结果不显著。原因可能在于，相较于规模小的团队，人数越多的团队越难以进行管理。有部分学者的研究指出,由于多元且异质的信息和经验导致团队冲突水平提高,团队成员难以就有关问题达成共识,因而团队利用信息处理公司问题的能力较低。

对解释变量的回归结果进行分析。在对董事会规模、银行资产规模和市场因素等能够影响银行创新水平的变量进行控制后,对董事会断层进行了回归分析。回归的结果显示:银行董事会断层与其创新水平在1%的置信区间上呈显著负相关的关系(相关系数为 -1.1849,显著水平为1%),这支持了原假设5-1。同时也能够说明我国上市商业银行的董事会断层越大,董事对于所在子团队的认同就越大于对整个团队的认同,进而形成刻板印象、圈内支持与圈外敌视并导致冲突加剧,最终对于银行自身创新能力的提升越不利。

2. 调节效应的回归结果分析

模型(5-2)给出了董事的繁忙程度对于董事会断层与创新水平之间关系的调节作用的回归结果。从检验结果来看,将调节变量——董事的繁忙程度引入模型后,解释变量和控制变量与被解释变量之间的相关关系没有较大的波动,并且董事的繁忙程度对董事会断层与银行创新水平之间的关系有显著的负向调节作用(相关系数为 -0.4102,显著水平为5%),即董事的繁忙程度会恶化银行董事会断层对其创新水平的影响,这支持了原假设5-2。

模型(5-3)给出了CEO的任期对于董事会断层与创新水平之间关系的调节作用的回归结果。从检验结果来看,将调节变量CEO的任期引入模型后,解释变量和控制变量与被解释变量之间的相关关系没有太大的波动,并且CEO任期对董事会断层与银行创新水平之间的关系具有正向的调节效应,这支持了原假设5-3,但其调节效应并不显著。

(二)稳健性检验

为了进一步研究银行董事会断层对其创新水平影响的稳健性,本章采用替代指标法对结论进行稳健性检验。其中,选取非利息收入在营业收入中的占比来替代手续费及佣金净收入对创新水平进行衡量。

由表5.6可知,整体而言,所有的稳健性检验结果都与最初的回归分析结果相一致,并在不同程度上变得更加显著,即实证研究的结论并未发生实质性改变。从而说明研究的论断是稳健的,即银行的董事会断层对其创新水平有显著的负面影响;繁忙的董事会加剧断层的负面效应;而长期任职的 CEO 可以改善董事会的决策环境,弱化断层带来的不利影响。

表5.6 稳健性检验

变量	模型 (5－1)	模型 (5－2)	模型 (5－3)
Fau	－0. 1494 *** (0. 010)	－0. 1135 ** (0. 035)	－0. 1517 *** (0. 009)
Bbusy		0. 0004 (0. 687)	
Fau × Bbusy		－0. 0775 *** (0. 001)	
CEOtenure			0. 0021 (0. 816)
Fau × CEOtenure			0. 0025 (0. 692)
Csize	0. 0050 (0. 484)	0. 0025 (0. 703)	0. 0046 (0. 522)
ROA	11. 5590 *** (0. 004)	10. 9290 *** (0. 007)	11. 1230 *** (0. 005)
ROE	－0. 5820 *** (0. 004)	－0. 4940 ** (0. 023)	－0. 5933 *** (0. 005)
Grow	－0. 1260 *** (0)	－0. 1142 *** (0)	－0. 1250 *** (0)
NPL	0. 0180 (0. 365)	0. 0118 (0. 578)	0. 0214 (0. 291)
Bsize	－0. 0299 (0. 588)	－0. 0667 (0. 193)	－0. 0342 (0. 545)
IDratio	0. 1473 * (0. 098)	0. 1607 * (0. 080)	0. 1319 (0. 152)
Intensity	－0. 5990 (0. 474)	－0. 4668 (0. 572)	－0. 5562 (0. 517)
constant	0. 5653 (0. 294)	0. 4973 (0. 356)	0. 5635 (0. 340)

变量	模型（5-1）	模型（5-2）	模型（5-3）
N	64	64	64
Wald chi2	49.20	49.78	49.21

注：*** 表示在1%水平上显著，** 表示在5%水平上显著，* 表示在10%水平上显著。

资料来源：笔者整理。

第四节　主要研究结论与实践启示

一、主要研究结论

为了应对现阶段的挑战并挖掘潜在的商机，商业银行正在积极寻求银行创新，以求扩大市场份额，提高风险管理能力，进而在竞争中占得先机。作为金融行业主体的商业银行，其自身的特殊性决定了普通企业的创新方法不能简单地直接套用在商业银行上，因此将商业银行作为独立的样本进行研究已成为当前理论界与实务界的研究共识和热点。但目前大多数研究都是基于委托代理理论的视角，从董事会的治理结构特征出发去考察董事会规模、独立董事比例、高管激励机制等因素与银行创新能力之间的关系。而本章将研究视角转移到董事会断层上，探讨作为商业银行决策机构的董事会成员的多重特征对商业银行创新的影响，相关研究结论如下：

同以往学者的研究结论相似，本章的结果也发现银行董事会断层与其创新水平呈负相关关系。由于断层指的是身份的相互作用，其在团队内部是同质性的，而在团队外部是存在差异的。不同子团队成员之间身份特征的差异很可能导致一种情况——董事会成员感觉在他们自己的子团队中比在整个董事会里更舒服。除此之外，存在外部团队的强烈意识，使得董事会分裂和子团队内一致性得到更大程度加剧。结果对于董事会成员而言，子团队身份认同比整个董事会身份认同更重要。这种子团队间人际关系的恶化、冲突的加剧及歧视的增加，会阻碍董事会内部成员间的交流与合作以及黏性和信任等行为，并最终削弱董事会整体的凝聚力。由于董事会子团队间缺乏相互的交流，并且董事会整体无法充分利用不同成员的异质性认知资源，这会严重影响决策的质量并最终导致创新能力的下降。

董事的繁忙程度对断层与其创新水平之间的关系有负向调节作用，CEO 任期对断层与其创新水平之间的关系有正向调节作用。这是因为连锁董事会产生"身份危机"，并且由于分身乏术，无法保持对特定一家公司投入相当的时间与精力，随着显著差异化的子团队身份的重要性增加，断层的负面影响得到了恶化。研究中关于 CEO 任期对于董事会断层影响的改善作用的结论与前人研究的论断相反。以往学者认为，CEO 的任期能够增加其权威性，进而获得职位壕沟，这会导致权威的 CEO 抵制不同意见的出现，抑制相应董事的参与，从而不利于创新决策的制定，恶化断层的负面效应。但研究发现以往学者的研究论断是针对普遍的行业，没有考虑到金融行业，尤其是银行业的特殊性。银行业中，由于权威的 CEO 具备卓越的专业能力，这可以使其在复杂的经济背景、冲突的内部环境中，调节各方差异并综合各方观点，进而有利于创新决策的形成和实施，最终有效地弱化断层带来的负面影响。

二、实践启示

本章的研究结论为我国商业银行董事会建设提供了借鉴作用，具体如下：

（1）在当下我国面临加快经济转型的背景下，商业银行要着重注意提升自身的创新能力、增加中间业务收入的比例、提高防范风险、控制风险的能力，及时发掘金融市场中的创新新机遇。

（2）董事会作为商业银行的决策机构，其自身的治理状况会很大程度上影响银行的创新投入与产出。因此，要格外重视商业银行的董事会治理，努力营造一个和谐、高效、互补的创新氛围，提高董事会整体的决策质量及效率。

（3）研究发现董事会的构成对其效能会产生重大影响，并最终影响董事会的价值创造。商业银行要构建一个适当多元化的董事会，这是因为一个完全同质化的团队更倾向于墨守成规，囿于原有商业模式，较少进行创新，进而无法更好地识别、提取和综合不同的观点及资源，以至于不能提高认知甚至错过发展新机遇；而一个异质性过高的团队，很可能会导致不同的子团队就公司资源展开争夺，人员间的沟通和相互依存关系破裂，团队成员通过谈判达成共识的过程会受阻，这同样不利于公司创新计划的制定和实施。

第六章

战略投资者引入与商业银行贷款行为

我国城市商业银行形成于 20 世纪 90 年代中期，是中央为化解地方金融风险，整顿城市信用社，以城市信用社作为基础组建而成。我国城市商业银行大致经历了三个发展阶段：城市信用合作社、城市合作银行及城市商业银行。2003 年我国银行监督管理委员会发布《金融机构入股中资金融机构管理办法》，2003 年底，中国政府启动了新一轮银行业改革，其中的一个重要举措是引进战略投资者，随后我国银行业进入了引进战略投资者的热潮。2004 年，我国银监会颁布了《城市商业银行发展纲要》，纲要为城市商业银行的发展指明了出路，此外，引进战略投资者在国有商业银行改制中取得重大进展，进而促使监管部门大力提倡我国城市商业银行通过引入战略投资者来进行改革。近几年，已有不少城市商业银行引进了战略投资者，并与其进行了不同程度的战略合作，借助战略投资者的新鲜力量，来推动改革和发展进程。据我国银监会统计，截至 2012 年底，累计已有 22 家城市商业银行引进了战略投资者。随着我国商业银行相继引入战略投资者，战略投资者引入的影响分析、可行性分析引起了国内外学者的高度关注，理论界和实务界围绕着引进战略投资者对中国银行业的影响这一问题展开了激烈的讨论，但并未达成一致的结论。此外，相比于国有商业银行、股份制商业银行，我国城市商业银行个体小、资金少、地域性强，巨额不良资产率、单一城市制、资本严重不足是城市商业银行面临的主要发展障碍，这就决定了城市商业银行引入战略投资者的不同。

那么战略投资者的引入会对城市商业银行产生什么样的影响？商业银行的贷款作为风险权重较高的资产之一，学术界应该进一步从理论或者实证方面研究战略投资者引入对商业银行贷款行为的影响情况。

正确评价城市商业银行（以下简称"城商行"）引入战略投资者的行为，对我国银行业的稳定、健康发展，促进我国金融行业的繁荣意义重大。从理论上讲，首先，本章通过手工搜集方式获取的城商行数据来进行实证分析，丰富了战略投资者与银行贷款行为之间关系的研究；其次，本章则分析了银行股权结构特征的调节作用，从而为战略投资者与银行贷款行为之间的关系研究提供新的依据。本章的相关结论也具有较强的实践意义，希望能为相关部门制定政策提供数据分析和经验指导，在此分析的基础上对城市商业银行引进战略投资者的原则等方面提出建设性的意见，特别是对我国城商行的改革具有重要的启示。

第一节　战略投资者与银行行为

战略投资者的引入是学术界一直讨论的话题。总体来看，关于这一主题的研究基本经历了宏观影响、个体效应和银行行为这三条主线的演进，但尚未得出一致的结论。

一、战略投资者的宏观影响

学术界对战略投资者的研究颇为丰富，但所持观点各不相同。一些学者认为战略投资者引入对银行业具有积极的影响。莱文（Levine，2002）认为，战略投资者的进入不仅可以促进东道国金融业服务水平的提高，还可以提升金融行业的整体发展水平。伦辛克和赫尔墨斯（Lensink and Hermes，2004）从金融发展程度和银行业整体效率的视角出发，通过研究发现战略投资者的进入可以大幅度提高银行体系的效率并降低经营成本。马飞亚和莫妮卡（Mafia and Monika，2008）认为引入战略投资者能较大程度地促进本国银行业的竞争，这种竞争效应的发挥将使本国银行业获得更多的效益。一些研究则持不同观点。伯杰（Berger，2009）研究发现战略投资者引入对国内银行整体效率的影响，会因各国银行业发展水平不同而表现不同。安德森和尚塔尔（Aderson and Chantal，1998）从金融安全的角度出发分析了引入战略投资者需谨慎的几点理由。此外，随着我国商业银行纷纷引入外资，国内学者对于战略投资者引入后的宏观影响进行了大量研究，但并未形成一致结论。李巍和刘能华（2005）认为，战略引资可以促进我国银行明确产权关系、弱化行政干预、提高资金配置效率，实现帕累托最优。霍普和胡（Hope and Hu，2006）提出引进外资是改进我国银行业绩效、提高我国银行业效率的有效途径。叶欣与冯宗宪（2004）从银行竞争的角度，通过多元回归分析发现外资银行进入数量与银行危机发生概率负相关。巴曙松等（2005）认为，外资参股不能从根本上改革我国金融行业，最本质的还是需要一个过程去完善相关的内部治理机制和外部监管机制。

二、战略投资者的个体效应

以上研究验证了战略投资者的宏观影响，但并没有阐述战略投资者对个体银行的影响，为此，一些研究开始从银行绩效和效率等角度进一步寻找战略投资者的个体效应，但所持观点不一。施莱费尔和维什尼（Shleifer and Vishny，1986）研究发现战略投资者的持股会增加股东对经理层监督的动力，进而促进公司价值的提高。麦金森等（Megginson et al.，2004）运用比较分析法发现外资进入后，银行的经营效率和盈利能力等方面都有了显著的改善。劳伦森和琴（Laurenceson and Qin，2008）通过考察2001～2006年我国银行业外资持股情况的数据，发现外资持股数量与银行成本负相关，但这种关系并不显著。伯格（Berger，2007）认为外资少数股权形式对中国银行效率改进有显著积极作用。加西法和圣巴巴拉（Garcfa and Santabarbara，2008）

通过实证研究发现战略投资者的入股会显著促进银行盈利能力的提高。利和波德别拉（Leigh and Podpiera，2006）提出"少数股权"形式会制约投资者作用的发挥。林和张（Lin and Zhang，2008）的实证研究发现，引入了战略投资者的中资银行，在绩效上要优于没有引入外资的银行，但这种变化并不显著。霍普和胡（Hope and Hu，2006）提出引进外资是改进我国银行业绩效、提高我国银行业效率的有效途径。吴志峰等（2006）实证分析发现，战略投资者控股能显著改善银行的经营业绩和公司治理水平，而国有控股将弱化这种积极的作用。易宪容（2005）主张外资的引入会促进我国银行股权结构的优化，在一定程度上制衡国家股，为我国银行业带来先进的技术和管理经验。唐旭、张晓艳（2008）以具有外资股东背景的商业银行为研究对象，最终发现战略投资者的引入有助于提高我国银行盈利能力、资产质量以及公司治理水平。刘煜辉（2006）认为，在我国银行引入外资的过程中，外资机构更多的是以获取控股权或以价值投资为目的，而对于提供先进理念和技术的意愿不足。穆迪投资公司 2007 年发布的报告表明，拥有少数股权的战略投资者在提供管理和技术等方面上缺乏足够的动力。张健华和王鹏（2010）、姚树洁等（2011）研究发现，战略投资者对银行盈利能力的提升作用是暂时的，这种促进作用不具备可持续性，而且长远看来甚至会产生负面影响。

三、战略投资者的银行行为

尽管以上的研究阐述了战略投资者的经济后果，但对二者的作用机制并未进行研究说明。因此，国内外学者开始从战略投资者引入的特征与银行贷款的角度来战略投资者的影响机理。李（Lee，2004）发现外资入股国内银行的比例越高，这些银行对贷款质量的重视程度也将越大。哈博斯（Habers S.，2005）以墨西哥的银行作为实证研究的样本，研究发现外资的持股比例与贷款增长率和不良资产率显著负相关，且使得银行对当地企业和居民的贷款总量降低了。许小年

（2005）认为，战略投资者参股促进新信贷文化的形成，进而改变国有银行的行为。贾春新（2007）认为，外资的入股，改变了我国商业银行的所有权结构，在一定程度上解决"一股独大"这一历史问题，使所有权结构多元化，进而促进了商业银行的经营理性，促进了贷款决策科学化。吴玉立（2009）以我国1992~2007年的银行面板数据为研究样本，得出战略投资者引入程度不断深化，其持股比例不断提高，我国银行的资本充足率明显提高，贷款坏账准备率明显下降。郝项超（2013）通过检验国内商业银行2000~2010年的6906笔贷款的定价决策科学性，验证了战略投资者的引入虽然没能改进贷款利率对借款企业的敏感性，但改变了对银行自身成本的敏感性。

第二节　商业银行股权结构与治理

股权结构作为内部治理的基础，约翰等（John et al.，1998）认为股权结构会对公司的风险承担行为产生影响。股权结构通常包括股权集中度、股权制衡度和控股股东性质三层含义。因此本章对银行股权结构特征的文献回顾将主要从银行股权集中度、控股股东性质和股权制衡度三个方面来展开。

一、股权集中度相关研究

股权集中对于银行治理既有积极的影响，也存在消极的影响。一方面是"利益协调假说"，即集中股权的利益相关者具备更强烈的监督管理动机，进而减少了少数股权股东的"搭便车"行为；另一方面是"掏空假说"，股权集中度高会形成一股独大的局面，进而会在一定程度上损害其他利益相关者的利益。第一种观点认为股权集中能有效改善银行业绩、提高贷款质量。施莱费尔和维什尼（Shleifer and Vishny，1997）认为，大股东会因为其自身利益的重大而具备更大的管理、监督动机，这样有助于公司治理水平的提高。莱文和莱温

（Laeven and Levine，2009）研究发现，股权集中能有效协调股东和管理层间的利益冲突，且银行大股东的现金流权与银行风险承担行为存在显著正相关关系。李和宋（Li and Song，2010）研究发现，银行控股股东持股比率越高，则银行市场价值越大。刘运国和高亚男（2007）认为股权集中度高的公司的绩效会显著优于股权集中度低的公司。陈小悦和徐晓东（2001）认为股权集中度和供给价值显著正相关。李维安和曹廷求（2004）以河南、山东这两个省份的 28 家城商行作为研究样本，实证研究发现，集中型的股权结构有助于银行绩效的提高。曹艳华和牛筱颖（2009）以我国 14 家上市银行数据进行实证分析后得出，股权集中度与银行风险有显著相关关系。第二种观点认为股权集中度与银行业绩存在此消彼长的关系。霍等（Haw et al.，2010）通过研究 21 家东亚和西欧上市银行，最终发现集中的股权结构会给外部市场传递一种家族或者集团内部银行的消极信号，最终导致银行的股价波动更大、银行绩效更差。谭兴民等（2010）认为，我国银行控股股东的控制能力、持股比例和股权集中度是我国银行绩效提高的一种阻碍。有部分学者认为股权集中度与公司价值和经营绩效存在复合关系，韦等（Wei et al.，2005）、白重恩等（2005）研究发现股权集中度和公司绩效之间成正"U"形关系，施东晖（2003）则认为股权集中度和公司绩效间成倒"U"形关系。徐向艺和张立达（2008）研究表明控股股东持股比例在较高低时会形成"壕沟防御效应"，而当持股比例较低时会形成"利益协同效应"。此外，也有部分学者认为股权集中度的影响存在状态依存性，即会取决于行业的种类、行业的竞争程度等。施东晖（2004）认为所有权结构对公司的影响在不同行业竞争程度下会表现不同。朱武祥、宋勇（2001）认为股权集中度与公司价值间的关系在竞争颇为激烈的家电行业中并不显著。

二、控股股东性质相关研究

对政府控股银行的观点主要有两种，即发展观和政治观。发展观认为政府控股银行有利于国家金融行业的发展和经济增长，并且将促进对国家有战略意义行业的快速发展。政治观则认为政府控股银行更多的是政治目的，将更大程度上服务于国家的政治政策，而缺乏市场商业导向。

拉波尔塔等（La Porta et al., 2003）研究发现政府所持银行股权高的国家，其生产力较低和金融体系稳定性较差，验证了政府控股银行的政治观。莱温（Levine，2003）认为，当政府控股银行时，政府将同时成为监管者和所有者，这将导致银行治理的混乱，从而降低银行的效率。同时，米科等（Micco et al., 2007）通过研究 179 个国家的银行控股情况，最终发现非国有银行的业绩要比国有银行的业绩更好，而且这两者的差距会在政治选举年更加突出。费里（Ferri，2009）通过问卷调查研究我国 2000～2003 年 20 家城商行发现，地方政府控股的城商行业绩更差。钱先航等（2011）从地方官员晋升压力和官员任期角度入手，研究发现，由于晋升压力，地方官员在很大程度上会影响城商行的贷款行为，以支持当地经济建设，提升个人政绩。总体而言，以往的研究更多地支持拉波尔塔等（La Porta et al., 2002）提出的政治观。即政府控股的银行，银行行为更多的是为政治服务，而缺乏经济意义上的商业导向性。

三、股权制衡度相关研究

关于股权制衡的研究的文献较为丰富，主要从公司价值和绩效角度切入，然而得出的结论并不一致。施莱费尔和维什尼（Shleifer and Vishny，1986）认为股权制衡度与公司经营绩效之间显著正相关。陈晓和王琨（2005）通过研究发现，大股东的数量越多，公司关联交易的规模和概率会越低，且各大股东间的制衡能力与关联交易发生金额和概率负相关。刘星和刘伟（2007）通过实证研究表明，股权制衡促进公司治理的改善，其他股东与控股股东的制衡度与公司价值存在显著正相关。徐向艺和张立达（2008）研究朱红军和汪辉（2004）通过对民营上市公司案例的研究方式，发现股权制衡度对公司经营效率的提升并没太大的影响。徐向艺和张立达（2008）研究发现仅次于控股股东的后九大股东的持股集中度能够有效制衡控股股东的私利行为，进而提高公司价值。赵景文和于增彪（2005）认为同样行业、资产规模接近的条件下，一股独大公司的业绩显著要优于存在股权制衡的公司。刘星和安灵（2010）以投资绩效为切入点，研究发现对于非政府控股和市县级政府控股的上市公司，股权制衡度对于投资绩效的积极影响才显著。

以往的研究表明战略投资者的引入和银行股权结构特征对银行具有重大影响，但并没有综合考察战略投资者的引入，在不同治理机制——股权结构特征下，银行贷款行为的变化差异。因此，本章以我国城市商业银行为样本，通过研究 2006～2012 年的数据来分析战略投资者和银行治理——股权结构特征对银行贷款行为的共同影响以及它们之间的相互作用。

第三节　战略投资者引入对商业银行贷款行为的影响机理

一、研究假设

战略投资者的引入使我国商业银行的所有权结构有所改变，同时也会改变董事会的构成，进而影响到商业银行的贷款行为。相关文献表明，战略投资者的引入与商业银行贷款行为之间存在某种联系。本章主要从战略投资者的持股比例和持股时间长短两个方面来分析战略投资者对于我国城市商业银行贷款风险、贷款总量、期限结构及贷款风险行业分布的影响。

（一）战略投资者与银行贷款行为

按照银监会当局的战略规划，我国城市商业银行引进战略投资者的初衷就是为了用股权交换管理、换机制、换技术，最终实现银行内部治理机制的完善、管理模式的科学化以及风险管理水平的显著提高等目的，帮助我国银行设计并改进本土化的信用风险计量指标和模型，将风险分析量化，更快地推动我国银行信用风险管理水平的提高。海燕、王玥（2009）通过实证研究发现，外资的引入对我国银行信用风险水平的降低具有积极的作用。战略投资者在对我国城商行进行投资的时候，它自身会考虑其所占据的未来收益与代理成本的高低，通常在投资银行确定的情况下，代理成本是一定的常量，而它的收益则主要来源于银行高质量的经营，此时根据"利益协调假说"，所持股权比例越大的利益相关者具备的监督管理动机更强烈。根据资产专用性理论可知，战略投资者持股比例与其进行专用型投资的动力显著正相关。吴玉立（2009）通过研究发现，随着战略投资者引入程度的深化，其持股比例不断提高，我国银行的资本充足率明显提高，贷款坏账准备率明显下降。银行贷款风险的高低，本质上主要是由贷款总量、贷款集中度等因素来决定的，钱先航等（2011）研究发现银行贷款集中度、拨备覆盖率、贷款行业分布等贷款行为最终会导致不良贷款的累积，即影响银行的贷款风险。纵观我国城商行发展历程，地方政府一直都具有对当地城商行的实际控制权，根据国有股东的"政治观"，通常为了实现经济增长，会进行信贷规模的扩张，引导信贷投向容易拉动经济增长的房地产行业、制造业等中长期固定资产投资。此外，关于贷款的发放上，更多的是关注大规模的集中性贷款和关联贷款，而较少关注银行贷款的信用风险防范。战略投资者投资入股，通过参与银行治理，制定相关的贷款决策，最终实现银行贷款风险管理的目标，因此战略投资者引入能带来我国城商行贷款总量、贷款集中度、贷款风险的改变。据此，本章提出假设6-1。

假设6-1a：战略投资者持股比例与我国城商行贷款风险负相关。

假设6-1b：战略投资者持股比例与我国城商行贷款集中度负相关。

假设6-1c：战略投资者持股比例与我国城商行贷款总量负相关。

（二）战略投资者、股权结构特征与银行贷款行为

1. 股权集中度、战略投资者与银行贷款行为

战略投资者通过获取股权的方式进入我国城市商业银行，促进了

我国城商行股权结构多元化。股权集中度与控股股东性质作为影响公司治理有效性的重要因素之一，不同的治理环境中，银行贷款行为对战略投资者反应不同。学术界关于股权集中度的研究形成了两个假说，即"利益协调假说""掏空假说"。伊兰诺塔等（Iannotta et al.，2007）认为，银行的股权集中度与银行贷款质量之间显著正相关，支持了"利益协调假说"这一观点，而谭兴民等（2010）认为，我国银行控股股东的控制能力、持股比例和股权集中度是我国银行绩效提高的一种阻碍验证了"掏空假说"。由于中国特殊的银行业制度背景，蒋等（Jiang et al.，2010）发现，在我国关于中小股东利益保护的相关法规与措施非常有限，同时银监会对商业银行股东的门槛要求较高，对商业银行的并购制定了严格的限制规则，以至于大股东面临的控制权转移威胁实际上很小，因此我国商业银行的外部治理机制，如市场的监督等，这一些都很匮乏。此外，祝继高等（2012），蒋（Jiang，2010）通过研究表明，我国关于投资者利益保护的法律法规尚不完善，再加上执法效率的低下，极大地降低大股东"掏空"行为的隐性成本。根据上述理论分析，本章认为我国城市商业银行股权集中度的影响更倾向于支持"掏空假说"，据此我们提出假设6-2。

假设6-2a：股权集中度将弱化战略投资者对城商行贷款风险的影响。

假设6-2b：股权集中度将弱化战略投资者对城商行贷款集中度的影响。

假设6-2c：股权集中度将弱化战略投资者对城商行贷款总量的影响。

2. 股权制衡度、战略投资者与银行贷款行为

与大型国有银行、股份制商业银行不同，我国城商行由于其特殊的地域性，地方政府拥有对当地城商行的绝对控制权，形成"一股独大"现象。金融改革浪潮的兴起，战略投资者的引入，在一定程度上制衡了地方政府的控制权。陈晓、王琨（2005）表明，大股东之间制

衡的存在会有降低关联交易的发生规模与概率，而且这种作用会随着股东间制衡度的增加而增加。刘运国等（2007）发现相比于股权集中类公司而言，股权制衡类公司的业绩要更好，只是差异并不是显著。刘星等（2007）认为，股权制衡有利于公司治理水平的提高，且公司价值与非控股股东对控股股东的制衡力正相关。赵景文等（2008）研究发现，多数上市公司后九大股东的持股比例在一定程度上制衡了第一大股东的私利行为，进而有助于公司价值的提高。刘星和安灵（2010）从投资绩效的视角切入，研究发现股权制衡度对非政府控股的上市公司的投资绩效提高具有促进作用。我国城市商业银行自发展以来，地方政府对城商行一直具有实际控制权，战略投资者的引入，随着其持股比例的增加，以及所占董事会席位的增加，话语权的增强，对国有股的制衡度慢慢增强，以至于银行在经营决策上能有效削弱地方政府股东的"掏空行为"，同时对于国有股的"政治行为"具有一定的弱化作用。相比我国城市商业银行而言，战略投资者具有先进的风险管理技术以及较强的风险管理意识，无论对于不良贷款率还是资本充足率等都有严格的控制标准，这些也正是我国银监会鼓励城商行引入战略投资者的主要原因之一，也是我国城商行引入战略投资者的主要目的之一。因此，战略投资者对国有股的制衡度越大，将越利于战略投资者对城商行行为的影响。鉴于以上分析，本章提出假设6-3。

假设6-3a：战略投资者持股对国有股的制衡度将强化战略投资者对城商行贷款风险的影响。

假设6-3b：战略投资者持股对国有股的制衡度将强化战略投资者对城商行贷款集中度的影响。

假设6-3c：战略投资者持股对国有股的制衡度将强化战略投资者对城商行贷款总量的影响。

二、研究设计

（一）样本选择与数据来源

本章选取了2006～2012年度的城市商业银行作为样本，本章通过各种手段获取了 22 家城商行财务年报，手工收集了所需指标，鉴于数据的可得性，我们获得的是一个非平衡的面板数据。城市商业银行的主要财务数据来源于 CCER 及公司的年报，战略投资者数据，由于不同城商行间的引资状况存在差异，大部分来源于公司网站以及毕马威会计师事务所的《银行业调查报告》，还有部分指标数据的搜索来源于百度等网站。

（二）变量的设计

1. 被解释变量

银行的贷款行为，主要是指银行根据国家政策以一定的利率将资金贷放给资金需要者，并约定期限归还的一种经济行为。本章根据数据的可获取性，并参考钱先航等（2011）对城商行贷款行为度量方法，分别从贷款风险、贷款集中度、贷款总量三个方面度量城商行的贷款行为（Dep），其中贷款风险包含不良贷款率（NPI，不良贷款/贷款总额）和贷款拨备覆盖率（$Bobei$，贷款损失准备/不良贷款余额）；贷款总量包括存贷比（$Loand$，贷款总额/存款总额）和贷款资产比（LOA，贷款总额/资产总额）；贷款集中度包括单一最大客户贷款集中度（Dyi，最大客户贷款额/资本净额）和最大十家客户贷款集中度（$Sjia$，最大十家客户贷款额/资本净额）。

2. 解释变量

本章以战略投资者的持股比例作为解释变量。

战略投资者持股比例（$Ratio$），即战略投资者所持城商行股份比例。

3. 控制变量

为了更好地分析研究战略投资者引入对我国城市商业银行贷款行为的影响，在参考相关国内外研究的基础上，对于控制变量 X，本章选取了公司规模（$SIZE$）、资本充足率（CAR）、资产收益率（ROA）、流动性比例（Liq）、跨区域经营（$Area$）、银行性质（SX）、市场化指数（Mar）作为控制变量。

公司规模采用总资产的自然对数（SIZE）来衡量，一般认为，规模大的银行获取外部资源的能力比较强，具有规模经济的优势，同时外部投资者可能会产生较低的违约风险预期和较高的盈利性预期，使银行面临较低的外部融资成本，能够承担更大的贷款总量和贷款风险。

资产收益率（Roa）用净利润/资产总额 × 100% 来表示，其反映了一家银行的盈利能力，一般盈利能力越强，即资金利用效率越高，资金供给越充足，银行会发放的贷款总量会越多。

资本充足率（Car），用资本总额/加权风险资产总额的比例来表示，通常银行资本充足率越高，银行抵御风险的能力越强。

流动性比率（Liq），用流动资产/流动负债的比例表示，通常流动比率越高，银行的风险承受能力越强。

银行性质（SX），设为虚拟变量。城商行是地方政府控制，则取1，其他则取0，其中地方政府控制包括政府投资公司、地方财政和地方国资委等，非政府控制则包括民营企业、外资及上市公司等。

跨区域经营（Area），设为虚拟变量，银行设有跨区域地级市分行则取1，否则则取0。

市场化进程指数（Mar），城商行所处的省区环境会对其贷款行为产生一定的影响，因此我们用樊纲等（2011）的市场化进程指数来控制这种外部经济环境的影响，同时考虑内生性的存在问题，本章将市场化指数进行了一阶滞后，同时，由于樊纲等（2011）的指数目前只截至2009年，因此2010~2011年指数我们都用2009年代替。

4. 调节变量

为了进一步分析在不同银行治理环境下，战略投资者引入对我国城市商业银行贷款行为的影响差异，在参考朱博文和程子奇（2013）关于不同银行董事会结构中银行贷款对货币政策传导反应的异质性、祝继高等（2012）关于不同银行股权结构中银行绩效与信贷行为的关系研究以及陈德萍等（2011）关于股权制衡度、股权集中度与公司绩效的关系研究，对于调节变量 M，本章选取银行股权集中度（SJ）、股权制衡度（SZ）作为调节变量。

股权集中度（SJ），用前三大股东的持股比例来表示。

股权制衡度（SZ），对国有股的制衡度，用战略投资者持股比例与国有股持股比例之比来表示。

变量定义见表6.1。

表6.1 变量界定

变量类型	变量名称		变量符号	变量含义及计算方法
被解释变量	贷款风险	不良贷款率	NPI	不良贷款额/贷款总额
		拨备覆盖率	Bobei	拨备金额/贷款总额
	贷款总量	贷款资产比	LOA	贷款/总资产
		存贷比	Loand	贷款总额/存款总额
	贷款集中度	单一最大客户贷款集中度	Dyi	最大客户贷款金额/资本净额
		最大十家客户贷款集中度	Sjia	最大十家客户贷款金额/资本净额
解释变量	战略投资者持股比例		Ratio	战略投资者持股比例
调节变量	股权制衡度		SZ	战略投资者持股比例/国有股比例
	股权集中度		SJ	最大股东持股比例数
控制变量	控股股东性质		SX	地方政府控股取1，否则则取0
	公司规模		SIZE	资产自然对数
	资产收益率		ROA	净利润/资产总额
	资本充足率		CAR	资本总额/加权风险资产总额
	跨区域经营		Area	有跨地级市设立分行则取1，否则取0
	市场化指数		Mar	市场化进程指数（樊纲2011）
	流动性比率		Liq	流动资产额/流动负债额

资料来源：笔者整理。

（三）实证模型

根据前面分析，战略投资者的引入改变了银行的所有权结构和董事会结构，为我国银行带来了先进的管理方法与理念，会在一定程度上影响银行的贷款行为。而银行治理状况通过影响决策的制定与实施而影响银行的信贷行为，因此，在不同银行治理环境下，战略投资者对银行信贷行为产生的影响不同。

为了研究战略投资者对我国城商行贷款行为的影响，即检验假设6-1，我们建立以下模型进行实证检验：

$$Dep = \alpha_0 + \alpha_1 Ratio + \alpha_2 Control + \varepsilon \qquad (6-1)$$

为了研究股权集中度是否会导致战略投资者对我国城商行贷款行为影响的异质性，即检验假设6-2，我们建立以下模型进行实证检验：

$$Dep = \alpha_0 + \alpha_1 Ratio + \alpha_2 SJ + \alpha_3 Ratio \times SJ + \alpha_4 Control + \varepsilon$$

$$(6-2)$$

为了研究股权制衡度是否会导致战略投资者对我国城商行贷款行为影响的异质性，即检验假设6-3，我们建立以下模型进行实证检验：

$$Dep = \alpha_0 + \alpha_1 Ratio + \alpha_2 SX + \alpha_3 Ratio \times SX + \alpha_4 Control + \varepsilon$$

$$(6-3)$$

其中，Dep 为贷款行为，包括贷款风险、贷款总量、贷款集中度；$Control$ 为控制变量，包括公司规模（$SIZE$）、资产收益率（ROA）、资本充足率（CAR）、流动性比例（Liq）、跨区域经营（$Area$）、银行性质（SX）、市场化指数（Mar）。

第四节 战略投资者引入对商业银行贷款行为的影响效应

一、描述性统计

从表6.2可知，以上引入战略投资者的城商行样本中，不良贷款率最小值为0.33，最大值为13.97，平均值为1.61，可见城商行的不良贷款率较低，标准差为2.09，样本差异不大。对于拨备覆盖率而言，最小值为10.04，最大值为537.70，平均值为253.67，拨备覆盖率整体来看并不低，而标准差达到122.94，表明各样本银行之间的差异很大。从贷款总量来看，贷款资产比最大值为63.62，最小值为18.39，平均值为46.24，标准差为8.92，存贷比最大值为77.71，最小值为27.3，平均值为62.33，标准差为9.94，可知城商行的贷款较多；从贷款集中度来看，单一最大客户贷款比率最大值为95.54，最小值为2.17，平均值为9.07，标准差为14.03，最大十家客户贷款比率最大值为315.62，最小值为9.34，平均值为50.08，标准差为43.79，表明城商行贷款集中度较高，第一大客户贷款平均占资本净额的9%，最大十家客户贷款平均占资本净额的50%，样本之间差异也较大。

表6.2 　　　　　　　　　　　　被解释变量的描述性统计结果

变量		最小值	最大值	平均值	标准差
贷款风险	*NPI*	0.33	13.97	1.61	2.09
	Bobei	10.04	537.70	253.67	122.94
贷款总量	*LOA*	18.39	63.62	46.24	8.92
	Load	27.30	77.71	62.33	9.94
贷款集中度	*Dyi*	2.17	95.54	9.07	14.03
	Sjia	9.34	315.62	50.08	43.79

资料来源：笔者整理。

表6.3给出了解释变量的描述性统计结果。由表可知，样本城商行各变量之间的差异不是很明显。从战略投资者来看，战略投资者的持股比例最大值为24.99，最小值为3.19，平均值为17.91，标准差为4.91。从城商行自身特征来看，资产规模最大值为27.74，最小值为23.99，平均值为25.65，标准差0.93；资产收益率最大值为1.55，最小值为0.06，平均值为1.04，标准差为0.31；控股股东性质平均值为0.63，表明近70%的城商行是政府控股；跨区域经营的平均值为0.81，表明近50%的城商行实现了异地市的跨区域经营；资本充足率最大值为30.14，最小值为8.84，平均值为13.82，标准差为3.58；流动性

比例最大值为 84.84，最小值为 24.57，平均值为 46.15，标准差为 11.82，表明城商行流动性比例及资本充足率都逐步达到银监会的监管要求；从城商行股权结构来看，股权集中度（最大股东持股比例）最大值为 28.90，最小值为 8.40，平均值为 18.81，标准差 5.19；股权制衡度（国有股对外资股的制衡）最大值为 6.54，最小值为 0.30，平均值为 1.98，标准差为 1.18，表明城商行公司治理状况与股份制商业银行相比还存在一定差距，但也在逐步完善。

表 6.3　　　　　　　　　　解释变量的描述性统计结果

变量	最小值	最大值	平均值	标准差
Ratio	3.19	24.99	17.91	4.91
SIZE	23.99	27.74	25.65	0.93
ROA	0.06	1.55	1.04	0.31
CAR	8.84	30.14	13.82	3.58
Liq	24.57	84.84	46.15	11.82
SX	0	1.00	0.63	0.49
Area	0	1.00	0.81	0.39
Mar	5.11	11.80	9.34	1.76
SJ	8.40	28.90	18.81	5.19
SZ	0.30	6.54	1.98	1.18

资料来源：笔者整理。

二、相关性分析

在分析各变量的描述性统计结果后，本章对主要变量进行了 Pearson 相关系数检验，具体的相关性分析结果见表 6.4。

表 6. 4   变量的 Pearson 相关系数检验

变量	NPI	Bobe	Dyi	Sjia	LOA	Gloa	Ratio	SIZE	ROA	CAR	Liq	Mar
NPI	1.000											
Bobe	-0.630***	1.000										
Dyi	0.832***	-0.296**	1.000									
Sjia	0.776***	-0.272**	0.911***	1.000								
LOA	0.075	-0.238*	0.104	0.069	1.000							
Gloa	0.169	-0.088	0.306**	0.163	0.590***	1.000						
Ratio	-0.340***	0.130	-0.390***	-0.360***	-0.430***	-0.310**	1.000					
SIZE	-0.460***	0.326***	-0.340***	-0.350***	0.058	0.083	-0.149	1.000				
ROA	-0.350***	0.300**	-0.295**	-0.186	0.295**	0.301**	0.290**	0.266**	1.000			
CAR	-0.005	-0.049	-0.123	-0.277*	-0.013	-0.057	-0.039	-0.240*	0.132	1.000		
Liq	-0.045	-0.032*	-0.210*	-0.118	-0.197	-0.490***	0.225*	-0.300***	-0.110	0.129	1.000	
Mar	-0.390***	-0.017	-0.490***	-0.570***	0.133	-0.013	-0.013	0.510***	0.094	0.051	0.050	1.000

注: *** 表示在 1% 水平上显著, ** 表示在 5% 水平上显著, * 表示在 10% 水平上显著。

资料来源: 笔者整理。

表6.4给出了各变量之间的相关系数。从表中可以看出，不良贷款率与战略投资者持股比例在1%的水平上显著负相关，这与假设6-1a相符合；最大客户贷款比例及最大十家客户贷款比例与战略投资者持股比例在1%的水平上显著负相关，这支持了假设6-1b；贷款资产比与存贷比均与战略投资者持股比例存在显著负相关关系，这支持了假设6-1c；而拨备覆盖率与战略投资者持股比例在统计上相关性不显著，这不符合原假设，因此还需要通过进一步的回归分析来进行验证。

从表6-4中我们还可以看到，贷款资产比和存贷比与资产收益率在5%的水平上显著正相关，即盈利能力将带来银行贷款资金的供给；战略投资者持股比例与流动性比例在10%的水平上正相关，与资产收益率在5%的水平上显著正相关，这表明战略投资者的引入能提升公司的盈利能力，增强银行的抗风险能力；不良贷款率与拨备覆盖率在1%的水平上显著负相关，与最大客户贷款比例及最大十家客户贷款比例在1%的水平上显著正相关，这表明拨备覆盖率和贷款集中度会影响不良贷款的积累；不良贷款率、单一最大客户贷款比例与资本收益率存在显著负相关的关系，这表明银行盈利能力的增强，将有助于不良贷款额的降低不良贷款率及贷款集中度；不良贷款率与贷款集中度均与市场化指数在1%水平上负相关，银行资产规模与市场化指数显著正相关，这表明市场化程度的提高，将带来银行贷款质量的提高，同时银行的规模不断扩大。

三、回归分析

为了检验本章提出的假设，我们对各变量之间进行了多元线性回归分析。

（一）战略投资者与银行贷款风险

表6.5给出了战略投资者持股比例对城商行贷款风险的影响分析结果，以及股权集中度和制衡度对该影响的调节作用分析结果。

表 6.5　　　　　　　　　战略投资者与城商行贷款风险的回归结果

变量	NPI			Bobei		
Ratio	-0.092*** (-5.12)	-0.221*** (-3.09)	-0.075*** (-3.37)	8.483** (2.45)	35.800** (2.01)	4.298** (2.22)
SJ		0.103*** (-2.76)			-8.850* (-1.96)	
Ratio×SJ		0.004** (2.29)			-2.549** (-2.36)	
SZ			0.096 (0.37)			-2.303 (-0.05)
Ratio×SZ			-0.075*** (-2.82)			1.936** (2.01)
SIZE	-0.297** (-2.55)	-0.252** (-2.06)	-0.432*** (-3.39)	61.150*** (2.75)	87.240*** (3.59)	89.130*** (3.70)
ROA	-0.900*** (-3.52)	-0.862*** (-3.53)	-0.708*** (-2.68)	99.720** (2.04)	126.500** (2.64)	60.920 (1.22)
CAR	-0.013 (-0.60)	-0.005 (-0.24)	-0.019 (-0.90)	1.787 (0.43)	4.689 (1.16)	3.203 (0.79)
Liq	-0.006 (-0.94)	-0.002 (-0.33)	-0.007 (-1.00)	1.018 (0.75)	-0.424 (-0.30)	1.038 (0.78)
Mar	-0.092* (-1.77)	-0.147*** (-2.60)	-0.088* (-1.73)	17.960* (1.80)	17.980* (1.69)	18.470* (1.91)
Area	-0.377* (-1.69)	-0.285 (-1.30)	-0.547** (-2.42)	24.070 (0.56)	29.280 (0.72)	57.650 (1.34)
SX	0.399** (2.32)	0.197 (1.08)	0.356* (1.79)	-57.470* (-1.74)	-42.830 (-1.29)	-51.170 (-1.35)
constant	13.270*** (4.55)	15.270*** (5.15)	16.100*** (5.18)	-1529.500** (-2.74)	-1598.800*** (-3.02)	-2136.000*** (-3.63)
N	64	64	64	64	64	64
调整后 R^2	0.546	0.592	0.577	0.223	0.304	0.290
F 值	10.47	10.14	8.82	3.26	3.75	3.34

注：***表示在1%水平上显著，**表示在5%水平上显著，*表示在10%水平上显著。

资料来源：笔者整理。

　　从检验结果看，不良贷款率与战略投资者持股比例在1%的水平上显著负相关，拨备覆盖率与战略投资者持股比例在5%的水平上显著正相关，这表明战略投资者的持股的确对我国城商行贷款风险水平的降低产生了积极的影响，这与本章提出的假设 6－1a 一致。战略投资者持股比例和股权集中度的交互项对不良贷款率、拨备覆盖率的影响分别都通过了 5% 显著性水平的检验，即不良贷款率与战略投资者和股权集中度的交互项在 5% 的水平上显著正相关，拨备覆盖率与战略投资者和股权集中度的交互项在 5% 的水平上显著负相关，这表明股权集中度会弱化战略投资者对不良贷款率和拨备覆盖率的影响，即战略投资者持股比例一定时，股权集中度越高，城商行的不良贷款率将高、拨备覆盖率将越低。原因可能在于我国城商行多数都是地方政府控股，且从前述变量的描述性统计可以看出，城商行股权集中度（最大股东持股比例）平均值达到了 18.81%，股权集中度越高，则表明更多的股权比例将属于地方政府所有，这形成了政府股东"一股独大"，由于中国银行业外部治理缺乏的特殊制度背景，较高的股权集中度将带来政府股东"政府"行为，使得城商行内部治理更低效，这与本章提出的假设 6－2a 相符合。战略投资者的持股比例与股权制衡度的交互项对不良贷款率的影响通过了 5% 的显著性水平检验、对拨备覆盖率的影响通过了 10% 显著性水平的检验，且系数符号皆与主变量系数符号一致，这表明战略投资者持股比例对国有股的制衡度将强化战略投资者对我国城商行贷款风险的影响，即战略投资者持股比例一定时，股权制衡度越高，城商行的不良贷款率越低、拨备覆盖率越高。这可能与战略投资者的入股，将带来城商行内部治理的完善，风险管理水平的提高，最终降低了银行贷款风险，这支持了本章提出的假设 6－3a。

其他变量中，规模越大的城商行不良贷款率越低、拨备覆盖率越高，而资产收益率越高即盈利能力越强的城商行会有较低的不良贷款率，且有较高的拨备覆盖率；地方政府控股会带来不良贷款率的显著升高和拨备覆盖率的降低；区域经营的城商行会降低不良贷款率。且市场化程度高的地区城商行的不良贷款率较低、拨备覆盖率较高。

（二）战略投资者与城商行贷款集中度

表 6.6 给出了战略投资者持股比例对城商行贷款集中度的影响分析结果，以及股权集中度和制衡度对该影响的调节作用分析结果。从检验结果看，单一最大客户贷款集中度和最大十家客户贷款集中度分别与战略投资者持股比例在 1% 的水平上显著负相关，这表明战略投资者的引入对我国城商行贷款集中度的降低产生了积极的影响，这与本章提出的假设 6 – 1b 相符合。战略投资者持股比例和股权集中度的交互项与单一最大客户贷款集中度、最大十家客户贷款集中度在 1% 的显著性水平上正相关，这表明股权集中度会弱化战略投资者对城商行贷款集中度的影响，即战略投资者持股比例一定时，股权集中度越高，城商行的贷款集中度就越高，这与本章提出的假设 6 – 2b 一致。战略投资者的持股比例和股权制衡度的交叉项贷款集中度在 10% 的显著性水平上负相关，这表明外资股对国有股的制衡度将强化战略投资者对我国城商行贷款集中度的影响，即战略投资者持股比例一定时，外资股对国有股的制衡度越高，我国城商行贷款集中度越低，支持了假设 6 – 3b。这可能是因为，战略投资者的引入，使得城商行对大规模贷款的审批更为谨慎，同时，中小企业贷款逐步受到银行的重视。

表 6.6　　　　　　　战略投资者与城商行贷款集中度的回归结果

变量	Dyi			Sjia		
Ratio	– 1.413 *** (– 5.26)	– 5.470 *** (– 6.08)	– 1.211 *** (– 3.62)	– 3.614 *** (– 4.07)	– 16.970 *** (– 5.38)	– 2.556 ** (– 2.34)
SJ		– 2.659 *** (– 5.69)			– 7.729 *** (– 4.71)	
Ratio × SJ		0.127 *** (5.25)			0.399 *** (4.68)	
SZ			– 4.655 (– 1.17)			– 17.990 (– 1.38)
Ratio × SZ			– 0.138 *** (– 2.98)			– 0.739 ** (– 2.01)

续表

变量	Dyi			Sjia		
SIZE	−1.754 (−1.02)	0.249 (0.16)	−1.739 (−1.00)	−7.723 (−1.35)	−0.095 (−0.02)	−7.380 (−1.30)
ROA	−13.650*** (−3.60)	−13.190*** (−4.30)	−13.470*** (−3.35)	−21.390* (−1.71)	−21.180** (−1.97)	−18.330 (−1.40)
CAR	−0.427 (−1.33)	−0.157 (−0.59)	−0.482 (−1.46)	−3.609*** (−3.40)	−2.681*** (−2.87)	−3.935*** (−3.65)
Liq	−0.252** (−2.39)	−0.215** (−2.21)	−0.246** (−2.28)	−0.369 (−1.06)	−0.412 (−1.21)	−0.377 (−1.07)
Mar	−2.803*** (−3.63)	−3.776*** (−5.32)	−2.917*** (−3.72)	−10.190*** (−3.99)	−12.040*** (−4.83)	−10.820*** (−4.22)
Area	−11.000*** (−3.33)	−9.700*** (−3.51)	−10.550*** (−3.15)	−24.670** (−2.25)	−23.190** (−2.39)	−22.830** (−2.09)
SX	−5.626** (−2.20)	−1.575 (−0.68)	−5.776* (−1.90)	−4.315 (−0.51)	−4.952 (−0.61)	−1.990 (−0.20)
constant	149.800*** (3.47)	182.900*** (4.91)	154.300*** (3.53)	519.900*** (3.64)	576.800*** (4.42)	532.300*** (3.73)
N	64	64	64	64	64	64
调整后 R^2	0.642	0.769	0.638	0.598	0.708	0.604
F 值	15.11	21.99	12.12	12.69	16.29	10.60

注：*** 表示在1%水平上显著，** 表示在5%水平上显著，* 表示在10%水平上显著。

资料来源：笔者整理。

特征变量中，跨区域经营能有效降低贷款集中度，这可能与减少或者阻隔地方政府干预；流动性比例较高的银行其单一最大客户贷款集中度较低；充足率低的银行其最大十家客户贷款集中度更高；资产收益率高即盈利能力好的银行具备较低的贷款集中度；地方政府控股的城商行，其单一最大客户贷款集中度和最大十家客户贷款集中度都较高，这可能因为地方政府为了当地经济的发展，贷款的发放具有政策性。市场化水平有利于贷款集中度的降低。

（三）战略投资者与城商行贷款总量

表6.7给出了战略投资者持股比例对城商行贷款总量的影响分析

结果，以及股权集中度和制衡度对该影响的调节作用分析结果。从检验结果看，贷款资产比与战略投资者持股比例在 1% 的水平上显著负相关，存贷比与战略投资者持股比例在 5% 的水平上显著负相关，这表明战略投资者的引入降低了我国城商行贷款资产比和存贷比，一方面可能是外资入股，在贷款风险监管上将更严格，对于贷款审批更加谨慎；另一方面由于引入的战略投资者多数都只有几年的时间甚至更短，使得外资对中国内地市场环境的不熟悉以及文化的磨合，都将带来贷款总量的降低。这与本章提出的假设 6 - 1c 相符合。战略投资者持股比例和股权集中度的交互项与贷款资产比和存贷比存在一定的负相关关系，但在统计上并不显著，这表明股权集中度对战略投资者与贷款总量间关系的调节作用并不显著，这与本章假设不一致。股权制衡度和战略投资者持股比例的交互项与贷款资产比和存贷比正相关，但在统计上并未通过显著性检验，这表明股权制衡度对战略投资者与贷款总量的影响调节作用并不显著，这与本章假设不一致。这可能是因为各城商行的贷款总量不仅受自身贷款供给的影响，还受到来自市场贷款需求的影响，而市场环境在很大程度上收到整个宏观国家的宏观政策及经济环境影响，而在关于贷款总量的回归分析中，控制变量还有待更多的补充完善。

表 6.7　　　　　　　　　战略投资者与城商行贷款总量的回归结果

变量	LOA			Loand		
Ratio	-1.091^{***} (-3.60)	-2.180 (-1.41)	-1.199^{***} (-3.20)	-0.536^{**} (-2.20)	-0.070 (-0.07)	-1.199^{***} (-4.55)
SJ		2.250 (1.38)			-0.432 (-0.85)	
Ratio × SJ		-0.178 (-1.09)			-0.002 (-0.08)	
SZ			6.511 (1.46)			6.724 (1.14)

续表

变量	LOA			Loand		
$Ratio \times SZ$			−0.061 (−0.39)			−0.477 (−1.31)
SIZE	2.408** (2.44)	4.124** (2.15)	2.249** (2.55)	2.080** (2.33)	3.212* (1.92)	2.484* (1.81)
ROA	10.590** (2.47)	7.708* (1.85)	11.810*** (2.63)	10.600*** (3.08)	11.590*** (3.48)	7.186** (2.27)
CAR	−0.400 (−1.10)	−0.660* (−1.87)	−0.395 (−1.07)	−0.328 (−1.13)	−0.400 (−1.38)	−0.098 (−0.38)
Liq	−0.153 (−1.29)	−0.012 (−0.10)	−0.183 (−1.52)	−0.409*** (−4.27)	−0.280*** (−2.65)	−0.374*** (−4.39)
Mar	1.289 (1.48)	0.949 (1.02)	1.330 (1.51)	0.370 (0.53)	−0.576 (−0.75)	0.787 (1.27)
Area	−5.959 (−1.59)	−6.363* (−1.80)	−6.534* (−1.74)	−5.344* (−1.78)	−3.268 (−1.09)	−6.116** (−2.32)
SX	8.557*** (2.96)	6.577** (2.27)	6.506* (1.91)	7.671*** (3.31)	4.985* (1.99)	11.350*** (4.72)
constant	130.400*** (2.67)	138.200*** (3.00)	120.800** (2.47)	142.200*** (3.63)	179.500*** (4.44)	142.600*** (4.13)
N	64	64	64	64	64	64
调整后 R^2	0.315	0.392	0.322	0.415	0.459	0.554
F 值	4.61	5.06	3.98	6.6	6.35	8.81

注: ***表示在1%水平上显著,**表示在5%水平上显著,*表示在10%水平上显著。

资料来源:笔者整理。

其他特征变量中,城商行资产规模与贷款总量成正比;地方政府控股的城商行会有更多的贷款,这可能就是通常所谓的政府信贷扩张,可能为了刺激当地经济的发展,政府会有意刺激信贷需求的增长增加;资产收益率高的城商行,其贷款资产比和存贷比也会比较高,这表明贷款利息收入是城商行利润的主要来源之一。

四、进一步研究

（一）贷款行为对不良贷款的影响

以上本章研究了战略投资者对我国城商行贷款总量、贷款集中度等三个方面的影响，但事实上，无论对于城商行自身还是监管部门而言，贷款风险的控制均被视为风险管理的主要目标之一，不良贷款率通常作为主要的风险监管指标。纵观我国城市商业银行的发展历程，巨额不良资产一直是捆住城商行的一条绳索。那么不良贷款形成的原因究竟有哪些？在本章所研究的贷款行为中，有哪几种行为会对不良贷款的形成产生影响？因此，本章将以贷款总量、贷款集中度、关联贷款等行为作为解释变量，以不良贷款率作为被解释变量，并通过实证分析来检验。

表 6.8 给出了各贷款行为变量对不良贷款率影响的分析结果，从上表中可知，我国城市商业银行的贷款风险、贷款集中度和贷款总量对不良贷款率有一定的直接影响。具体说来，拨备覆盖率与不良贷款率在 1% 的水平上显著负相关，即拨备覆盖率越高的城商行，其不良贷款率越低；贷款资产比与不良贷款率在 5% 水平上显著正相关，即表明城商行贷款规模总量的增加，会增加不良贷款的积累；单一最大客户集中度与不良贷款率在 1% 水平上显著正相关，这表明城商行的贷款集中度越高，其将面临更高的不良贷款率。

表 6.8 　　　　　　　　　　　　**各贷款行为与不良贷款率的回归结果**

分类	NPI	
贷款风险	*Bobei*	
	-0.003^{***}	
	(-6.81)	
贷款总量	*LOA*	*Loand*
	0.012^{**}	0.009
	(2.12)	(1.23)

分类	NPI	
	Dyi	Sjia
贷款集中度	0.033 ***	0.003
	(2.91)	(0.79)

注：*** 表示在1%水平上显著，** 表示在5%水平上显著，* 表示在10%水平上显著。

资料来源：笔者整理。

（二）不良贷款的形成

上文通过实证分析已验证了战略投资者对我国城商行不良贷款率的降低的确具有积极影响。那么这种影响是通过何种途径来实现呢？因此，本章将采用温忠麟和张雷（2004）的方法，来检验各贷款行为是否具有中介作用。

由表6.9可知，不良贷款率与战略投资者持股比例在1%的显著性水平上负相关，拨备覆盖率、单一最大客户集中度和贷款资产比对战略投资者持股比例的影响分别都通过了显著性检验，再由表6.8可知，拨备覆盖率、单一最大客户贷款集中度和贷款资产比对不良贷款率的影响分别通过了1%和5%的显著性水平检验，因此，经过检验本章发现贷款总量中的贷款资产比、贷款风险中的拨备覆盖率及贷款集中度中的单一最大客户贷款集中度是战略投资者和不良贷款率的中介变量，即战略投资者通过贷款总量、集中度及风险三个方面来影响我国城市商业银行的不良贷款。战略投资者持股比例高的城商行会通过降低贷款资产比和单一最大客户贷款集中度、提高拨备覆盖率，最终降低不良贷款，具体作用路径如图6.1所示。

表6.9 **战略投资者与贷款行为的回归结果**

变量	NPI	Bobei	Dyi	Sjia	LOA	Loand
Ratio	− 0.093 ***	8.483 **	− 1.413 ***	− 3.614 ***	− 1.091 ***	− 0.536 **
	(− 5.12)	(2.45)	(− 5.26)	(− 4.07)	(− 3.60)	(− 2.20)

注：*** 表示在1%水平上显著，** 表示在5%水平上显著，* 表示在10%水平上显著。

资料来源：笔者整理。

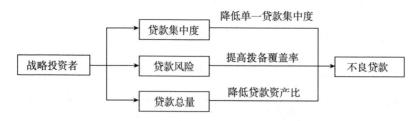

图 6.1　战略投资者降低不良贷款的途径

五、稳健性检验

为了进一步研究战略投资者引入对我国城商行贷款行为的影响的稳健性，本章从以下三个方面对结论进行稳健性检验。

（一）稳健性测试一：入股时间

引入战略投资者时间长短不同，战略投资者对我国城商行贷款行为的影响可能存在差异。吴玉立（2009）通过研究发现，由于战略投资者与我国商业银行在文化、经营理念及组织管理方面等存在明显的差异，以至于中资银行与战略投资者的联盟在合作的初期必定会出现"磨合反应"，且磨合期的平均值为 2～3 年。本章引入战略投资者时间是否会影响战略投资者持股比例与城商行贷款行为的关系，设立 *Ratio* 与虚拟变量 *Time* 的交叉项 *RT*，对假设 6–1、假设 6–2、假设 6–3进行检验。

表 6.10 给出战略投资者引入时间对其持股比例与城商行贷款行为关系影响的分析结果，从上表中可知，我国城商行单一最大客户贷款集中度、最大十家客户贷款集中度与战略投资者持股比例在 1% 的显著性水平上负相关；不良贷款率、贷款资产比与战略投资者持股比例在 5% 的显著性水平上负相关；拨备覆盖率与战略投资者持股比例在 10% 的水平上显著正相关；存贷比与战略投资者持股比例在 10% 的水平上显著负相关。然而战略投资者持股比例和持股时间的交互项对城商行贷款行为各变量的影响并未通过显著性检验，这表明战略投资者引入时间的长短并不会显著影响战略投资者持股比例与城商行贷款行

为的关系。

表 6.10 稳健性检验一

变量	NPI	Bobei	Dyi	Sjia	LOA	Gloa
Ratio	-0.057* (-1.81)	5.628* (1.95)	-1.271*** (-2.68)	-4.303*** (-2.84)	-1.159** (-2.18)	-0.143** (-2.32)
Time	0.091 (0.88)	-7.095 (-0.37)	-0.611 (-0.39)	-3.518 (-0.71)	-2.300 (-1.32)	1.236 (0.83)
RT	-0.002 (-0.38)	-0.345 (-0.29)	0.007 (0.08)	0.195 (0.63)	0.057 (0.54)	-0.088 (-0.97)
SIZE	-0.402*** (-2.93)	86.160*** (3.39)	-1.121 (-0.55)	-7.422 (-1.14)	-0.378 (-0.17)	-1.955 (-1.00)
ROA	-0.892*** (-3.27)	102.400** (2.02)	-14.900*** (-3.65)	-24.430* (-1.88)	7.723* (1.69)	10.340*** (2.66)
CAR	-0.014 (-0.61)	1.256 (0.29)	-0.382 (-1.08)	-3.353*** (-2.98)	-0.270 (-0.68)	-0.390 (-1.16)
Liq	-0.008 (-1.14)	1.480 (1.06)	-0.302*** (-2.68)	-0.469 (-1.31)	-0.248** (-1.97)	-0.440*** (-4.11)
Mar	-0.056 (-1.06)	-24.740** (-2.49)	-2.522*** (-3.15)	-9.819*** (-3.85)	1.623* (1.82)	0.772 (1.01)
Area	-0.427* (-1.77)	42.990 (0.96)	-9.647*** (-2.67)	-24.230** (-2.10)	-2.910 (-0.72)	-4.032 (-1.17)
constant	14.630*** (4.31)	-1983.700*** (-3.15)	129.200** (2.55)	523.100*** (3.23)	81.150 (1.43)	121.300** (2.51)
N	64	64	64	64	64	64
调整后 R^2	0.514	0.261	0.609	0.592	3.590	0.300
F 值	8.40	3.52	11.91	11.16	0.27	3.98

注：***表示在1%水平上显著，**表示在5%水平上显著，*表示在10%水平上显著。

资料来源：笔者整理。

（二）稳健性测试二：上市与否

上市城商行与未上市城商行存在实质不同，因此战略投资者对我国城商行贷款行为的影响可能也会不同。本章以城商行是否上市为标准将全部样本分为两组，分别研究在上市和未上市时战略投资者对我国城商行贷款行为的影响。

从表 6.11 可以看出，上市城商行不良贷款率、贷款资产比与战略投资者持股比例在 1% 的水平上显著负相关，贷款集中度和存贷比与战略投资者持股比例在 5% 的水平上显著负相关，拨备覆盖率与外资持股比例的关系也通过了 1% 的显著性水平检验。

表 6.11　　　　　　　　　　稳健性检验二（上市城商行）

变量	NPI	Bobei	Dyi	Sjia	LOA	Loand
Ratio	− 0.105 *** (− 3.03)	31.590 *** (3.12)	− 0.210 ** (− 2.29)	− 2.352 *** (− 2.87)	− 1.022 *** (− 3.09)	− 1.002 *** (− 2.58)
SIZE	− 0.385 *** (− 3.09)	114.500 *** (3.15)	− 0.001 (− 0.00)	− 8.438 *** (− 2.88)	1.482 (1.25)	0.995 (0.71)
ROE	− 0.057 (− 1.57)	35.190 *** (3.28)	− 0.326 * (− 1.75)	− 2.510 *** (− 2.90)	− 0.456 (− 1.30)	0.618 (1.50)
CAR	0.014 (0.58)	13.760 * (1.93)	− 0.286 ** (− 2.31)	− 2.486 *** (− 4.31)	− 0.574 ** (− 2.46)	0.038 (0.14)
Liq	− 0.011 (− 1.29)	1.722 (0.65)	− 0.074 (− 1.63)	− 0.398 * (− 1.87)	0.242 *** (2.82)	0.038 (0.38)
Mar	0.282 ** (2.50)	− 94.660 *** (− 2.87)	− 0.918 (− 1.60)	− 3.575 (− 1.34)	− 5.731 *** (− 5.32)	− 2.964 ** (− 2.34)
Area	0.002 (0.01)	13.390 (0.20)	− 3.141 *** (− 2.67)	− 16.190 *** (− 2.95)	1.191 (0.54)	5.841 ** (2.25)
constant	7.538 *** (2.70)	− 2119.300 *** (− 2.60)	27.130 * (1.92)	366.200 *** (5.56)	85.590 *** (3.22)	67.000 ** (2.14)
调整后 R^2	0.448	0.535	0.641	0.840	0.690	0.391
F 值	3.67	4.78	6.86	18.24	8.32	3.11

注：*** 表示在 1% 水平上显著，** 表示在 5% 水平上显著，* 表示在 10% 水平上显著。

资料来源：笔者整理。

从表 6.12 可以看出，未上市城商行的不良贷款率和贷款集中度分别与战略投资者持股比例的关系在 1% 的水平上显著负相关，同时，战略投资者持股比例对未上市城商行贷款总量、拨备覆盖率的影响也通过了 5% 的显著性水平检验，且相关系数符号与前面结论一致，这也进一步验证了本章的假设。

表 6.12 　　　　　　　　　稳健性检验二（非上市城商行）

变量	*NPI*	*Bobei*	*Dyi*	*Sjia*	*LOA*	*Loand*
Ratio	− 0. 128 *** (− 6. 97)	6. 692 ** (2. 40)	− 1. 975 *** (− 3. 90)	− 5. 245 *** (− 3. 34)	− 0. 463 *** (− 2. 9)	− 0. 753 * (− 1. 85)
SIZE	− 1. 029 *** (− 9. 23)	114. 200 *** (3. 94)	− 10. 990 *** (− 3. 58)	− 28. 900 *** (− 3. 03)	− 1. 451 (− 0. 48)	− 2. 901 (− 0. 95)
ROE	0. 025 ** (2. 31)	− 1. 918 (− 0. 67)	0. 004 (0. 01)	0. 365 (0. 39)	0. 259 (0. 87)	0. 619 ** (2. 05)
CAR	− 0. 065 ** (− 2. 57)	10. 680 (1. 63)	− 0. 856 (− 1. 23)	− 6. 269 *** (− 2. 91)	− 0. 533 (− 0. 78)	− 0. 033 (− 0. 05)
Liq	− 0. 011 ** (− 2. 28)	2. 477 * (1. 90)	− 0. 345 ** (− 2. 50)	− 0. 420 (− 0. 98)	− 0. 443 *** (− 3. 25)	− 0. 565 *** (− 4. 11)
Mar	0. 240 *** (4. 55)	− 36. 470 *** (− 2. 66)	1. 149 (0. 79)	− 1. 413 (− 0. 31)	0. 780 (0. 54)	1. 618 (1. 12)
Area	− 0. 411 ** (− 2. 28)	32. 820 (0. 70)	− 11. 270 ** (− 2. 28)	− 25. 730 * (− 1. 67)	− 5. 254 (− 1. 07)	− 5. 813 (− 1. 18)
constant	29. 250 *** (11. 14)	− 2739. 300 *** (− 4. 01)	355. 400 *** (4. 92)	1024. 800 *** (4. 57)	105. 500 (1. 48)	138. 800 * (1. 93)
调整后 R^2	0. 867	0. 346	0. 690	0. 679	0. 258	0. 344
F 值	37. 28	3. 95	13. 74	12. 77	3. 05	3. 92

注：*** 表示在 1% 水平上显著，** 表示在 5% 水平上显著，* 表示在 10% 水平上显著。

资料来源：笔者整理。

表 6.11 和表 6.12 给出了城商行上市和未上市时，战略投资者持股比例对我国城商行影响的回归结果。通过以上分析，表明不论是上市还是未上市，战略投资者持股比例与我国城商行各贷款行为变量的关系在统计上都显著，这也在一定程度上证明了模型的稳健性。

第五节　主要研究结论与实践启示

战略投资者对我国银行的影响一直受到理论界和实务界的广泛关注，本章从持股比例的视角出发，验证了战略投资者引入对我国城商行贷款行为的影响。结果表明，城商行不良贷款率、单一最大客户贷款集中度、最大十家客户贷款集中度、贷款资产比及存贷比与战略投资者持股比例显著负相关，拨备覆盖率与战略投资者持股比例显著正相关，即战略投资者持股比例增加时，从贷款集中度来看，会降低单一最大客户贷款集中度和最大十家客户贷款集中度，从贷款总量来看，会降低贷款资产比和存贷比，从贷款风险来看，会提高拨备覆盖率并降低不良贷款率；且股权集中度与战略投资者持股比例的交叉项、股权制衡度与战略投资者持股比例的交叉项对我国城商行贷款行为的影响也都通过了显著性水平检验，这表明股权集中度对二者关系具有弱化作用，股权制衡度对二者关系具有强化作用。本章还考察了战略投资者降低我国城商行不良贷款的途径，实证研究表明战略投资者通过提高拨备覆盖率、降低单一最大客户贷款集中度以及降低贷款资产比来减少不良贷款的积累。为了更进一步对模型的稳健性进行检验，本章拟从两方面进行稳健性分析，一方面将引入战略投资者时间设立虚拟变量引入交叉项进行回归；另一方面将样本按照城商行是否上市设立虚拟变量引入交互项进行回归，分别进行回归分析。稳健性检验的结果表明，战略投资者与我国城商行贷款行为的关系是显著的，从而验证了模型的稳健性。此外战略投资者引入的时间与持股比例的交互项的系数其符号与主变量系数符号一致，在统计上没通过显著性检验，从这表明引入时间的积累对战略投资者所带来的城商行贷款行为变化的强化作用不明显。

　　本章的结论表明战略投资者的引入对我国城商行贷款行为的多个方面都有积极的影响，同时银行自身的治理特征等会对这种影响具有一定的调节作用，为此城商行改革应从以下两个方面着手：一方面要完善战略投资者引入机制，遵循银监会的五个原则四条标准与战略投资者形成战略联盟，促进自身的发展；另一方面是要完善自身内部治理结构，主要包括股权结构的优化、董事会运行的有效性等等，这可能是实现我国城市商业银行可持续发展的根本之所在。

第七章

商业银行综合化经营效应

第一节　金融综合化经营概述

一、金融综合化经营的内涵

随着金融创新和信息技术的发展，全世界主要的发达国家先后出台了相应的金融法案，调整本国的金融业经营模式，以混合经营取代原有的分业经营模式，全球金融业逐渐呈现出综合化经营趋势，相关概念逐渐被提出，并得到了理论界和实践界的广泛认可。根据我国金融业发展实践，陈建超（2008）等认为，金融综合化经营指商业银行、证券、保险以及其他投资性金融业务在不同程度和范围内相互融合，以金融控股公司为组织模式，在我国分业监管体制下，从事混业经营的一种金融制度模式。

综合化经营打破了银行传统行业分工模式，重新配置了金融功能，扩大了业务范围，可以充分发挥范围经济和规模经济优势，增加利润来源，但这种经营模式在通过业务多元化分散风险的同时，又能通过业务间的交叉、复杂衍生，增大了风险传递的可能性。最近的研究表明，银行盲目扩张业务会增加风险、降低收益，尤其是资产证券化的过度发展会加剧收益的波动，而且投资、保险和证券等基本上都是顺经济周期的，在危机时期，正常时期关联性低的业务就会表现出高度的关联性，这就会使风险积聚。例如次级贷款违约率上升会导致基于此类资产的证券及衍生品价格下降、流动性降低，固定收益证券也会受到拖累，信用收缩，最后导致实体经济遭受打击，其他贷款等资产的违约率也会上升，最终范围越来越大。

因此，在我国金融综合化不断探索的过程中，要加强对风险的控制和监管，把握好综合化经营的"度"，寻求经营效率优势与金融风险之间的平衡。

二、金融综合化经营的驱动因素

（一）外因

1. 资金流动的要求

我们可以将资金运动分为资金的投入、循环和退出三个过程，其中资金的投入和退出是资金运动的起点和终点。资金在商品市场和生产要素市场中的周转循环是资金运动的主要组成部分。从社会资金运行角度来看，金融市场中流动的资金，如银行体系、证券体系、保险体系等中流动的资金，都不可避免地会与其他市场中的资金进行流动，并且也存在市场内流动的趋势。正如马克思在《资本论》中所说，只要有10%的利润，它就会到处被人使用；有20%，就会活泼起来；有50%，就会引起积极的冒险；有100%，就会使人不顾一切。也就是说，资本流动的方向是存在足够利润的方向，当从事某一行业带来的经济效益可观时，银行体系中的资金便会自发地向该行业体系中流动。而银行综合化经营则恰恰可以降低资金在不同领域流动的转换成本，带来高额利润。因此，综合化经营顺应了资金流动的要求。

2. 传统业务衰退

与银行传统业务相关的金融脱媒现象最早出现于20世纪60年代的美国，并且在金融市场不断完善的过程中愈加严重。由于政府对定期存款利率的管制，使得该利率不断降低，甚至低于了货币市场利率，在这种情况下，大量存款机构资金流入了收益更高的货币市场。从更广义的层面上看，金融脱媒更包含资金需求方绕过金融中介直接在货币市场利用短期融资工具而获得资金融通的现象。在这种情况下，商业银行作为企业融资唯一渠道的垄断被打破，社会资金不再通过商业银行这一传统金融中介而是直接进入企业，从而导致商业银行存贷款流失，传统利息收入比重降低。

3. 客户需求多样化

商业银行的客户群体大致分为个人客户和企业客户两类，随着时代的进步，个人客户和企业客户的需求均发生了巨大的变化，个人客户不再满足于银行提供基本的存贷业务，反而给予提供资金管理、买卖证券、代销保险的银行更多关注。这促使银行改变经营理念，从原先的存贷中介的职能向全能银行的职能发展。

据招商银行发布的《2015 中国私人财富报告》数据显示，2008～2015 年间，全国个人持有的可投资资产总体规模均保持 16% 以上的高速增长，但是现金与存款的增长率一直低于可投资资产总体规模增长率且增长势头逐渐放缓；与此形成对比的是银行理财产品在这几年的增长十分强劲，2010～2014 年间一直保持大于 40% 的增长率。该数据表明个人客户的需求正发生变化，对资产的配置越来越多样化，不再满足于现金和银行存款。从事综合化经营的银行能够通过推出一系列理财产品、代购代销基金、保险的方式吸收这部分客户的资金，提高自己的盈利能力。

与此同时，企业客户的需求也面临着巨大的转变。跨国公司和大型企业对金融服务的需求正向全面化发展，倘若一家银行既能够为自己提供存贷业务，还能够满足企业的融资、资金结算、企业资产管理、投资需求，必然会受到企业的青睐。

4. 市场竞争的加剧

正如财富报告数据显示的那样，市场对资产配置的需求趋于多样化。基金公司、证券公司、保险公司等金融中介吸收资金的能力越来越强大，银行迫于竞争的压力，不得不拓宽自己业务范围，寻求业务多元化发展。同时，随着经济全球化的发展，国际金融市场的竞争越来越激烈，综合化经营的优势愈发明显。二战后，许多综合化经营体制下的银行迅速发展起来，成为国际化综合金融机构，这也促使其他分业经营模式的国家纷纷调整金融模式，促使了各国金融模式趋于综合化经营。

5. 信息技术的发展

以互联网为依托的信息技术改变了金融领域的技术条件，降低了金融机构数据处理和信息搜集成本，提高了信息处理能力，为业务整合提供了便利，使其有形或无形的分支机构遍布全国或全世界。由此，运用了新技术的商业银行不满足现有的业务范围，开始向其他金融领域进军。

6. 金融创新的发展

金融创新是变更现有的金融体制和增加新的金融工具，以获取现有的金融体制和金融工具所无法取得的潜在的利润，企业推出新的衍生金融工具的目的就是为了规避现有制度对企业追逐目的限制，在政策的缝隙中生存并投机获利或规避风险。大多金融产品创新是通过分解、剥离、证券化等技术，跨市、跨机构和跨体制地将两个或多个不同的金融产品相结合而产生的，这说明分业体制已经无法满足金融市场发展的需求了。同时，分业体制下的分业监管模式已经无法有效监管金融工具创新的行为，金融系统的严格划分已经没有意义。

（二）内因

商业银行实施综合化经营的内因是，相较于分业经营模式，综合化经营模式尽可能调用银行拥有的有限的信息资源、资金资源和人力资源，通过资源共享机制发挥价值，从而带来整体经营水平的提高，综合化经营的优势主要表现在：

1. 范围经济

美国学者蒂斯（Teece，1980）等人最先提出了范围经济的概念，认为如果在相同的投入下，由单一企业生产联产品比多个不同企业分别生产这些联产品中每种单一产品的产出水平要高，则该企业具有范围经济，即单一企业生产不同的产品获得的边际收益大于其边际成本。

对于银行业来说，如果新增业务带来的效益大于成本，也就实现了范围经济。可是与一般工商企业不同的，银行的经营对象是货币，所以除了需要考虑银行作为工商企业扩大经营范围带来的范围经济外，还需要考虑银行本身特点带来的影响。一方面，银行的生产流程与一般企业不同。另一方面，银行在一个国家的经济体系中，处于关键的金融中介地位，直接联系着货币市场与商品市场，其经营的好坏对于社会的影响巨大，其范围经济带来的影响也比一般工商企业大。

根据新古典经济理论的观点，资产专用性较低是金融行业存在范围经济的主要原因。资产专用性描述了对已有资产进行再配置的难易程度；一个行业的资产专用性越强，旧资产转换成本越高，进入该行业的壁垒越高。威廉姆森将资产专用性划分为场地专用性、人力资产专用性、物质资产专用性、专项资产专用性以及品牌商标资产专用性。

对于金融行业来说，在场地专业性和物质专用性方面，商业银行和其他非银行金融机构均在各地设置分支机构从而形成大量分支网络，且物质资产主要为高性能计算机、先进的通信设备、自动存取款机等，两者之间在某种程度上可以相互转化，且转化成本不高。在人力资源专用性方面，商业银行主要从事存贷业务，工作重复性高，对操作人员在能力上没有过高的要求；而证券行业极具创新性和挑战性，要求从业人员具有创造力和相关专业技能，能够适应长时间、高压力的工作，两者在人力资源方面有较大的不同，专用性较高。在专项资产专用性方面，金融产品创新无非是对现有金融产品进行期限结构、利率结构或风险结构方面的调整，其相关知识在银行、证券和保险业基本上是通用的，专用性程度不高。在品牌商标资产的专用性方面，简单来说，金融品牌资产是客户在与金融机构交易的过程中形成的对该金融机构信誉和形象的整体认识。顾客一旦认同了某个金融机构品牌，就会与其建立长期稳定关系，同时也会认同该机构的其他业务。从这个意义上来说，金融业在品牌资本上存在范围经济。

2. 规模经济

规模经济反映了经营规模与成本、收益之间的变动关系，指在固定成本或投资既定的情况下，某种业务量越大，单位业务承担的平均成本越低。在金融业中，基础设施成本占据了相当大的比例，业务范围的拓展和业务量的增加不但不会使这些成本显著提升，而且可以在一定程度上带来正外部性，降低平均成本，实现规模经济。

3. 分散风险

目前关于银行业是否应该实施混业经营的争论主要停留在综合经营究竟是提高了经营风险还是降低了经营风险。支持综合经营者认为，金融集团的多元化金融服务具有风险分散效应，单一银行倒闭的可能性降低；分业者则认为银行业从事证券业务会增加系统性风险。这部分争论将在之后章节详细阐述。

三、金融综合化经营的典型模式

近几年来，金融综合化经营的发展速度较快，不同国家依据自身的发展特点和差异，选择了不同的综合化经营模式。依据金融综合经营主体的组织架构、业务范围的不同，大体存在三种典型模式，即全能银行模式、银行控股公司模式和纯粹型金融控股公司模式。

（一）全能银行模式

全能银行是指银行、证券、保险等职能部门均在同一法人内部，由相互平行的业务部门负责经营。该模式起源于19世纪中叶的德国，在工业化的进程中，其他欧洲国家，如瑞士、意大利等也陆续出现了全能银行模式。目前，我国没有真正意义上的全能银行。

1. 全能银行模式的优势

首先，全能银行实行全能经营，有利于减少收入的不稳定性，提高规避风险的能力，而且在这种模式中银行自由度极大，业务覆盖到金融业各个方面，只要客户到银行，所有的金融业务都可以在这里处理，大大节省了客户的时间。

其次，由于全能银行所承担的金融业务比较全面，当一种业务经历风险或进入低迷时，可以由其他业务弥补回来，因而收益较为稳定。

最后，全能银行可以充分发挥综合经营的规模经济和范围经济。全能银行同时经营多种金融产品，业务范围涵盖了银行、保险、证券等众多子市场，这些子市场之间不仅可以节约成本，还可以共建客户数据库，共享信息资源。

2. 全能银行模式的劣势

全能银行的规模和范围效益有一定的限制，在这一限度内，规模和范围发挥了积极的作用，超出这一限度的规模和范围的扩大可能会带来负面利益，而且全能银行的稳定性优势是一定的，它只能预防非系统性风险，却不能降低系统性风险。此外，这种经营模式下取消了各个金融行业间天然的防火墙，一个法人下经营多种业务，容易形成垄断，造成利益冲突，使内幕交易增多，经营风险增大，因此，在全能银行模式下，需要较为高效的监管和较强的内控机制。

（二）银行控股公司模式

银行控股公司模式，是指以大型商业银行为母公司，其下设立证券、保险、信托等独立法人机构。在这种模式下，银行业务由居于控股地位的母公司直接经营，其他非银行金融业务由独立的子公司经营。

1. 银行控股公司模式的优势

第一，母子公司之间业务互补，母公司本身从事金融业务，子公司可以利用母公司的品牌或渠道优势迅速进入市场。

第二，母公司拥有强大的控制权，在协调各子公司的经营和实现战略目标方面具有很强的执行力，易于发挥协同和规模效应。

第三，银行、证券和保险业务由不同的法人独立经营，设立了严格的防火墙，可以在一定程度上降低风险在内部传导的可能性。

第四，该模式可以降低银行自身的经营风险。当子公司由于管理不当亏损时，它只会损害银行的投资收益，并不会对银行本身造成很大的打击，这减少了不同部门之间的利益冲突和风险传递。

2. 银行控股公司模式的劣势

该模式下，各个子公司间资源流通成本增加，规模经济、范围经济的发挥受到一定的程度限制，与纯粹型金融控股公司模式相比，它的防火墙功能稍弱。

（三）纯粹型金融控股公司模式

纯粹型金融控股公司模式是以美国为代表的综合化经营模式，由居于控制地位的母公司设立子公司，分别经营各类金融业务，而母公司负责整体经营战略决策和监督管理，不涉及具体的金融业务。其特征是"专业控股、多法人、多执照、多经营"。

1. 纯粹型金融控股公司模式的优势

第一，该模式中各业务之间界限清晰，能够通过防火墙有效隔离风险；

第二，与银行控股公司模式相比，当控股公司的内部子公司发生利益冲突时，母公司可以从集团整体的角度更好地协调和解决利益冲突问题。

2. 纯粹型金融控股公司模式的劣势

母公司本身不掌握客户、渠道、信息等资源，当子公司实力过强、话语权大时，母公司对子公司的控制可能会受到威胁，资源共享、业务协同等优势的发挥会受到较大限制。

第二节　国外金融综合化经营实践

一、德国银行综合化经营的演变轨迹

德国银行一开始就是混业经营的全能型银行，其经营业务十分广泛，从传统的存贷款业务到从事证券承销的投资银行业务，再到为中小企业和个人家庭提供资产管理，财务顾问，信托基金，甚至直接投资德国的大中型企业，成为德国企业的大股东。统计显示，德国银行所占的股份占德国企业股份总额的80％。由于德国法律允许股东委托

投票，德国银行对于德国企业的经营决策具有非常强大的权力。具有近二百年历史的德国银行综合化经营中几乎没有大的波动，这不失为一个奇迹。需要注意的是，由于德国的银行力量强大，德国金融体系几乎是以银行为主体的，所以德国全能银行的发展史几乎是金融体系的发展史。

（一）全能银行的发展历史

德国全能银行是伴随着德国近代史的发展而不断完善起来的，具有深厚的历史和人文渊源。19世纪70年代，德国开启了第二次工业革命的浪潮。大工业的兴起要求资本的集中，企业既需要长期借款购置工业设施，又需要短期借款维持企业运作。在这样的大趋势下，德国全能银行作为一种有效的融资渠道诞生了。

一开始德国全能银行既能为企业销售股票，又能为企业提供短期贷款，还能为企业提供长期资金，甚至可以投资企业成为企业的股东。在第二次工业革命中，德国工业对于资金的需求量极大，迫切需要德国银行从各方面提供资金。这样德国的全能银行制度逐渐发展起来。

第二次世界大战后，民主德国彻底废除了原有的全能银行制度，实行计划经济下的银行制度，银行完全服从于中央银行，进而服从于全国经济建设，完全失去了商业银行的职能。而联邦德国则被迫实行美国的分业经营体制。德国的全能银行制度在战后几乎被废止。直到20世纪50年代，联邦德国经济逐渐复苏，但是此时联邦德国企业仍然面临着较大的资金问题，因此联邦德国银行重新建立起了全能银行制度，为企业提供全方位的金融服务。在1990年以后，德国逐渐重新回到了全能银行制度的轨道。

到了20世纪80～90年代，德国经济已经从战后复苏，金融业也随之快速发展。到90年代末，德国金融界形成了德意志银行、德累斯顿银行、德国商业银行和德国裕宝银行四大银行主宰的格局，这四大银行不仅在银行业务上稳居榜首，而且掌握着绝大多数的证券发行量和交易量，并且持有企业股票并参与企业运营和管理，充当企业财务顾问，可以说德国全能银行就是德国经济的发动机。

（二）德国在全能银行制下的金融立法和金融监管背景

德国在近二百年的全能银行体制下，其金融环境始终处于平稳运行的状态，这与其高度的法治化水平、科学的监察模式以及德国人严谨细致的行事风格有密切的关系。

2002 年之前，德国金融监察依照混业经营、分业监管的体制，从政府和民间两个层面入手。政府监察机构为联邦银行和联邦银行监管局，其中，联邦银行业监管局为货币政策执行机构，负责重大原则性问题的决策，联邦银行为银行监管机构，对整个银行业进行监控；这种分离避免了银行监管对于货币政策执行的干预。民间监察机构主要由银行同业协会和经济审计协会组成。针对保险、基金等金融机构，政府设立监察机关，并且，由于银行普遍实行混业经营，德国非常强调银行业、保险业、证券业等部门的联动监察。

2002 年以后，德国金融监察逐步呈现出监管部门相互协调，相互配合，甚至有合并的趋势。随着欧洲一体化水平的提高，以后必将有一体化的监察出现。

总之，全能银行悠久的发展历史及由此积累的宝贵经验，全面科学的金融立法监察制度以及德国民族严谨的特性，造就了全能银行的辉煌。

（三）德国全能银行的经营模式总结

首先，由于法律对德国银行的规定相当宽松，全能银行最大的特点就是可以全面经营各种业务，既包括证券买卖，也包含投资银行、保险、抵押、基金等资产管理类业务以及咨询、电子金融服务类业务。

其次，全能银行经营方式灵活多变性，业务间交叉明显。例如，客户的保管账户可以用作贷款的凭证；购买证券的客户可以向银行申请贷款进行融资等等。这些灵活的经营手段可以更好地为银行的利润起到推波助澜的作用，同时银行自身也在控制好风险的前提下扩大了利润来源。

最后，20 世纪 80~90 年代以来，德国全能银行普遍开始开拓国际市场，积极重视国际领域业务的开展，通过在国外建立分支机构，开拓业务关系等方式，建立"多国型银行集团"。例如德意志银行就明确说明要"从事各种形式的银行交易与发展同其他国家的经济关系"，并成功地在国际金融市场中为客户提供证券、交易贵金属、买卖外汇的场所，已经成为欧洲第二大银行和欧洲排名第一的证券承销商。

总之，德国经济的迅速发展与德国综合化、全能型的银行体制是分不开的。德国的全能银行模式是最高形态的综合化经营。

二、英国银行综合化经营的演变轨迹

（一）早期的分业经营模式

作为传统的工业化国家，历史上英国金融业一直是分业经营模式，各金融机构分工明确。不过这种模式的形成只是由于商业惯例自然形成的，并没有专门的法律限制银行的综合化经营。19 世纪后半期，为了满足公司发行债券和筹集资本的需要，一些大型的商业银行，如汇丰银行、巴林银行、罗斯柴尔德家族集团等，开始从事证券业务，进行证券的承销和发行，开始了混业经营。在 1923~1933 年的经济危机期间，由于当时普遍认为银行的混业经营是造成金融危机的重要原因，很多国家都对金融机构应该采取分业经营模式做出了严格的法律规定，而英国政府却始终没有通过法律形式对银行的混业经营做出明确限制。所以在此阶段，虽然英国的金融机构有从混业经营向分业经营回归的态势，但是却不是由于法律的现实，而是受到市场的推动作用，使英国的银行自发地减少其证券及保险业务，而专注于传统的存贷业务。

（二）银行业的改革

第二次世界大战以后，英国的金融渐渐衰弱，国际地位下降，在国际竞争中已不占优势。为了扭转这一局面，英国逐步进行了金融业的改革。20 世纪 70 年代初，英国政府实施了"竞争与信用控制政策"，旨在鼓励各金融机构广泛开展竞争。

1986年10月27日，撒切尔政府出台《金融服务法》，被称作"伦敦金融大爆炸"式改革方案。这一法案允许银行等金融机构和外国证券公司直接入市交易，同时取消了经纪商和交易商不可互兼的规定，大多数银行因此能够开展证券业务，英国银行业的分业经营模式彻底被击垮。1987年，《银行法》的颁布更是掀起了英国银行合并的高潮，催生了大量金融控股公司，很多世界一流的国际化金融服务公司，如汇丰银行和渣打银行等，都是在这一时期通过兼并、收购等方式发展起来的。

三、美国银行综合化经营的演变轨迹

（一）由混业经营到分业经营

20世纪30年代前，美国金融业实施混业经营模式，商业银行不仅可以经营传统的信贷业务，还能兼营证券、保险、信托等投资银行业务。但在1929~1933年的大萧条中，美国大约有9000多家银行倒闭。1931年，国会成立专门的委员会对大萧条产生的原因进行调查，结果一致认为是由于商业银行兼营投资银行的业务造成了股市崩溃、银行挤兑，造成了整个金融业的崩盘，以至于发展成波及全世界的金融危机。此后美国严格禁止商业银行从事投资银行业务。

美国为解决金融危机，相继颁布了《1933年银行法》《1933年证券法》和《1934年证券交易法》。尤其是《1933年银行法》的颁布，确立了银行业、证券业和保险业分立的制度，建立了分业经营、分业监管的金融体制框架，明确实行了利率政策限制、人事兼职限制、地域限制等。

可是此时，面对银行不能跨州设立分支机构的规定，逐利的金融机构不断进行组织形式和产品服务上的创新，出现了银行控股公司。针对这种情况，1956年《银行控股公司法》及其1966年修正案对跨州经营的多家银行控股公司进行了限制，而单一银行控股公司并不在

该范围之内。于是从 20 世纪 60 年代中期起，单一银行控股公司发展迅猛，在 5 年内数量增长了近一倍，占美国银行总量的 1/3。

为了弥补该漏洞，1970 年国会再次对《银行控股公司法》进行了修正，这一修正被称为《道格拉斯修正案》，把单一银行控股公司也纳入联邦储备委员会的管制范围，并且规定银行控股公司的业务范围由联邦储备委员会批准。至此，金融业分业经营的相关法律规定已经较为完善。

（二）银行分业管制开始松动

20 世纪 70 ~ 80 年代，商业银行的发展陷入了瓶颈，一方面居高不下的通货膨胀率大大降低了居民储蓄的热情，大量资金开始转向货币市场等具有更高收益的金融产品；另一方面，信息技术的发展降低了金融各领域之间的限制，各种非银行金融机构开始进入银行的传统业务领域。为了扭转局势，商业银行等存款机构不断进行金融创新，以规避利率管制。其中有代表性的是可转让提款通知书和自动提款业务账户。

面对经济环境的重大变化，美国出台了新的法律，逐步放松金融管制。1980 年的《储蓄机构放松管制与货币控制法案》和 1982 年的《储蓄机构法》取消了存贷款利率的上限，统一了金融机构法定准备金比例，扩大了银行和储蓄机构的业务权限。此时，美国法律对于银行分业经营的限制已经出现了松动。

（三）混业经营再次开放

经历了 20 世纪 80 ~ 90 年代的"金融大爆炸"后，西方其他国家银行开始不受限制地向客户提供投资银行业务。于是，1986 年联邦储备委员会通过了一项允许商业银行提供投资银行业务的议案，允许少数本国银行和外国银行的控股公司提供投资银行业务，但必须由其证券子公司具体经营。此后，联邦储备委员会先后批准花旗、大通曼哈顿等 5 大商业银行直接承销企业债券，允许 J. P. 摩根商业银行包销股票。截至 1997 年，银行控股公司的证券子公司大约承销了 1/5 的新股票。1997 年，联邦储备委员会宣布，银行可以向其证券子公司的客户提供信贷服务，但要求贷款必须按市场条件发放。这些规定使得商业银行和投资银行之间的界限越来越模糊了。

与此同时，商业银行也在争取经营保险业务。但是，美国国会一直没有通过相关的法律，仅同意银行有权销售为偿还贷款部分保险。从20世纪80年代起，各州政府相继允许州立银行提供保险。1991年，货币监管局授权国民银行在全国范围内销售年金，并允许其申请经营保险产品以及其他曾被禁止或限制的保险业务。

1994年，《银行跨州经营与跨州设立分支机构效率法》允许银行控股公司在满足一定的条件后，跨州吸收存款、跨州收购银行。到了1999年，《金融服务现代化法案》进一步对有关银行分业管制的法律规范做了实质性修订，废除了《1933年银行法》等相关法律，同时将银行控股公司转化为金融控股公司，允许其自由选择金融业务的组合。由此，美国金融市场的混业经营模式正式确立。

四、典型综合化金融服务集团发展实践

（一）德意志银行

德意志银行集团以全能银行为主导，在全球80多个国家和地区设有1600多个分支机构，为2000万名客户提供金融服务，是德国资产规模最大的银行集团。

1. 创立与发展

1870年，德意志银行创立，旨在成为一家经营存贷、证券、保险、信托在内的多种金融服务的全能银行。从成立之时到第一次世界大战爆发的前几十年里，通过为国际贸易提供服务，德意志银行不断发展壮大，以银行为主营业务，还参与了很多国内外的重大经济项目，涉及矿山开采、石油生产、电力工业、电气工程等主流业务。

2. 扩张与调整

第二次世界大战期间，德意志银行由于战争的原因受到重创，被拆分成多个银行。但是随着战后经济的恢复与发展，德意志银行又开

始合并，并重新步入经营发展的正轨，传统的存贷业务经营良好，出口贸易融资和外汇业务也快速发展，银行规模不断扩大，各种业务持续领先。此时的德意志银行，不断进行产品、服务和技术的创新，同时积极拓展海外业务，建立海外网点，布局国际投资业务，这些都是德意志银行这一阶段迅速发展的重要原因。

到了20世纪80年代后期，世界经济发展面临严峻挑战，宏观环境出现很多不利因素，如布雷顿森林体系瓦解引起了很多后续效应，发达国家面临通胀挑战，第三世界债务危机日趋严重。而此时，德意志银行仍然保持着良好的发展，并且金融综合化进程开始提速，全球布局进入了新的阶段。德意志银行收购了圣路易斯ITT商业金融公司，与德意志信贷公司合作，组建了德意志金融服务公司；收购了意大利第五大资金管理公司，拓展了期货业务；此外，还组建了德意志摩根建富和德意志银行纽约信托公司，分别从事投资银行和私人银行业务。至此，德意志银行正式成为了一家全能银行。

德意志银行在萧条的情况下取得如此显著的成绩，一方面是因为其重视产品与服务创新，为企业发展注入了活力。在贷款业务方面，先后推出了个人小额贷款、中等额度个人贷款、个人透支服务等；在存款业务方面，将工资账户和零售客户的其他账户合并为个人账户；在支付业务方面，率先推出支票卡，推动了无现金化的贸易；在投资理财业务方面，创设了累计型投资基金和房地产基金；在金融科技方面，启用了电子数据处理系统，提高了工作效率。另一方面是其注重海内外网点布局。1958～1973年间，德意志银行一直在世界各地开展分支机构，设立代表处，为未来可持续发展夯实了业务基础。

（二）花旗银行

1. 早期的投资银行业务

成立之初，花旗银行的管理者只把其作为一个融资工具和现金出纳。所有者们在花旗银行存款，当商业上有融资需求时，就再从花旗银行借款。这样的存款和借款都不计利息，不过尽管失去了利息，却得到了稳定的现金流和各种服务。这种情形一直持续到了 1837 年。由于在管理上的投入不足，花旗银行的资产负债结构处于很脆弱的情形，存贷比很低，同时当时美国又遭遇了很严重的经济危机，银行挤兑严重，花旗银行经营状况堪忧，濒临破产。幸亏当时政府及时宣布停止现金兑换，并且有大富豪约翰·雅各布·阿斯通的支持，花旗银行才死里逃生。随后阿斯通派出他的代表莫斯·泰勒入驻花旗银行，这也使得花旗银行进入了一个稳定发展的阶段。泰勒广泛投资商业、金融、公用设施、交通等各个产业，并要求这些企业在花旗银行开户，并由花旗银行为其提供融资。因此，花旗银行在其他银行还在通过大肆发放银行券获得利润的时候，已经开始逐渐成为一个为实体产业提供专业金融服务的专业银行，这为花旗银行随后的发展打下了坚实的基础。

2. 金融危机下的调整

20 世纪 30 年代，美国股市的崩盘而逐渐引发的一系列世界范围内的经济危机，使银行站在了风口浪尖。人们一致认为商业银行兼营投资银行业务是此次危机的"罪魁祸首"。花旗银行在此次危机下也不得不做出调整，对旗下从事投资银行业务的花旗公司进行清算，并且采取更为保守稳健的战略，同时为了彻底摆脱进一步危机可能带来的伤害，花旗银行更加重视现款政策，到 1938 年年底花旗银行的流动性比率已经超过 60%。

而在另一块国际业务上，花旗银行在危机一开始就迅速采取了措施，用最快的速度清理了由危机引起的问题贷款，并关闭掉了一些不盈利的海外分行，在开设新海外分行时也非常谨慎，并尽量只与信得过的客户开展业务。随着 1933 年以后国际贸易量开始提升，花旗银行的国际业务成了大危机时期银行利润的重要来源，在 1935 ~ 1939 年间，花旗银行海外分行的净营业利润占全行利润的 40%。在针对国内中小企业和个人用户的本土银行业务，花旗银行采取了更加谨慎的措施，凭借花旗银行长久以来在人们心中的良好印象和大危机时期最充实的存款储备，此项业务在整个 20 世纪 30 年代一直是温和增长的，其中通过购买零售商分期付款合同间接提供了很多个人贷款，这与其他银行相比同样处于领先的位置。尽管经济形势在 1937～1938 年间又重现低迷，但总体来讲，花旗银行已经从大危机中走了出来，资本质量重新回到健康的水平，利润也逐渐恢复到大危机前的水平。

3. 分业经营体制下的突破

第二次世界大战后，美国经济平稳发展，经济实力日渐雄厚。在这样的情况下，花旗银行保守的金融制度越来越限制其自身发展，法律禁止商业银行开展投资银行业务的限制大大削弱了其盈利能力。为了寻求突破，花旗银行尝试扩大经营范围，并利用《1956 年银行持股公司法》的漏洞，成立了单一银行持股公司花旗公司，由花旗公司控股花旗银行，开展证券、保险等金融业务。但因为受到一些相关部门的限制，花旗公司的非银行业务只占很少的一部分，但毫无疑问的是，花旗公司在挣脱银行立法的限制方面取得了重大突破，为美国金融监管改革提供了新的框架。

在不断进行金融创新的同时，花旗银行也不断地把这些创新推广到世界各个角落，其在海外的业务也得到了巨大的发展。尽管在此之前花旗银行在国际业务上已经取得了很好的成绩，到 1965 年，美国制造业对外直接投资的 187 家大公司中，165 家在花旗银行开户。但是从海外部出身的总裁瑞斯顿认识到，不能满足于花旗银行原来在海外业务上的收获，花旗银行需要进一步国际化，不仅要到所有的地方提供金融服务，而且要能够提供所有类型的金融服务，要像一家本土化银行一样提供全方位的业务，"银行本土化"的概念也第一次被提出。在继续巩固在海外成熟市场的公司业务的同时，花旗银行继续向这些国家提供新的业务和创新产品，并且开始向新兴国家进军，且将其作为这一阶段发展的重点。通过这些调整，在 20 世纪 70～80 年代，花旗银行有一半以上的收入来自海外业务，这也是花旗银行的独特之处，并在随后里德成为花旗银行总裁后继续得到加强，成为花旗银行特有的竞争优势。除此之外，花旗银行还通过建设最先进的管理信息系统改进经营管理水平，消费者金融服务和信用卡业务也得到了极大的发展，尽管在 20 世纪 80 年代末花旗银行由于海外不良贷款问题和消费者金融服务亏损问题一度陷入困境，但在迅速调整了资本结构后还是恢复了实力，并在 1992 年再次成为美国最大的银行。

4. 金融超市模式

1998 年，花旗公司与以保险为主营业务的旅行者集团合并，成立了花旗集团。花旗集团收购旅行者集团是其意欲打造所谓"金融超市"模式的结果。花旗希望通过整合二者的优势，实现规模经济和范围经济，获得更大的市场份额。这一目标无疑得到了实现，1995 ~ 2004 年间花旗集团的经营业绩从某些方面看是相当不错的，一直领先于同业。

因此，从理论上来说，金融超市模式可以实现不同业务部门之间的信息、资金、技术等资源的共享，实现极大的范围经济。这也是美国颁布《1999 年法案》的初衷，给予美国银行以极大的发展空间，让银行可以根据市场的变化、客户的需要、技术的发展、竞争对手和自身的发展状况制定更加灵活的发展策略。在法案即将颁布的前夕，市场预测以花旗为代表的金融全能集团模式将会是未来的主流模式。

但是，在 2003 年花旗将原属于旅行者集团的投资银行所罗门美邦公司改组为美邦公司，并计划逐渐将其出售给摩根士丹利公司，旗下日兴柯迪证券公司也计划出售给三井住友财团；2008 年，花旗集团的零售经纪业务与摩根士丹利集团的财富管理业务合并，成立了合资公司；2009 年花旗更是出台了重大重组计划，把集团拆分为花旗公司和花旗控股公司两部分，花旗公司负责经营其传统强项——信用卡业务和零售银行业务，而花旗控股银行将从事高风险的资产管理和消费者信贷等业务。这一系列组合拳说明花旗集团倾力打造金融超市的战略目标基本失败了。更有统计数据显示，在遭受金融危机的 2008 ~ 2009 年，花旗集团在 2008 年前三季度共亏损 104.1 亿元，全年共亏损 200 亿元，为历史上最大年度亏损，股价下跌 77%。美国政府强力注资才使其能存活下来。

花旗集团金融超市失败的原因是多方面的。首先，目前尚无定论如何精确测度这种通过并购产生的金融集团的成本，也就无法确定其绩效，因而难以确定其扩张的最佳规模和业务范围。其次，花旗银行以并购著称，但是并购完成后的花旗集团没有在内部整合方面进行大的投资，导致部门与部门之间，业务与业务之间造成极大冲突。集团内部条块分割，缺乏统一的协调成为花旗发展的桎梏。再次，从花旗实际的情况来看，银行向非传统金融领域的扩张带来了总杠杆水平的提升，进而收益波动性增大。更多地依靠非利息收入，盈利并不一定增加但是风险却有可能成倍增加。全能金融集团极有可能出现风险传导效应，如证券部门出现危机极有可能传导到信贷部门，从而引发公众恐慌，甚至酿成全方位的金融危机。最后，风险管控机制不健全也是花旗集团金融超市失败的重要原因。花旗集团一直是以发展高收益部门为依托的，其海内外并购也一直遵循着这条路径，但是不断的并购却造成了风险的充分暴露，根据美国现有监管标准，金融控股集团风险加权的核心资本充足率要达到6%，但银行可以采用 VAR 模型对于业务风险进行拨备，那么就出现了不同的业务部门公用风险拨备，产生了风险拨备不足。

第三节　中国金融综合化经营实践

一、中国金融综合化经营的发展历程

（一）1992 年之前：初级混业经营阶段

由于受计划经济体制的影响，中国经济现代史上商业银行长期以依附于央行的形式存在，未能形成独立的金融体系，无法独立开展各项业务。1983 年 9 月 17 日，国务院发布了《关于中国人民银行专门行使中央银行职能的决定》，正式宣布确立中央银行制度，同时决定成立中国工商银行，承担原来由人民银行办理的工商信贷和储蓄业务，

基本形成了以央行为领导、以四大国家专业银行为骨干所组成的银行体系。1985 年以后，单一的国有专业银行体系已不能满足经济迅速增长的需要，金融机构开始向外围拓展，各种金融机构纷纷成立，逐步形成多元化的金融体系。1987 年，国务院颁布了《企业债券管理暂行条例》，规定经中国人民银行批准，各专业银行和其他金融机构可以经办企业债券转让业务，这为银证混业经营提供了的法律依据。直到 20 世纪 80 年代末，国有银行专业经营分工的格局被打破，出现了专业银行向"全能化"发展、非银行金融机构向"银行化"发展的局面。

这一时期的金融运行整体呈现出两大基本特征：一是银行广泛涉及非银行业务；二是非银行金融机构及非金融机构乱办商业银行业务，甚至出现了所谓金融业的乱集资、乱设金融机构和乱办金融业务的"三乱"现象。这一切催生了金融风险和分业金融改革，并促使相关立法机构抓紧制定《商业银行法》。

（二）1993～1998 年：分业经营的确立

随着市场经济改革的深入，监管部门根据 20 世纪 90 年代初期金融业秩序混乱的局面，开始着手调整原来的混业经营体制，逐步建立分业经营体制。1993 年 12 月，中共中央、国务院发布的《关于金融体制改革的决定》提出，国有银行不得对非金融企业投资。随后又陆续颁布了《商业银行法》《证券法》《保险法》等法律法规，从法律上明确了分业经营、分业监管的金融体系。为应对亚洲金融危机，中共中央、国务院又于 1997 年底下发了《关于深化金融改革，整顿金融秩序，防范金融风险的通知》，严格规范各类金融机构业务范围，要求人民银行和所有商业银行在 1998 年年底前，与所属的信托、证券、保险公司和其他经济实体在人、财、物等方面彻底脱钩。自此，分业经营的格局正式确立。在此后的几年里，我国又通过采取一系列的改革措施，使银行、证券和保险业在分业经营的原则下得到了较快的发展，金融业的秩序得以恢复，形成了良好的商业竞争格局。

分业经营的模式为我国经济体制转轨提供了相对稳定的金融环境，同时避免或延缓了资产价格泡沫的快速积累，降低了金融危机发生的概率。这一体制在客观上保护了存款人的利益，促进了金融稳定，并由此确立了各类非银行金融机构的主业模式。

（三）1999 年至今：综合经营探索阶段

随着各国资本市场直接融资额的快速增长，金融"脱媒"现象凸显，传统商业银行业务利润空间受到挤压。受此影响，实行分业经营模式的国家纷纷放松分业规制。面临这种趋势，结合我国商业银行在分业经营时期遇到的种种问题，我国各商业银行纷纷推出进一步拓展资本、保险市场业务的发展战略。

与此同时，监管部门与立法机构为了推进这一趋势，也加快了政策层面的工作。2001 年《开放式证券投资基金试点办法》允许商业银行从事部分基金业务，同年颁布的《商业银行中间业务暂行规定》，规定商业银行经审批之后，可以办理部分与证券、保险相关的业务；2005 年《商业银行设立基金管理公司试点管理办法》的出台，表明国内商业银行可以直接出资设立基金管理公司。同年 10 月，"十一五"规划建议首次提出要稳步推进金融业综合经营试点，正式拉开了我国商业银行综合经营的序幕。2007 年，《金融租赁公司管理办法》允许符合要求的商业银行设立或者参股金融租赁公司；2008 年银行保险监管机构达成共识，允许商业银行和保险公司在符合国家有关规定和有效隔离风险的前提下相互投资。

改革开放以来，我国金融业经历了混业—分业—综合的过程。事实上，没有哪一种经营方式是具有历史普适性的，它们在中国经济改革中的不同时期发挥了不同的作用。伴随着中国经济转型、利率市场化的推进等新环境，商业银行的综合化经营也将向更具有竞争力的方向发展。

二、中国金融综合化经营的模式

从国内外开展金融综合服务的经验来看，金融控股公司是未来发展的大趋势。2019年7月26日，中国人民银行发布了《金融控股公司监督管理试行办法（征求意见稿）》，标志着我国顺应金融业综合经营趋势，从监管制度层面正式确认了金融控股公司的合法地位。其中，金融控股公司指依法设立，对两个或两个以上不同类型金融机构拥有实质控制权，自身仅开展股权投资管理，不直接从事商业性经营活动的有限责任公司或者股份有限公司。从定性角度来看，金融控股公司是分业监管体制下金融综合经营的过渡模式，以适应金融消费者的多样化和综合化需求，以及科技迭代带来的范围经济、新型产融结合的需求。

目前，按照设立主体的不同，我国金融控股公司主要分为以下几类：一是以非银行金融机构为载体的金融控股集团，主要以中信集团、光大集团、平安保险等为典型代表；二是以大型商业银行为载体的金融控股集团，如中国银行、建设银行、工商银行等国有大型商业银行；三是由大型企业组建的金融控股公司，如国家电网、五大发电集团、中国石油等；四是由资产管理公司转型而来的资管系金融控股公司，以东方、长城、华融、信达四大国有资产管理公司为主，但是没有商业银行的支撑，资本实力受到制约，流动性较为脆弱，普遍存在母公司杠杆偏高、风险较大的弱点；五是由地方政府推动设立的地方政府系金融控股公司，这一模式可以在一定程度上化解部分金融机构原有的不良资产，改善区域内经济金融环境，提高地方性金融机构综合竞争力，主要以上海国际集团、天津泰达国际等为典型代表。

三、中国金融综合化经营的现状

伴随着金融业的改革与发展，我国已逐渐形成了多模式、共发展的综合经营竞争格局。各大商业银行综合化经营的框架已经初步搭建，协同效应开始逐渐显现，在基建、PPP、国企改革、绿色能源等众多方面为实体经济提供了有力的支持。据不完全统计，截至2019年，已经有14家银行直接或间接拥有券商牌照，15家银行拥有基金子公司，

45 家银行拥有租赁牌照，12 家银行拥有保险牌照，4 家银行拥有信托牌照，6 家银行拥有期货牌照。

（一）向证券业渗透

银行业向证券业的渗透是金融业综合化经营的典型特征之一，由于分业体制的存在，我国商业涉足证券业的方式一般为银行设立证券子公司或者持有证券公司股票。截至 2019 年，已有工商银行、农业银行、建设银行、交通银行、中信银行、光大银行、招商银行等 14 家银行持股证券公司。

（二）向基金业渗透

截至 2020 年 5 月，我国银行系基金公司共 15 家，其中，国有大行系基金公司 5 家、股份制银行系基金公司 4 家、城商行系基金公司 4 家、外资银行系基金公司 2 家，银行系基金公司管理的资金业务总规模已达到 3.69 万亿，占公募基金行业总规模的 1/4 左右。短短十几年间，"背靠大树好乘凉"的银行系基金发展着实迅猛，已成为各大商业银行持续推动综合化经营的战略重点。

（三）向保险业渗透

2007 年 12 月，在《关于商业银行投资保险公司股权问题的请示》获得批准后，国内商业银行进军保险业的步伐大大加快。据不完全统计，目前共有 12 家银行成立或控股保险公司，其中工、农、中、建更是获得财险、寿险双牌照。

（四）向信托业渗透

随着商业银行意识到一个优秀的信托平台在银行开展多元化投资过程的重要性，部分国内银行开始试图持股信托公司。自 2007 年监管机构批准交通银行通过收购湖北国际信托投资有限公司组建交银国际信托有限公司以来，先后有建行控股合肥兴泰更名为建信信托，兴业收购联华国际信托更名为兴业国际信托，中国民生信托成立，浦发银行收购上海信托等。

（五）向租赁业渗透

为了增强国内商业银行的综合竞争力，我国从 2007 年开始试点国内商业银行设立金融租赁公司。数据显示，金融租赁产业往往是商业银行开展综合化经营的重要切入口，2014年至今尝试综合化经营的城商行几乎都是从金融租赁起家，这是因为金融租赁业务和传统信贷业务具有更多共同点，业务风险较低，发展前景广阔，准入门槛低，既可促进母行转型发展，又能依托母行综合化经营平台优势，获得可持续发展动力。

四、中国金融综合化经营存在的问题

（一）规模小且盈利能力不强

随着银行业务综合化的推进，净利息收入占比不断下降，以上市银行为例，上市银行（除兴业银行）2014年非利息收入达7687亿元，平均占收入比由2010年的14.8%提升至24.8%，提升整整10个百分点，但提升业务主要为信用卡、托管、担保、理财手续费等，从银行综合化业务单元的角度来看，与银行业务协同效应仍局限在客户信息共享以及销售联盟上，造成综合化业务单元依然存在规模小，盈利能力不强的问题。

以信息披露较为完整的建设银行（大行）及招商银行（股份行）为例。建设银行综合化子公司净利润仅占比0.91%，平均ROE 7.43%，招商银行综合化子公司净利润占比3.82%，平均ROE 14.1%，其他银行的情况也是类似，综合化经营子公司利润贡献小，盈利能力较低。

分开来看，基金、租赁子公司的ROE较高，平均在15%~20%，证券、保险等子公司ROE多低于10%。子公司与A股同期同业上市公司对比，除了租赁、证券业务基本持平以外，信托、保险业务ROE均低于行业内上市公司水平，显示出银行业综合化子公司尚处于起步、投入阶段，未来有很大改善的空间。

（二）依赖银行资源

银行系基金、租赁、信托、保险等均处于初创阶段，自身拓展客

户的能力较弱，而商业银行在我国金融体系中的处于优势地位，这些子公司依赖银行客户渠道优势来开拓市场的动机明显。据了解，部分银行系保险公司的银行渠道存在将保险销售与贷款条件相捆绑的现象。对银行渠道资源的依赖使商业银行整体失去可以进入更广泛的市场、接触更多的客户群体的机会，母子公司、子公司之间相关金融产品交叉销售效果无法更好实现，也会使一些跨市场、综合化的金融服务产品创新不够，使业务营销中缺少相应的服务手段和工具。

（三）存在风险传递可能

商业银行与其他金融机构面临的风险性质不同，在综合化经营的情况下，二者之间便会存在风险互相传递的可能性。在次贷危机中，本来是次级房贷证券化这一金融衍生品出现了问题，但部分商业银行购买了这一高风险、高回报的金融衍生品而造成亏损，使自身的流动性变差，失去造血功能，最终导致破产。以目前我国典型的银行综合化子公司模式为例，总行与子公司以及子公司之间比较容易产生交叉持股、授信和担保、资产转让、应收应付、服务收费以及代理交易等形式的利益冲突和内部交易，可能导致风险沿着业务关联等链条传播到其他子公司或总行，系统风险增大，因此，在混业情形下风险的管理和防范能力尤为重要。

五、我国商业银行推动综合化经营的方向

（一）增强风险防范能力

增强风险防范能力，是商业银行综合化经营的前提。商业银行进一步深入推进综合化经营，需要统筹谋划，包括科学规划顶层设计与经营战略，充分发挥集团协同效应；强化集团内部控制机制，建立有效的风险隔离墙，营造良好的企业文化氛围；加快培养复合型金融人才，增强管理者多元化经营的能力和控制风险的管理水平等。只有全方位进行配套改善，加强风险管理，商业银行才能充分发挥综合化经营的优势，提高金融体系的竞争力和金融机构的效率。

（二）树立先进服务理念

树立先进服务理念，是商业银行综合化经营的关键。客户对金融服务和产品的需求日趋便利化、快速化、去中介化，因此必须建立以"客户价值链为中心"的服务理念，不断丰富业务种类，为客户提供一揽子金融服务方案，精准满足客户需求，增强客户黏性。

（三）完善相关业务牌照

完善相关业务牌照，是商业银行综合化经营的基础。要实现综合化经营，做金融综合解决方案的提供者，商业银行需要布局金融全产业链，逐步提高"融智、融信息"的能力，满足客户一系列的金融需求。为更好地实现这一目标，商业银行应根据自身资源禀赋逐步完成全产业链牌照经营的布局，积极通过申请或并购等途径获得相关牌照，如金融租赁、基金、保险、资产管理牌照，并在政策允许下逐步获取信托、财务公司、期货和消费金融等业务的牌照。

（四）加大产品创新力度

加大产品创新力度，是商业银行综合化经营的重点。商业银行应当在自身传统优势业务的基础上，不断优化现有产品，加快中间业务发展；同时，还可以建立相应的绩效考核和激励约束机制，提高员工的创新积极性；并且要在法律允许的条件下，加强与非银行金融机构的合作，尝试从业务融合的角度进行创新。

第四节　金融综合化经营影响效应

一、金融综合化对经营效率的影响

国内外学者在金融综合化经营对经营绩效的影响方面的观点尚不一致。

一种观点认为综合化经营对经营绩效有正向促进作用。桑德等（Saunder et al.，1997）、窦尔蒙德（Doiamond，1983）和威廉姆森（Williamson，1989）均发现实行多元化经营可以为银行带来显著的范围经济收益。谢雷尔等（Schere et al., 1995）认为从事多种业务的全能银行将促使更快的技术更新，多样化经营的好处在于促进了技术创新和新金融产品的交叉销售。我国学者张涤新等（2013）发现在2008年金融危机冲击下，我国金融控股公司盈利水平显著高于独立银行。张海军（2018）、武志勇等（2018）、刘新宇等（2018）等认为交叉销售、包装组合和金融一体化可以节省信息成本和交易成本，产生范围经济和规模效益以及业务协同，具有效率优势。刘青松等（2019）认为业务多元化程度对地方性商业银行的经营绩效有正向影响，且这种正向影响在城市商业银行中更明显。

另一部分学者认为综合化经营在银行组织结构变得复杂的同时，管理难度和风险控制难度会随之增加，管理费用和监管成本也会显著提高；同时可能导致部门之间、子公司之间、银行和客户之间产生利益冲突，进而降低银行经营绩效。刘彦雷（2018）发现在宏观经济下行压力大、金融市场发育不完善、银行综合化经营能力有待提升的背景下，商业银行综合化经营与其绩效负相关。

还有一些学者认为商业银行综合化经营对经营绩效的影响取决于其性质和规模。李海等（2019）发现收入多元化与银行效率之间存在显著的非线性关系，当银行资产规模较小时，收入多元化不利于银行经营效率的提高，而当资产规模较大时，收入多元化对银行的经营效率起促进作用。李梦雨（2014）将研究样本划分为上市商业银行和非上市商业银行，发现对上市商业银行来说，综合经营可以提高绩效，而综合经营对非上市商业银行绩效会产生负面影响。岳意定等（2016）进一步将上市商业银行划分为上市国有控股商业银行和上市股份制商业银行，发现非利息收入业务会降低上市国有控股商业银行综合经营绩效，提升上市股份制商业银行绩效。

二、金融综合化对风险效应的影响

关于金融综合化经营的风险效应，现有研究主要有五个角度。

一是比较综合经营金融机构的某类业务与专门经营该类业务的金融机构的风险。张涤新等（2013）比较了中国的银行控股公司与独立银行的收益和风险状况，发现前者的收益和风险均优于后者，因此认为金融综合经营的风险更小。王向楠等（2019）比较了单个机构和两两合成机构的系统性风险，发现商业银行兼营保险业务会降低对股市风险、利率风险和汇率风险的暴露，兼营证券业务会增加股市风险暴露和利率风险暴露，兼营房地产会降低股市风险暴露和利率风险暴露，但会增加汇率风险暴露。

二是分析不同规模商业银行多元化经营的系统性风险。张天顶（2019）运用动态面板门限回归模型，发现规模小的商业银行开展综合化经营会降低系统性风险，规模大的商业银行开展综合化经营会增加系统性风险。而刘傲琼等（2017）的结论正好相反，他们使用银行规模作为区分不同类型银行的工具，发现城市商业银行提高多元化水平将提高面临的系统风险，而中小型股份制商业银行和国有大型商业银行提高多元化水平将降低面临的系统风险。

三是分析银行控股公司中某项业务的风险效应。戴维森（Davidson，2017）基于美国银行控股公司的会计数据发现持有寿险公司股份将提高银行控股公司的流动性风险、信用风险和利率风险，原因是其对寿险业务存在投资过度或投资不足、利用寿险业务避税以及寿险业务有更严重的资产负债错配问题。赫国胜等（2020）发现多数银行的投资银行收入与利息净收入表现为正相关性，投资银行业务与传统商业银行业务的结合无法有效分散银行风险，但是，随着投资银行业务在银行收入结构中的权重越来越大，银行多元化收入程度逐步提升，银行风险也随之下降。

四是分析不同类别金融机构之间收购前后的股价或会计指标的变化。卡苏等（Casu et al.，2016）整理了1991～2012年全球272个银行收购保险公司或券商的案例，发现银行收购券商会显著提高总风险、系统性风险和特异风险。

　　五是比较处于不同综合经营制度环境下的金融机构的风险状况。巴斯等（Barth et al. 2001）评价了 60 多个国家对金融综合经营的管制政策，认为金融综合政策越宽松，银行业的绩效越高，发生银行或金融危机的可能性越低。

　　目前，该方面的研究尚未形成一致结论，一部分学者认为业务多元化有助于减少危机时期收益的波动性，能够有效分散风险；而另一部分学者，如刘毅等认为在美国次贷危机中，综合经营增加了金融体系的风险传播和脆弱性，提高了系统性风险，给全球金融业带来了巨大危害。

　　综上，金融综合化是一把"双刃剑"，一方面它可以提高金融市场效率，实现金融资源的有效配置；另一方面过度尤其是缺乏治理保障的综合化也会带来严重的市场风险、信用风险等，如何在实践中把握综合化经营的"度"需要进一步的探索。

三、金融综合化相关实证分析

　　本部分以 2011～2014 年国内 56 家金融机构为样本对金融综合化与银行绩效、经营稳定性、资本充足率的关系进行分析，一共得到 223 个观测值。其中，金融综合化的衡量采用了两种形式，如表 7.1 所示，DIV 衡量金融机构开展的业务范围，等于 5 个虚拟变量之和。HI 为赫芬达尔指数，等于非利息收入/营业收入。因变量企业绩效指标包括总资产收益率（ROA）与净资产收益率（ROE），金融机构经营稳定性采用了 Z 得分（$Z = (ROA + EA)/STD(ROA)$），资本充足率（$CRAR$）与不良贷款率（NPL）。主要控制变量包括 LR（存贷比，衡量企业偿债能力）、EA（股东权益比率，衡量企业偿债能力）、LNA（总资产的自然对数，衡量企业规模）、CI（成本收入比，衡量企业安全性）、NPL（不良贷款率，衡量企业安全性）。

表7.1   金融综合化的衡量指标

	是否经营证券业务（以是否设立独立法人子公司为准），是为1，否为0
	是否经营保险业务（以是否设立独立法人子公司为准），是为1，否为0
DIV	是否经营信托业务（以是否设立独立法人子公司为准），是为1，否为0
	是否经营基金业务（以是否设立独立法人子公司为准），是为1，否为0
	是否经营金融租赁业务（以是否设立独立法人子公司为准），是为1，否为0
HI	赫芬达尔指数，等于非利息收入/营业收入

资料来源：笔者整理。

（一）金融综合化与企业绩效

表7.2中，模型（7-1）、模型（7-2）解释变量为 DIV，模型（7-3）、模型（7-4）解释变量为 HI，模型（7-1）、模型（7-3）被解释变量为 ROA，模型（7-2）、模型（7-4）被解释变量为 ROE。如表7.2所示，DIV 每增加1个单位，ROA 增加了0.059个单位，ROE 增加了0.745个单位，DIV 对资本扩大和股东收益增加都有较大的贡献，相比较而言，DIV 对股东权益贡献更大；HI 每增加1个单位，ROA 增加了0.634个单位，ROE 增加了10.402个单位，HI 对资本扩大和股东收益增加都有较大的贡献，相比较而言，HI 对股东权益贡献更大。该结果说明金融综合化对企业绩效具有显著的正向作用。

表7.2   金融综合化与金融机构绩效的回归结果

变量	模型（7-1）	模型（7-2）	模型（7-3）	模型（7-4）
	ROA	ROE	ROA	ROE
常数项	0.449 **	6.479 ***	0.052	2.597 *
	(2.227)	(2.801)	(0.362)	(1.664)

变量	模型（7-1）	模型（7-2）	模型（7-3）	模型（7-4）
	ROA	ROE	ROA	ROE
LR	0.981 ***	23.719 ***	1.008 ***	23.325 ***
	(4.928)	(8.782)	(4.974)	(8.698)
LNA	-0.059 **	-0.828 **	-0.024	-0.533 **
	(-2.121)	(-2.452)	(-1.403)	(-2.610)
CI	2.154 ***	19.405 ***	2.320 ***	20.258 ***
	(5.791)	(4.380)	(5.976)	(4.582)
EA	0.139	1.169	0.283	0.685
	(1.168)	(0.843)	(0.910)	(0.373)
NPL	-9.387	-229.571	-15.976	-258.417
	(-0.654)	(-1.155)	(-1.101)	(-1.313)
DIV	0.059 **	0.745 **		
	(2.168)	(1.989)		
HI			0.634 **	10.402 ***
			(2.240)	(3.584)
调整后 R^2	0.826	0.817	0.821	0.822
F 值	73.037	107.262	68.206	105.412

注：*** 表示在1%水平上显著，** 表示在5%水平上显著，* 表示在10%水平上显著。
资料来源：笔者整理。

1. 控股股东性质的调节效应

根据表7.3，引入控股股东性质（$STATE = 1$ 代表国有控股，$STATE = 0$ 代表非国有控股）后，以 ROA 为被解释变量，DIV 与 $STATE$ 交乘项的回归系数为 0.089，在 5% 水平上显著；HI 与 $STATE$ 交乘项的回归系数为 0.217，但不显著。以 ROE 为被解释变量，DIV 与 $STATE$ 交乘项的回归系数为 0.948，在 10% 水平上显著；HI 与 $STATE$ 交乘项的回归系数为 -5.805，但不显著。根据回归结果，可以看出国有企业的金融综合化经营对企业绩效的正向影响更明显。

表7.3　控股股东性质对金融综合化—金融机构绩效关系的调节效应

| 变量 | 模型（7-5） | 模型（7-6） | 模型（7-7） | 模型（7-8） |
	ROE	ROA	ROE	ROA
常数项	0.501**	7.174***	-0.009	1.385
	(2.472)	(3.074)	(-0.051)	(0.722)
LR	0.999***	23.648***	1.005***	23.253***
	(5.145)	(8.815)	(4.942)	(8.639)
LNA	-0.057**	-0.855**	-0.015	-0.396
	(-2.020)	(-2.508)	(-0.794)	(-1.639)
CI	2.063***	18.818***	2.302***	20.047***
	(5.632)	(4.241)	(5.877)	(4.487)
EA	0.180	1.524	0.287	0.643
	(1.524)	(1.096)	(0.917)	(0.348)
NPL	-13.359	-248.870	-15.561	-253.154
	(-0.947)	(-1.252)	(-1.068)	(-1.278)
STATE	-0.169*	-1.531	-0.149	0.816
	(-1.843)	(-1.550)	(-0.767)	(0.425)
DIV	0.014	0.277		
	(0.434)	(0.611)		
DIV×STATE	0.089**	0.948*		
	(2.532)	(1.960)		
HI			0.706*	12.226***
			(1.839)	(3.576)
HI×STATE			0.217	-5.805
			(0.338)	(-0.848)
调整后 R^2	0.835	0.820	0.820	0.821
F 值	58.451	82.252	50.967	78.732

注：*** 表示在1%水平上显著，** 表示在5%水平上显著，* 表示在10%水平上显著。

资料来源：笔者整理。

2. 独立董事比例的调节效应

根据表7.4，引入独立董事比例后，以 ROA 为被解释变量，DIV

与独立董事比例交乘项的回归系数为 0.660，在 1% 水平上显著；HI
与独立董事比例交乘项的回归系数为 -0.717，但不显著。以 ROE 为
被解释变量，DIV 与独立董事比例交乘项的回归系数为 8.493，在 5%
水平上显著；HI 与独立董事比例交乘项的回归系数为 -19.660，但不
显著。回归结果证明，独立董事比例越高，金融机构综合化经营对公
司绩效的正向影响越明显。

表 7.4　独立董事比例对金融综合化—金融机构绩效关系的调节效应

变量	模型 (7-9)	模型 (7-10)	模型 (7-11)	模型 (7-12)
	ROA	ROE	ROA	ROE
常数项	1.794 ***	19.969 ***	1.382 ***	17.735 ***
	(8.091)	(5.368)	(5.564)	(4.247)
LR	-0.141	3.343	-0.058	3.724
	(-0.880)	(1.147)	(-0.353)	(1.256)
LNA	0.060	1.744 **	0.039 *	1.204 ***
	(1.529)	(2.481)	(1.950)	(3.195)
CI	-0.525 *	-5.207	-0.128	-1.784
	(-1.777)	(-1.134)	(-0.418)	(-0.396)
EA	-0.007	-78.950 ***	0.838	-70.300 ***
	(-0.009)	(-4.879)	(1.082)	(-4.265)
NPL	-26.497 ***	-52.082	-38.177 ***	-150.185
	(-2.881)	(-0.289)	(-4.103)	(-0.821)
$OUTSIDE$	-2.052 ***	-35.594 ***	-1.131 **	-21.463 **
	(-5.763)	(-5.713)	(-2.112)	(-2.148)
DIV	-0.225 ***	-3.616 *		
	(-2.596)	(-1.934)		
$DIV \times OUTSIDE$	0.660 ***	8.493 **		
	(3.850)	(2.190)		
HI			1.235 *	11.215
			(1.913)	(1.214)

续表

变量	模型 (7-9)	模型 (7-10)	模型 (7-11)	模型 (7-12)
	ROA	ROE	ROA	ROE
$HI \times OUTSIDE$			-0.717	-19.660
			(-0.367)	(-0.593)
调整后 R^2	0.699	0.482	0.674	0.462
F 值	14.645	8.440	13.163	7.862

注：*** 表示在 1% 水平上显著，** 表示在 5% 水平上显著，* 表示在 10% 水平上显著。

资料来源：笔者整理。

（二）金融综合化与金融机构经营稳定性

根据表 7.5，DIV 每增加 1 个单位，Z 减少了 0.007 个单位；HI 每增加 1 个单位，Z 减少了 0.163 个单位，但是两个系数都不显著，金融综合化对金融机构经营稳定性没有显著影响。

表 7.5　　　　　　　　金融综合化与金融机构经营稳定性

变量	模型 (7-13)	模型 (7-14)
	Z	Z
常数	-1.108 **	-1.008 ***
	(-2.401)	(-3.024)
LR	1.827 ***	1.817 ***
	(3.936)	(3.917)
LNA	0.143 **	0.149 ***
	(2.192)	(3.986)
CI	2.270 ***	2.370 ***
	(2.926)	(2.980)
EA	1.441 ***	0.561
	(4.670)	(0.944)
NPL	-66.019 **	-74.114 **
	(-2.074)	(-2.323)
DIV	-0.007	
	(-0.095)	

变量	模型 (7-13)	模型 (7-14)
	Z	Z
HI		-0.163 (-0.269)
调整后 R^2	0.513	0.434
F 值	21.571	15.582

注：*** 表示在 1% 水平上显著，** 表示在 5% 水平上显著，* 表示在 10% 水平上显著。

资料来源：笔者整理。

（三）金融综合化与资本充足率

根据表 7.6，DIV 每增加 1 个单位，CRAR 增加了 0.004 个单位；HI 每增加 1 个单位，CRAR 增加了 0.043 个单位，该结果说明金融综合化与资本充足率存在显著的正向关系。分控股股东性质来看，国有企业中金融综合化与资本充足率的正向关系更强。

表 7.6　　　　　　　　　　金融综合化与企业资本充足率

变量	模型 (7-15)	模型 (7-16)	模型 (7-17)	模型 (7-18)
	CRAR	CRAR	CRAR	CRAR
常数	0.054 *** (3.478)	0.035 *** (3.299)	0.058 *** (3.709)	0.032 ** (2.517)
LR	0.104 *** (5.770)	0.103 *** (5.662)	0.100 *** (5.569)	0.101 *** (5.506)
LNA	-0.007 *** (-2.916)	-0.005 *** (-3.452)	-0.007 *** (-2.945)	-0.004 *** (-2.642)
CI	0.180 *** (6.123)	0.182 *** (6.059)	0.176 *** (6.012)	0.179 *** (5.943)
EA	0.011 (1.133)	0.013 (1.061)	0.012 (1.303)	0.013 (1.076)

续表

变量	模型（7－15）	模型（7－16）	模型（7－17）	模型（7－18）
	CRAR	CRAR	CRAR	CRAR
NPL	0.868	0.692	1.012	0.857
	(0.711)	(0.562)	(0.825)	(0.684)
DIV	0.004*		0.002	
	(1.713)		(0.616)	
HI		0.043**		0.044*
		(2.254)		(1.948)
STATE			−0.012*	−0.008
			(−1.792)	(−0.626)
DIV × STATE			0.006*	
			(1.682)	
HI × STATE				0.008
				(0.187)
调整后 R^2	0.810	0.807	0.813	0.806
F 值	115.636	108.485	88.360	80.877

注：*** 表示在 1% 水平上显著，** 表示在 5% 水平上显著，* 表示在 10% 水平上显著。

资料来源：笔者整理。

（四）金融综合化与不良贷款率

在分析金融综合化与不良贷款率的关系时，我们将企业绩效（ROA）补充到控制变量中。根据表 7.7，DIV 与 HI 的系数都不显著，金融综合化对金融企业不良贷款率没有显著影响。

表 7.7　　　　　　金融综合化与不良贷款率

变量	模型（7－19）	模型（7－20）
	NPL	NPL
常数	−0.004***	−0.003***
	(−2.688)	(−3.072)

变量	(7－19)	(7－20)
	NPL	NPL
LR	0.008 *** (5.336)	0.008 *** (5.447)
LNA	0.001 ** (2.555)	0.000 ** (2.494)
CI	0.014 *** (4.746)	0.016 *** (5.127)
EA	－0.000 (－0.072)	－0.001 (－0.233)
ROA	－0.001 (－0.654)	－0.001 (－1.101)
DIV	－0.000 (－0.985)	
HI		0.002 (1.102)
调整后 R^2	0.841	0.837
F 值	81.462	76.080

注：*** 表示在1%水平上显著，** 表示在5%水平上显著，* 表示在10%水平上显著。

资料来源：笔者整理。

第五节 主要研究结论与实践启示

金融综合化是一把"双刃剑"，一方面可以提高金融市场效率，实现金融资源的有效配置。另一方面也会加剧金融风险的累积和传递，容易引发系统性风险。实证研究发现，金融综合化对金融机构绩效和资本充足率具有显著的正向效应，验证了金融综合化具有积极的资源配置效应。进一步研究发现，独立董事比例越高，金融机构综合化经营对公司绩效的正向影响越明显；相对于非国有企业，国有企业的金融综合化经营对企业绩效和资本充足率的正向影响效应更强；而金融综合化对金融机构稳定性和不良贷款率的影响不显著。整体而言，金融机构综合化呈现出积极的效率提升效应，但也可能带来金融风险的累积，影响金融机构的稳定性。

金融综合化效率优势得以体现的关键，是要完善综合化金融机构治理体系，提升风险治理能力，切实防范化解综合化的可能负面影响。为此，要强化监管部门和金融机构的责任意识，夯实金融综合化的治理基础。首先，强化治理风险预警机制建设。金融机构最大、最根本的风险是治理风险，将着力点放在金融机构治理风险，是指导各类金融机构改革和发展的主要方向。金融机构往往建立了以财务指标为基础的较完善的金融风险预警机制，然而对治理风险的预警还不系统。金融综合化的发展，进一步凸显了治理风险预警体系的极端重要性。其次，完善外部治理体系，强化对金融机构的统一监管。监管机构应通过更加全面的信息体系来确保金融机构业务独立和交易透明，防范综合化可能引致的风险传染，抑制可能助长冒险的体制机制，以避免风险累积乃至爆发。

第八章

银企关系与银行系机构投资者持股

在金融业综合经营的大背景下，整个金融集团能够形成规模经济和范围经济，有利于在金融集团内各个公司相互之间形成优势互补。银行作为公众服务机构，在向企业进行存贷款服务或其他金融服务项目中能够获得企业的相关信息。银行获得企业信息的渠道主要有两个：一是银行在发放贷款过程中对上市公司的调查，主要依据上市公司根据我国《证券法》强制性信息披露规则对外做出的定期披露财务报告和其他重要事项报告，但以上信息披露需要相关的审计机构进行审计、法律部门的审核等，这些过程都会增加公司进行信息披露的成本，同时一些存在较多专利的公司担心过多的信息披露会造成公司专利等商业重要性信息泄露，因此，公司在进行强制性信息披露时会有选择性地进行信息的披露，对于一些不利于公司的信息也会进行隐藏，因此银行能够从公司进行的强制性信息披露中获取价值较大的信息。此外，银行可以在与企业长期的合作关系中，不仅能够掌握企业的资金往来、还贷能力、盈利能力等财务信息指标，还能够了解企业的信用、风险偏好、经营者的管理能力、公司治理情况等私有信息，能够更好地对客户进行评级，识别优质客户资源。二是企业在贷款过程中主动向银行提供信息，从而降低与银行之间的信息不对称，但这部分信息价值的大小取决于公司向银行提供信息的意愿强度，当企业需要从银行获得较长期限的贷款，或者希望银行降低贷款成本的意愿较强时，企业往往会向银行提供价值性较大的信息，这部分信息往往是企业的正面信息，从而增大获得贷款的可能性。通过长期的借贷业务和其他金融服务交易，银行和企业之间会形成良好的贷款合作关系，银行也会得到其他债权人或者投资者无法获得的企业内部私有信息，这是银行和企业专有性的内部信息。同时，这部分的私有信息能够使银行在同行业中处于信息优势地位。作为企业私有信息的拥有者，银行是否会将这些私有信息很好地传递给集团内的证券、保险、基金等机构投资者？机构投资者是否会参考这些私有信息进行持股决策？

第一节 机构投资者治理效应

随着资本市场的发展，机构投资者已然成为资本市场的重要参与者，对于提高市场效率和促进企业发展具有重要作用。国内外对于机构投资者研究主要从机构投资者对上市公司的治理效应及机构投资者持股偏好的影响因素两个方面进行研究。

一、机构投资者的治理效应

国内外大量学者表明机构投资者对于提高公司信息透明度、降低委托代理成本、提高公司治理效率及经营业绩等方面具有重大作用。

例如，在提高信息透明度方面，吉登伯恩和约翰（Chidambaran and John，2000）、布西曼（Bushma，2004）的研究表明机构投资者能够获得深层信息和内部信息，改善了信息的不对称现象，提升信息透明度。施莱费尔（Shleifer，1986）认为机构投资者能够提高会计信息质量。国内学者研究也发现机构投资者持股、持股比例等能够影响上市公司信息披露的质量和及时性。

在降低代理成本方面，施达普登（Stapledn，1995）认为机构投资者参与公司治理，在一定程度降低了由两权分离带来的代理成本。杨海燕（2013）研究发现长期机构投资者与代理成本呈负向相关关系，机构投资者较高的持股比例能够降低两方面的代理成本：一是公司管理层的代理成本；二是控股股东的带路成本。

在提高经营业绩方面，陈（Chen，2007）和布拉夫（Brav，2008）机构投资者持股对公司业绩具有积极的影响。肖星、王琨（2006）和李静（2010）研究表明相对于其他公司而言，拥有证券投资基金持股的上市公司在多项财务业绩和公司治理方面上都表现良好。李维安和李滨（2008）通过实证研究发现机构投资者不仅对上市公司治理水平具有积极影响，同时也在上市公司的经营绩效和市场价值方面发挥重要作用，机构投资者持股比例越大，上市公司的经营绩效和市场价值也相应的越大。

在完善公司治理方面，吴晓晖、姜彦福（2006）研究发现前十大股东中存在机构投资者的上市公司，独立董事的比例相对较高，从而对公司的绩效产生积极影响。施莱费尔和维什尼（Shleifer and Vishny，1986）以及布劳斯和奇二（Brous and Kini，1994）认为机构投资者基于自身专业背景、资金及信息优势，同时基于自身利益最大化的原则，有能力、动机去监督公司管理层的经营管理决策并施加影响。卡普兰和斯特龙伯格（Kaplan and Stromberg，2001）和车驰曼（Churchman，1994）研究表明机构投资者持股数量与其对公司的监督的动力之间存在正向关系。王琨和肖星（2005）通过实证得知机构投资者较高的持股能够有效地降低上市公司因关联交易产生的负债净值，他们从公司关联交易的角度分析说明了我国机构投资者在上市公司的公司治理中发挥重要作用，在一定程度上能够监督公司的经营管理活动。

二、机构投资者持股偏好的影响因素

学者主要从社会绩效、财务信息、公司治理情况三个角度分析影响机构投资者持股偏好因素。

从社会绩效角度出发，毛磊、王宗军和王玲玲（2012）研究表明企业社会绩效是机构投资者进行持股决策的一个重要因素，有较好的正面的社会绩效的上市公司，特别是近两年的社会绩效，基金持股比例越大。彼特森和弗里登堡（Petersen and Vredenburg，2009）研究发现机构投资者在制定投资策略时，将公司的社会绩效作为一个重要的考虑因素；相对于个人投资者，他们也有能力和动机获取先关信息。

从财务信息角度出发，一些国外学者研究也发现机构投资者在做出持股决策时往往会考虑公司的财务信息、市场信息等。

此外，机构投资者还比较注重公司治理情况。宋玉（2009）研究发现最终控制人所有权比例与机构投资者持股比例呈正相关关系，而两权分离度与机构投资者持股比例呈负相关关系。非国有制的企业性质能够强化两权分离度与机构投资者之间的负效应。江向才（2004）从董事会和监事会持股比例、所有权的透明度及投资者关系的透明度三个方面分析，得出机构投资者偏好于公司治理效应好的上市公司，董事会和监事会持股比例越高，机构投资者持股也相应的提高；所有权的透明度及投资者关系的透明度与机构投资者的持股比例呈现显著正相关关系。尤西姆（Useem，1993）通过研究分析发现基金持股会关注企业所有权分散程度、董事会的构成及董事会的治理效率。有学者（Associates et al.，1998）发现董事会质量是影响机构投资者持股决策的一个重要因素，机构投资者在进行持股决策时会对公司的董事会构成、董事会成员相关信息、董事长与总经理两职合一、董事会持股或对董事的股权激励等方面进行综合评估。

三、银企关系

银企关系的初始建立主要通过银行与企业间借贷关系形成。当企业向银行申请贷款后，银行需要对企业进行贷款调查，包括企业借款用途的真实合理性、借款的营利性、借款的安全性及合法性、借款人的品行等。在对企业深入调查研究的基础上，根据已获得的企业信息，银行对贷款企业进行信用评估。对于信用评级较高的借款申请，银行才会进行借款的审批，并发放贷款。贷款发放以后，银行要对借款人用款情况进行跟踪调查和检查。

银行向企业在发放贷款时不仅仅会关注企业的年龄、盈利能力、提供抵押的能力等财务信息这类"硬信息",也会注重价值较高的"软信息",如上股权制衡度、董事会结构等公司治理结构、管理者的能力、风险偏好、企业信用及声誉等。银行通过对申请人的真实性和合法性、财务状况、现金流等、企业管理者的能力、诚信情况等社会评价方面的信息的贷前调查,能够掌握企业真实的经营情况和有效资产。而银行通过侧重于风险控制的贷后管理,主要包括贷款用途监控、担保情况、资金往来等方面的监控。曹敏、何佳、潘启良等(2003)通过研究广东省银行对100多家外资企业的贷款发现,银行与企业的合作关系越长,外资企业能够获得更低的外币借款利率,从而说明银企关系越好,他们之间的信息透明度越高。

同时,企业为了提高从银行获得贷款的可能性、增加获得的长期贷款量,或者能以较低的贷款成本获得贷款,往往会主动采取一些措施来降低企业与银行之间信息不对称的程度。布特(Boot,2000)研究发现非市场化的银企关系,有利于企业向银行释放信息以获得更多资金支持,也有利于银行从企业获取软信息。而银行背景的独立董事、总经理或董事同样会为企业带来更多的银行贷款。

第二节 银企关系对银行系机构投资者持股的影响机理

一、研究假设

(一)银企关系与机构投资者持股关系假设

已有学者发现作为公司内部信息知情人的高管或董事的社会网络关系会影响到信息披露的公平性或公司治理效率,而这一逻辑同样也适用于银行与机构投资者之间,他们同属于一个金融服务集团,在日常经营中存在不同的产品交叉或销售渠道、信息共享的合作关系,或者同时受控于一个母公司。当银行通过向企业发放贷款、进行结算汇兑等金融服务,不仅能够获知公司资金往来、经营状况等一些硬性财务信息，同样能够获得公司内部的管理经营、公司治理等一些未公开披露的私有信息，这种信息极有可能在银行和集团机构投资者之间进行传递，相对于其他投资者而言，集团内的机构投资者能够更多地或更早地获得内部信息，利用这些信息优势做出持股决策。这在一定程度上影响了公司信息传递和披露的公平性，有损于其他的投资者。此外，银行也会因机构投资者持股股份而获利，具体可以表现在以下几个方面：其一，机构投资者作为股东可以参与到公司治理中去，提高公司治理水平，降低代理成本，增强其盈利能力，这样会提高公司还贷的能力。其二，机构投资者持股后能够提高公司的信息透明度，降低信息不对称，同时机构投资者也能够起到监督作用，增强银行贷后管理能力，降低审查成本。其三，他们之间的信息传递可能为他们带来超额收益。因此，银行本身也有动力向机构投资者传递信息，影响其投资决策。从公司角度来说，在公司的股权再融资、并购、发行债券等资本运作方面，公司也需要通过银行得到其背后的金融控股集团的配合与帮助。由此，我们提出本章的第一个研究假设：

假设8-1：金融控股集团内机构投资者对上市公司的持股比例受银企关系的影响。

相对于长期贷款而言，企业更容易获得短期借款。企业的贷款期限是由银行和企业共同决定的。银行和企业之间的信息透明度不高时，银行出于企业还贷的风险考虑，减少企业的长期贷款量和缩短贷款期限，企业获得长期贷款的能力就相应较差，他们需要通过更加复杂的申请手续或者支付较高的贷款成本以获得长期贷款，因此，企业比较倾向于申请短期贷款，满足短期内的资金需求。企业如果能够按时还贷，这种行为能够向银行释放公司积极正面的信号，从侧面表明企业经营运作良好、信用度较高，从而能够达到逐渐降低与银行之间的信息不对称性的效果。而对于银行来说，投资机会增多，风险减少，银行也会增加企业的贷款期限。此外，企业为了获得银行的长期贷款，会主动向银行披露相关信息以减少信息不对称。查努米林德等（Charumilind,

2007）通过实验研究发现若良好的银企关系能够使企业获得较长期限的贷款，或者能够以相对低的贷款成本获得贷款，银行要求企业提供的抵押物和担保也会减少。此外，银行在发放贷款时，对长期贷款的审查力度比短期贷款的要大，因此也能获得更多的内部信息。同时，银行发放贷款期限越长，就更加注重贷后管理。由此，我们提出下面假设：

假设8-1a：金融控股集团内机构投资者对上市公司的持股比例受银行贷款期限结构的影响。银行贷款长期借款比例越大，集团内机构投资者持股比例越大。

在企业与银行初步建立关系时，银行对企业了解不深，主要依据公司披露的公开信息及相应的公司财务信息做出贷款审批依据，企业还贷风险较大，因此银行往往要求不太熟悉的企业支付高的贷款成本。如果银行长期为一家企业办理各种如存款、咨询和结算业务等，他们之间就能够形成一种长期的良好合作关系。随着合作关系的加深，接触过程中所附带的各种私有信息的价值会远超过公司披露的财务信息、银行前期对企业进行的初步信用评级等信息，对于解决银行和企业信息不对称、企业财务信息不透明问题发挥重要的作用。企业因这种良好的银企合作关系能以较低的成本获得更多的银行贷款，而银行也能够获得企业的一些重要的内部信息。此外，企业在发展过程中，会与多个银行发生借贷关系，银行在日益激烈的竞争环境下会用较低的借款成本维护原有客户。学者研究发现银企关系越好，企业获得银行贷款的成本就越低，他们之间存在显著的负相关关系，银企合作关系时间越长，企业越容易以较低的成本获得贷款，同时，银企关系越深越有利于降低贷款利率。基于以上理论，我们可以推测企业以较低成本获得贷款时，银行与企业关系较好，银行获取的内部信息量也相对较多。

假设8-1b：金融控股集团内机构投资者对上市公司的持股比例受银行贷款成本的影响。

（二）信息透明度对假设8-1的调节作用

审计质量是衡量公司信息透明度的一个重要指标。不同的审计质量对会计信息透明度的影响存在差异化，而高质量的外部审计能够在提高公司会计信息透明度方面发挥积极的作用，抑制管理层的机会主义行为，提高信息的真实性和可靠性。债权人评估企业还贷能力，往往会分析公司的财务状况、盈利能力、经营管理等能力，而获得相关信息的主要途径是上市公司披露的财务报表和报告。企业为了获得更多的外部资金，往往有动力去选择粉饰报告，或者尽可能多地发布利好信息，或选择隐藏对公司不利的信息。外部的审计机构对上市公司的财务报表及报告进行审计工作，可以有效地减少上市公司的这种行为。较高的审计质量报告能够有效地向债权人展现企业真实的经营情况，提供公司完整的信息，能够有效地降低债权人和公司之间的信息不对称的程度。审计质量较低时，银行为确保贷款资金的安全性，会要求企业提供更多的内部信息以提高信息透明度，或者要求企业提供高的贷款成本或者仅仅提供较短期的贷款，以减少贷款风险；企业方面在审计质量较低时，为了以较低的成本获得更多的贷款或者更长期期限的贷款，企业必须向银行更多地提供内部信息，降低与银行的信息不对称。因此，公司的审计质量越高，公司的公共信息透明度就越高，银行获得的企业专有信息量较少，而公司的审计质量较低时，银行能够较其他债权人或者投资者获得更多的企业私有信息，该部分价值往往大于公共信息。由此，我们可以推测在公司审计质量较差时，银行将获取的私有信息传递给集团内的机构投资者时，更能够影响到其持股决策。同时，在上市公司审计质量低时，机构投资者为了更全面地了解企业，也有动机通过银行获得内部信息。由此，我们提出本章的第二个假设：

假设8-2：公司的审计质量能够对银企关系与银行系机构投资者持股决策之间的关系产生影响。公司的审计质量越低，金融控股集团内机构投资者对上市公司的持股比例受银行贷款期限结构及贷款成本的影响得到强化。

由于上市公司注册地的市场化程度不同，他们披露的信息质量也不同，与投资者之间的信息透明度也相应的不同。市场化程度与公司的信息透明度呈正相关关系。在市场化水平高的地区，政府对市场的干预较少，该地区的法律制度环境良好，产业市场发育较完善，要素市场中的金融业竞争比较激烈，资源能够按照供需关系进行合理、有效配置。银行对企业发放贷款具有自主性，主要依据其对企业的信息了解程度，根据企业不同的经营状况及时作出贷款的管理与监控，对于存在经营不确定的企业，银行会通过要求企业提前还贷缩短贷款期限、增加抵押物或者提高其贷款成本等方式降低贷款风险。因此，企业要想从银行获得更多的、稳定的资金支持，必须降低与银行的信息不对称程度，其信息披露的动机相应加强，能够积极向银行释放良好发展的信号，以获得较低成本或期限较长的贷款。而在市场化程度较低的地区，在政府干预较多的情况下，企业的会计信息不能在市场中很好地有效传递，市场对于有效会计信息的识别难度增大，不能很好地在会计信息中发掘有价值的高质量信息，因此，在市场程度较低的市场中，会计信息有效地发挥作用。同时，当地的法律制度建设不完备，制度环境相对落后，投资者的维权意识不强，对于企业进行会计信息诉讼的相对较少，企业对此付出的成本就会相应地降低。因此，企业没有动力披露高质量的会计信息。此外，政府为了实现当地的经济发展，会参与到银行与企业的贷款关系中，要求当地银行给予企业贷款政策优惠，即使银行对企业的经营发展及内部管理情况了解不深，也会在政府的干预下给予企业贷款优惠。因此，在市场化程度较高的地方，银行处于优势地位，能够获得企业的内部信息；市场化程度较低时，银行贷款的自主性降低，不能依据信息很好地进行资源配置，相应地在贷款过程中获得的企业信息量不足。由此，我们提出本章的第三个假设：

假设 8-3：企业所处地区的市场化程度越高，金融控股集团内机构投资者对上市公司的持股比例受银行贷款期限结构及银企关系的影响程度更大。

江伟、李斌（2006）研究国有银行在不同制度环境下对上市公司是否存在贷款的差异，发现银行更倾向于向国有性质的上市公司发放长期贷款，民营企业获得较少的长期贷款。银行倾向于向国有性质的公司提供贷款，主要有两方面的因素：一是国有企业的偿债能力有保障。部分国有企业承担着服务公众的基础服务，如水务、电网等，在追求经济利润的同时更注重服务大众，这类企业在经营不善或经营效应不好时，政府部门会给予很大的补贴和资金支持，面临破产的可能性很低，企业不能偿还贷款的风险性较小；二是国有企业的发展与当地政府机构息息相关，当国有企业发展需要大量资金时，政府有可能出面要求当地商业银行给予企业政策优惠，并会为企业提供担保。由上面可知，银行贷款给国有企业，其收回贷款有保障，即使收不回贷款，也会有政府出面解决，降低其因过度发放贷款而受到处罚的风险。非国有企业想要获得长期银行贷款或以较低的成本获得贷款，必须降低与银行的信息不对称，提高银行对其的信贷评级。因此，我们提出本章的第四个假设：

假设 8-4：申请贷款企业的实际控制人性质不同，金融控股集团内机构投资者对上市公司的持股比例受银行贷款期限结构及贷款成本的影响程度也不同。当申请贷款企业实际控制人为非国有企业时，贷款期限结构与银行系机构投资者持股比例正相关关系更显著，贷款成本与银行系机构投资者持股比例负相关关系更显著。

二、研究设计

（一）样本筛选与数据来源

我们以 2008～2013 年间沪深两市 A 股公司作为初始研究样本，其中剔除相关变量缺失、数据异常的样本及公司性质比较特殊的 ST 公司。此外，由于金融行业上市公司与机构投资者存在相互关系，另外金融行业公司的资产负债及现金流的衡量与一般行业不同，因此本章也剔除金融类上市公司。本章通过 Excel 软件对数据进行整理，采用多元线性回归模型对研究假设进行验证。

控制变量贷款总额、企业总规模、独立董事比例根据国泰安原始数据计算而得，而控制变量每股收益、每股净资产、每股现金净流量、流动比率、资产负债率、前三大股东持股比例均由国泰安数据库直接获得。样本筛选的年度分布见表8.1。

表8.1　　　　　　　　　　样本筛选的年度分布　　　　　　　单位：个

项目	2008 年	2009 年	2010 年	2011 年	2012 年	2013 年	合计
各年 A 股公司数量	1602	1752	2107	2341	2470	2515	12787

资料来源：笔者整理。

（二）变量说明

1. 被解释变量

为研究银行贷款对银行机构投资者基金持股的影响，达到数据的准确性，数据筛选上应该做到贷款银行与银行系的机构投资者一一对应的关系，但由于各上市公司对于银行贷款信息披露不全，贷款银行的具体信息，或贷款期限及贷款利率数据缺失，获得的数据样本量不足。因此，我们用企业获得的所有银行贷款及银行系机构投资者分析两者之间的关系，这样数据准确性方面虽然欠佳，不能排除贷款银行与机构投资者不属于同一金融控股集团的情况及银行间的相互作用，但同样能够说明银行与银行系的机构投资者存在一定的信息传递，体现银企关系的银行贷款能够影响到银行系的机构投资者的持股比例。由于大部分银行设有基金管理公司，本章金融控股集团内机构投资者的持股比例将用银行系的基金持股比例（JJCG）表示。此部分数据根据国泰安中国上市公司股东数据库中提供的基金持股数据，筛选出由银行持股或与银行同属一个金融控股集团的基金管理公司所持有的股票比例，进而相加得到该公司的银行系基金持股比例。被解释变量为银行系基金持股比例（JJCG），等于（银行系持股基金或与银行同属一个金融控股集团的基金对该公司的持股数量/上市公司年末总股数）×100。

2. 解释变量

由于银行贷款总额受到企业规模、企业行业地位、政企关系等多因素的影响，本章主要从银行贷款期限结构和贷款成本两个角度衡量银行与企业的关系。对于银行贷款成本的衡量主要有三种办法：第一种是用范围相对较广的财务费用与总贷款的比值来衡量，财务费用不仅包括银行利息的支出，还包括公司债券利息的支出、汇兑产生的费用、相关损益类的科目，同时，公司债权获得的利息收入会冲减部分财务费用，因此，财务费用不能较准确地描述银行利息贷款，在这里我们就不用方法一。第二种方法用财务报表附注中的长期借款利率进行衡量，相对于方法一而言，这种办法的准确率比较高，能够很好地衡量企业获得贷款的成本，但是只有部分上市公司会选择公布这种数据，鉴于数据的可得性，我们也没有采用方法二来衡量借款成本。第三种是用公司偿付利息支出的现金与总贷款的比值来衡量，利息支出等于现金流量表中"分配股利、利润或偿付利息支出的现金"减去"子公司分配给少数股东的股利"及公司的分配现金股利，总贷款等于短期借款与长期借款之和。在数据可得性和较准确的基础上，本章采用第三种衡量方法。解释变量银行贷款成本 *COST*，表示贷款成本，等于公司的利息支出/总贷款额度。孙铮等（2005）用长期贷款与总贷款的比值来度量贷款期限结构，该比值越大，表示贷款期限越长。本章亦采用该方法表示贷款期限结构。解释变量 TERM 表示银行贷款期限结构，等于长期贷款总额/总贷款额度。

3. 控制变量

为了较好地检验本章提出的研究假设，我们从三个方面对其他可能影响机构投资者持股的因素加以控制。

在财务信息层面，宋玉（2009）等研究表明财务信息是机构投资者持股的重要的影响因素。因此，本章中选取以下财务指标作为控制变量：

（1）总贷款（*SIZE*），企业获得银行贷款的期限结构和贷款成本都会受到银行贷款总额的影响。在控制银行贷款总额的条件下，企业获得贷款的期限越长，贷款成本越大。本章以短期借款和长期借款之和的自然对数表示总贷款。

（2）总规模（*LOAD*），本章用总资产的自然对数表示公司的总规模，基金公司历来就喜爱规模较大的。

（3）公司绩效：机构投资者投资于上市公司的目的在于获得投资收益，因此在做出决策时必会考虑该上市公司的绩效，本章以每股（*EPS*）、每股净资产（*BVPS*）表示公司的绩效。

（4）现金流量：在市场经济条件下，企业现金流量在一定程度上反映企业一段时间的经营状况和企业的净收益，对企业的发展能力存在重大的影响。即使企业具有很好的发展前景、盈利能力也相对较强，但若出现现金周转不流畅的现象，也将严重影响到企业正常的经营管理活动的运作。本章以每股现金净流量（*NCFPS*）表示企业现金状况。

（5）偿债能力：企业的偿债能力体现公司未来偿还债务的能力，如果公司不能按期偿还债务，企业有可能面临宣告破产的风险，将给投资者带来巨大的损失。理性的机构投资者往往会选择偿债能力强的公司股票。本章采用资产负债率（*DR*）来衡量上市公司的长期偿债能力，流动比率（*LR*）表示公司的短期偿债能力。

在公司治理层面，国内外学者发现机构投资者在选择持股时比较注重股东性质或持股、董事会质量等公司治理相关情况。因此，本章主要选取以下指标作为公司治理层面的代理指标：

（1）股权集中度，本章选取前三大股东的总持股比例（*GQJZ*）作为代理变量。

（2）董事会构成，本章选取独立董事人数在董事会中占比（*DDBL*）作为代理变量。

Industry 为行业虚拟变量，上市公司的企业类别按照 12 年证监会发布的行业分类进行设置，在剔除金融行业后，样本总共划分为 18 个行业；*Year* 为年度虚拟变量。样本为 2008～2013 年 6 年的上市公司数据。

4. 调节变量

为了验证假设 8 - 2，对于审计质量我们选取公司聘用的会计师事务所的规模进行描述。第一，会计师事务所如果对信息披露存在问题的客户公司进行如实披露，将面临客户的解约和流失，造成直接的收入减少，是许多规模较小的公司所无法承受的，而对于规模较大的会计师事务所，这部分损失只是收入的一小部分。此外，如果公司未如实公告问题公司的状况，他们将会受到政府相关部门的严厉处罚，声誉受损，而规模较大的公司往往会看重自身的声誉问题，因此更倾向于报告问题公司。第二，随着公民的维权意识的提高，没有对信息披露存在问题的公司进行如实报告的会计师事务所将面临越来越多的索赔诉讼；而规模较大的会计师事务所的赔偿能力往往大于规模较小的公司，因此面临诉讼风险就越大。所以规模较大的会计师事务所有动力准确披露。第三，规模较大的会计师事务所注重品牌的价值，有足够的激励去加大员工的培训，因此，相对于规模小的会计师事务所，规模大的会计师事务所出具的审计报告质量相对较高。陈汉文、王艳艳（2006）研究表明四大会计师事务所审计的上市公司会计信息的透明度显著高于非四大审计的上市公司，蔡春等（2005）通过对比"非前十大"会计师事务所审计的公司的可操纵应计利润与"前十大"会计师事务所审计的公司的可操纵应计利润，得出现"非前十大"会计师事务所审计的公司能够获得更高的可操作性的应计利润。本章参照中国注册会计师协会每年发布的"会计师事务所综合评价前百家信息"，将会计师事务所按前十大会计师事务所和非前十大会计师事务所进行划分。若公司聘请的会计师事务所为前十大，即为审计质量高的一组（AQ 高），否则为审计质量低的一组（AQ 低）。

为了验证假设 8-3，我们采用樊纲、王小鲁编写的《中国市场化指数——各地区市场化相对进程 2011 年报告》中各地区的市场化指数进行衡量上市公司所在地的市场化程度，该地区的市场化指数总得分越高，说明该地区市场化程度越高。另外，鉴于数据的可获得性，本章从 2010 年开始采用移动加权平均法估算获得该年度不同地区的市场化指数，总共估算 2010 年、2011 年、2012 年、2013 年四年的数据，2008 年和 2009 年的数据从报告中可准确获得。为进一步分析在不同市场化程度下银企关系对银行系机构投资者持股决策的影响，本章将市场化水平分为市场化程度高、市场化程度低两个组，若该地区的市场化水平高于当年全国各地市场化指数的均值，则为高市场化地区（*MK* 高），否则为低市场化地区（*MK* 低）。

为了验证假设 8 - 4，我们将上市公司实际控制人按性质划分为国有企业和非国有企业。用虚拟变量表示实际控制人的类型，国有企业定义为 1，非国有企业定义为 0。

变量的具体定义如表 8.2 所示。

表 8.2 变量界定

变量类型	变量名称		变量符号	变量含义及计算方法
被解释变量	机构投资者持股比例		*JJCG*	银行系基金持有上市公司的股票比例
解释变量	银行贷款期限结构		*TERM*	等于长期借款总数/总借款
	银行贷款成本		*COST*	等于财务费用/总贷款
控制变量	财务信息层面	公司规模	*SIZE*	等于用总资产的自然对数表示
		银行贷款额度	*LOAD*	等于上市公司中短期借款和长期借款之和的自然对数
		每股收益	*EPS*	等于净利润本期值/实收资本期期末值
		每股净资产	*BVPS*	等于所有者权益合计期末值/实收资本期期末值
		每股现金净流量	*NCFPS*	等于现金及现金等价物净增加额本期值/实收资本本期期末值
		资产负债率	*DR*	等于年末总负债/年末总资产，用以衡量公司的财务风险
		流动比率	*LR*	等于流动资产/流动负债
	公司治理层面	股权集中度	*GQJZ*	公司前 3 位流通股股东持股比例之和
		董事会构成	*DDBL*	独立董事人数占董事会总人数的比例
	虚拟变量	年度	*Year*	
		行业	*Industry*	按 2012 版证监会行业分类进行设置

变量类型	变量名称	变量符号	变量含义及计算方法
	审计质量	AQ	1 为 AQ 高组，0 为 AQ 低组
调节变量	市场化	MK	1 为 MK 高组，0 为 MK 低组
	实际控制人	SJKZR	1 为国有企业，0 为非国有企业

资料来源：笔者整理。

（三）模型设定

通过上面的分析，我们提出银行系机构投资者的持股比例受到银企关系的影响，主要从银行给予企业贷款的期限结构和贷款成本两个方面进行分析。

为了研究企业获得银行贷款的期限结构对银行系机构投资者持股比例的影响，即检验假设 8 - 1a，我们建立以下模型进行实证检验：

$$JJCG = \alpha_0 + \beta_1\ TERM + \beta_2\ SIZE + \beta_3\ LOSD + \beta_4\ EPS + \beta_5\ BVPS + \beta_6$$
$$NCFPS + \beta_7\ DR + \beta_8\ LR + \beta_9\ GQJZ + \beta_{10}\ DDBL + Year + Industry + \varepsilon$$

$$(8 - 1)$$

为了研究企业获得银行贷款成本对银行系机构投资者持股比例的影响，即检验假设 8 - 1b，我们建立以下模型进行实证检验：

$$JJCG = \alpha_0 + \beta_1\ COST + \beta_2\ SIZE + \beta_3\ LOSD + \beta_4\ EPS + \beta_5\ BVPS + \beta_6$$
$$NCFPS + \beta_7\ DR + \beta_8\ LR + \beta_9\ GQJZ + \beta_{10}\ DDBL + Year + Industry + \varepsilon$$

$$(8 - 2)$$

其中，α_0 为常数项，β_i 为模型参数，ε 为残差项。

第三节　银企关系对银行系机构投资者持股的影响效应

一、描述性统计

（一）模型（8 - 1）相关变量描述性统计

由表 8.3 可知，模型（8 - 1）中银行系基金持股比例平均值为 2.3840，最小值为 0.0001，最大值为 28.8869，最大值与最小值之间差距比较大，但整体水平的离散度并不大，标准差为3.1389。银行贷款的期限结构中最小值为0，最大值为1.0000，平均值为0.3011，标准差则为0.3262，说明企业获得银行长期贷款的比例差别不大，大部分企业的长期借款占总贷款比在30%左右。

表8.3 模型（8-1）描述性统计结果

变量	观测值	最小值	最大值	平均值	标准差
JJCG	5648	0.0001	28.8869	2.3840	3.1389
TERM	5648	0	1.0000	0.3011	0.3262
SIZE	5648	17.4260	28.6763	22.3284	1.3134
LOAD	5648	11.5129	26.5839	20.1755	2.0507
EPS	5648	−4.2369	6.4284	0.4716	0.5801
BVPS	5648	−2.6916	29.7068	4.8983	2.8507
NCFPS	5648	−9.1432	26.7467	0.3223	1.5604
DR	5648	0.0260	2.5292	0.4874	0.2000
LR	5648	0	45.1808	1.9702	2.2855
GQJZ	5648	8.8795	97.9438	50.7194	16.2805
DDBL	5648	0.0909	0.8000	0.3693	0.0561

资料来源：笔者整理。

由表8.4可知，模型（8-1）中各调节变量中不同类型的频数和频率。实际控制人性质的部分样本缺失，未进行统计分析。由实际控制人指标可以看出，约52.72%的公司的实际控制人是当地政府、国资委或国家控制的央企。上市公司中聘请十大会计师事务所和非十大会计师事务所的样本量相差不大，分别占总样本的49.40%和50.60%；由市场化指标可以看出，大部分上市公司处于市场化程度较高的地区，市场化程度高的公司样本量约为市场化程度低的公司样本量的4倍。

表8.4 模型（8-1）调节变量描述性统计结果

分类	实际控制人		审计质量		市场化	
	频数	频率（%）	频数	频率（%）	频数	频率（%）
0	2613	47.28	2858	50.60	1074	19.02
1	2914	52.72	2790	49.40	4574	80.98
合计	5527	100.00	5648	100.00	5648	100.00

资料来源：笔者整理。

（二）模型（8-2）相关变量描述性统计

由表8.5可知，模型（8-2）中，银行系基金持股比例最小值为0.0001，最大值为28.8869，两者之间的差距较大，当整体平均值在2.3601，标准差为3.2901，样本之间的差异不大。银行贷款成本最小值为0.0002，最大值为0.49998，均值为0.0893，标准差为0.0751，说明大部分数据集中在均值0.0893左右，这与银行贷款利率相差不大。样本中只有一小部分数据与平均值相差很大，可能由于计算方法存在一定的局限性造成的。

表8.5 模型（8-2）描述性统计结果

变量	观测值	最小值	最大值	均值	标准差
JJCG	4410	0.0001	28.8869	2.3601	3.2901
COST	4410	0.0002	0.4998	0.0893	0.0751
SIZE	4410	17.4260	28.4052	22.4479	1.3055
LOAD	4410	12.8016	26.5839	20.6972	1.7253
EPS	4410	-4.2369	6.4284	0.3996	0.5377
BVPS	4410	-2.6916	26.3732	4.6078	2.6250
NCFPS	4410	-6.0424	22.4613	0.1540	1.1206
DR	4410	0.0463	2.5292	0.5316	0.1847
LR	4410	0.0568	24.3843	1.5814	1.3913
GQJZ	4410	9.7210	97.9438	49.9577	16.3861
DDBL	4410	0.2000	0.8000	0.3695	0.0564

资料来源：笔者整理。

由表8.6可知，模型（8-2）各调节变量中不同类型的频数和频率。实际控制人性质的部分样本缺失，未进行统计分析。约56.90%的上市公司的实际控制人是当地政府、国资委或国家控制的央企。上市公司中聘请十大会计师事务所和非十大会计师事务所的样本量相差不大，分别占总样本的49.23%和50.77%；由市场化指标可以看出，约80%上市公司处于市场化程度较高的地区。

表8.6　　　　　　　　模型（8-2）调节变量描述性统计

分类	实际控制人		审计质量		市场化	
	频数	频率（%）	频数	频率（%）	频数	频率（%）
0	1866	43.10	2239	50.77	900	20.41
1	2463	56.90	2171	49.23	3510	79.59
合计	4329	100.00	4410	100.00	4410	100.00

二、相关性分析

（一）模型（8-1）变量相关性分析

由表8.7可知，模型（8-1）各个变量之间的相互关系及相互系数。银行贷款的期限结构与银行系基金持股比例呈现正相关关系，相关系数为0.033，在5%的水平上显著，说明银行贷款的期限结构越大，即企业获得的长期借款越多，银行系的基金持股比例越大，这与我们的假设8-1a相符合。上市公司的每股收益（EPS）、每股净资产（BVPS）在1%的水平上与银行系基金持股呈现显著正相关关系，而上市公司的股权集中度（GQJZ）在1%的水平上与银行系基金持股呈现显著负相关的关系。同时，我们发现，银行系基金持股与公司的规模、公司的贷款总额呈现显著负相关的关系，与之前的研究结论相反，说明银行系机构投资者弱化了公司的规模对持股决策影响，他们更看重公司的盈利能力与公司治理能力。

表 8.7

模型（8-1）变量相关系数检验

变量	JJCG	TERM	SIZE	LOAD	EPS	BVPS	NCFPS	DR	LR	GQJZ	DDBL
JJCG	1.000										
TERM	0.033*	1.000									
SIZE	-0.031*	0.347**	1.000								
LOAD	-0.068**	0.322**	0.762**	1.000							
EPS	0.216**	0.066**	0.170**	-0.053**	1.000						
BVPS	0.087**	0.017	0.177**	-0.030*	0.618**	1.000					
NCFPS	0.026	-0.014	-0.045**	-0.098**	0.224**	0.381**	1.000				
DR	-0.012	0.239**	0.484**	0.661**	-0.134**	-0.219**	-0.121**	1.000			
LR	-0.013	-0.012	-0.275**	-0.452**	0.080**	0.236**	0.269**	-0.545**	1.000		
GQJZ	-0.157**	0.097**	0.272**	0.136**	0.141**	0.125**	0.048**	-0.020	0.055**	1.000	
DDBL	-0.023	0.024	0.110**	0.086**	-0.042**	-0.036**	-0.005	0.043**	0.020	0.065**	1.000

注：*** 表示在 1% 水平上显著，** 表示在 5% 水平上显著，* 表示在 10% 水平上显著。

资料来源：笔者整理。

（二）模型（8－2）变量相关性分析

由表8.8可知，模型（8－2）中各个变量之间的相互关系及相互系数。银行贷款成本与银行系基金持股比例呈现负相关关系，相关系数为－0.038，在5%的水平上显著，说明银行贷款贷款成本越小，银行系的基金持股比例越大，这与我们的假设8－1b相符合。此外，我们发现上市公司的每股现金净流量（NCFPS）与银行系的基金持股比例呈正相关，在1%的水平上显著。

表8.8　　　　　　　　　模型（8－2）变量相关系数检验

变量	JJCG	COST	SIZE	LOAD	EPS	BVPS	NCFPS	DR	LR	GQJZ	DDBL
JJCG	1.000										
COST	-0.038*	1.000									
SIZE	-0.063**	-0.050**	1.000								
LOAD	-0.089**	-0.221**	0.860**	1.000							
EPS	0.210**	-0.012	0.192**	0.054**	1.000						
BVPS	0.107**	-0.009	0.259**	0.125**	0.609**	1.000					
NCFPS	0.095**	-0.076**	0.044**	0.037*	0.203**	0.195**	1.000				
DR	-0.021	-0.163**	0.433**	0.609**	-0.099**	-0.146**	0.032*	1.000			
LR	0.004	0.114**	-0.253**	-0.413**	0.072**	0.137**	0.093**	-0.523**	1.000		
GQJZ	-0.161**	0.013	0.327**	0.245**	0.134**	0.126**	0.011	0.032*	-0.013	1.000	
DDBL	-0.038	-0.027	0.138**	0.121**	-0.035*	-0.037*	-0.013	0.068**	0.024	0.053**	1.000

注：*** 表示在1%水平上显著，** 表示在5%水平上显著，* 表示在10%水平上显著。

资料来源：笔者整理。

三、回归分析

（一）银行系基金持股比例的回归分析

表8.9报告了基于研究假说8－1的回归结果。从模型（8－1）回归结果中，我们发现在控制了公司总贷款、贷款规模、公司绩效、现金流量、偿债能力等财务指标以及公司股权集中度、董事会方面的公

司治理指标后，贷款期限结构 *TERM* 的系数为 0.5532，表明贷款期限与银行系基金持股呈正相关关系，即企业银行贷款中长期贷款比例越大，银行系基金持股的比例也相应地变大，两者的正相关关系通过了 1% 的水平上的显著性检验，说明我们提出的假设 8 – 1a 成立。此外，基金持股偏好于总规模大、每股收益高、股权集中度低的上市公司。

表 8.9 　　　　　　　　　银企关系与银行系基金持股比例

变量	模型（8 – 1）	模型（8 – 2）
TERM	0.5532 *** (3.9300)	
COST		− 2.0375 *** (− 3.0808)
SIZE	0.1535 *** (2.9311)	0.2939 *** (3.6398)
LOAD	− 0.1407 *** (− 3.9123)	− 0.3503 *** (− 5.1968)
EPS	1.2948 *** (14.5807)	1.1703 *** (10.5156)
BVPS	− 0.0158 (− 0.8115)	0.0388 * (1.6508)
NCFPS	− 0.0812 *** (− 2.8772)	0.0741 * (1.7410)
DR	0.0643 (0.2121)	0.4652 (1.2425)
LR	− 0.0297 (− 1.3546)	− 0.0656 (− 1.5886)
GQJZ	− 0.0343 *** (− 13.2960)	− 0.0326 *** (− 10.7548)
DDBL	0.2361 (0.3367)	− 0.5864 (− 0.7088)
Constant	1.3689 (1.5169)	2.8337 *** (2.7281)
Year	控制	控制
Industry	控制	控制
调整后 R^2	0.1550	0.1657
N	5647	4410

注：***表示在1%水平上显著，**表示在5%水平上显著，*表示在10%水平上显著。

资料来源：笔者整理。

从模型（8-2）回归结果中，我们发现在控制了公司总贷款、贷款规模、公司绩效、现金流量、偿债能力等财务指标以及公司股权集中度、董事会方面的公司治理指标后，贷款成本 $COST$ 的系数为 -2.0375，说明贷款成本与银行系基金持股呈负相关关系，且在统计上为1%的水平上显著相关，说明银行在给予企业低的贷款成本时，能够从企业中获得私有信息，而这些私有信息能够传递给同一个金融控股集团内的基金，进而影响基金公司的持股决策，支持了我们的假设8-1b。此外，我们发现上市公司的规模与基金持股在1%的水平上显著正相关，同时银行系基金持股是还比较关注上市公司的经营绩效、现金流量以及股权集中度。

模型（8-1）与模型（8-2）的回归结果共同支持了假设8-1：即金融控股集团内机构投资者对上市公司的持股比例受银企关系的影响。企业能够获得的银行长期借款的比例越大、贷款成本越低，银行系机构投资者的持股比例越大。银行给予企业低成本或较长期限的贷款时，说明银行与企业之间的信息透明度较高，银行能够获得企业的相关内部专有信息，而这些信息能够传递到金融控股集团内其他机构投资者，进而影响他们的持股比例。

（二）分组变量的调节作用

1. 审计质量对假设8-1的调节作用

由表8.10可知基于研究假设8-2的回归结果。从模型（8-1）回归结果中，我们可知，当上市公司的审计质量较高时（AQ高组），银行贷款期限结构与银行系基金持股比例正相关，相关系数为0.3877，T值为1.9539，在10%的水平上显著相关；当上市公司的审计质量较低时（AQ低组），银行贷款期限结构与银行系基金持股比例在1%的水平上显著正相关，相关系数为0.6788。上述结果显示，在上市公司审计质量较差时，企业获得的长期贷款的比例与机构投资者的基金持股比例显著相关，说明由银行贷款期限结构反映出的银企关系能够影响同一金融控股集团内机构投资者的持股决策，银行获得的企业信息能够通过银行传递给机构投资者。企业发布较差的审计质量结果时，银行并不能通过审计报告获得企业的重要信息，两者之间的信息不对称严重，只有企业向银行提供更多的内部信息，提高与银行之间的信息透明度，银行才会为企业提供较多的长期限的贷款，这部分内部信息能够通过银行在金融控股集团的平台上进行传递和共享，进而影响到金融控股集团内机构投资者的持股。

表 8.10　　　　　　　　　　按照审计质量分组的回归结果

变量	模型 (8-1)		模型 (8-2)	
	AQ 高组	AQ 低组	AQ 高组	AQ 低组
TERM	0.3877 * (1.9539)	0.6778 *** (3.3558)		
COST			−2.8978 *** (−3.0856)	−1.1816 (−1.2741)
SIZE	0.0455 (0.6408)	0.2682 *** (3.3472)	−0.1478 *** (−3.0856)	0.4081 *** (3.3390)
LOAD	−0.1152 ** (−2.3078)	−0.1690 *** (−3.2372)	−0.3050 *** (−3.0856)	−0.3709 *** (−3.7929)
EPS	1.3707 *** (11.3597)	1.2194 *** (9.2251)	1.2207 *** (8.2379)	1.1607 *** (6.8276)
BVPS	−0.0409 (−1.5940)	0.0256 (0.8465)	−0.0055 (−0.1794)	0.1053 *** (2.8465)
NCFPS	−0.1036 *** (−2.6173)	−0.0726 * (−1.7953)	0.0914 (1.5929)	0.0249 (0.3916)
DR	0.0805 (0.1763)	0.1637 (0.3994)	0.3697 (0.6362)	0.8019 (1.6259)
LR	−0.0173 (−0.5749)	−0.0481 (−1.4895)	−0.0360 (−0.5666)	−0.0808 (−1.4897)
GQJZ	−0.0284 *** (−7.8781)	−0.0392 *** (−10.5700)	−0.0250 *** (−5.7976)	−0.0396 *** (−9.2434)
DDBL	0.4235 (0.4376)	0.3711 (0.3634)	−0.9051 (−0.7918)	0.2534 (0.2108)
Constant	4.1527 *** (3.3997)	−1.7414 (−1.2458)	6.4887 *** (4.5732)	−1.0312 (−0.6427)

变量	模型（8-1）		模型（8-2）	
	AQ 高组	AQ 低组	AQ 高组	AQ 低组
Year	控制	控制	控制	控制
Industry	控制	控制	控制	控制
调整后 R^2	0.1344	0.1829	0.1414	0.2038
N	2789	2857	2170	2238

注：*** 表示在 1% 水平上显著，** 表示在 5% 水平上显著，* 表示在 10% 水平上显著。

资料来源：笔者整理。

从模型（8-2）回归结果中，我们发现，当企业的审计质量较高时，银行贷款成本与银行系基金持股的相关系数为 -2.8978，T 值为 -3.0856，在 1% 的水平上显著相关。而当企业审计质量较低时，COST 的系数为 -1.1816，统计上并不显著。上述结果表明在审计质量较高时，银行系基金管理公司偏好持有获得银行低贷款成本的上市公司的股票；当审计质量较低时，上市公司的银行贷款成本对银行系基金持股比例并不会产生显著影响，这可能是因为当上市公司审计质量较低时，银行能够通过审计报告获得企业的信息较少，信息存在严重不对称，银行为了确保贷款资金的安全、及时收回贷款，在要求企业支付一定贷款利息的基础上，同时要求企业提供贷款抵押物或者其他担保，而这些都无法在企业利息支出项目中衡量。此外，从侧面说明银行在贷款过程中在一定程度上逐渐减少对外部审计意见的依赖性。

2. 市场化对假设 8-1 的调节作用

由表 8.11 可知基于研究假设 8-3 的回归结果。从模型（8-1）的回归结果中，我们发现，当上市公司注册地的市场化程度高时，企业银行贷款的期限结构与银行系基金持股比例的相关系数为 0.6066，T 值为 3.8415，统计上在 1% 的水平上显著。而在市场化程度较低的地区，银行贷款的期限结构与银行系基金持股比例呈现正相关关系，但在统计上不显著。以上结果显示，在市场化程度较高时，机构投资者持股决策受到银行贷款期限结构的影响，而在市场化程度较低时，贷款期限结构对银行系机构投资者持股影响不大。从模型（8－2）的回归结果来看，当市场化程度较高时，银行贷款成本与银行系基金持股在1%的水平上显著负相关，相关系数为－1.9407。而在市场化程度较地低，贷款成本COST的系数为－2.1331，两者之间虽然显示负相关的关系，但在统计上并不显著，没有通过10%的显著性检验，说明市场化程度较低的地区，基金持股决策受银行贷款成本的影响较小。

表8.11　　　　　　　　　　按照市场化程度分组的回归结果

变量	模型（8－1）		模型（8－2）	
	市场化高	市场化低	市场化高	市场化低
TERM	0.6066 *** (3.8415)	0.3436 (1.0439)		
COST			－1.9407 *** (－2.6527)	－2.1331 (－1.3570)
SIZE	0.1444 ** (2.5161)	0.2228 * (1.6613)	0.3218 *** (3.6164)	0.1290 (0.6475)
LOAD	－0.1315 *** (－3.3630)	－0.1970 ** (－2.0952)	－0.3709 *** (－4.9212)	－0.2100 (－1.3134)
EPS	1.2858 *** (12.5691)	1.2585 *** (6.8669)	1.2742 *** (9.5440)	0.8348 *** (4.1319)
BVPS	－0.0244 (－1.1108)	0.0243 (0.5518)	0.0125 (0.4594)	0.1086 ** (2.2314)
NCFPS	－0.0849 *** (－2.7749)	－0.0393 (－0.5234)	0.0628 (1.3508)	0.1550 (1.4386)
DR	－0.1431 (－0.4072)	0.6279 (1.0167)	0.4128 (0.9155)	0.4604 (0.6716)
LR	－0.0385 (－1.5437)	－0.0138 (－0.2918)	－0.0612 (－1.2632)	－0.0808 (－1.0255)
GQJZ	－0.0342 *** (－12.0516)	－0.0355 *** (－5.4552)	－0.0330 *** (－9.7403)	－0.0325 *** (－4.5925)
DDBL	0.7089 (0.8974)	－2.3300 (－1.4417)	0.2761 (0.2880)	－4.4318 ** (－2.5758)
Constant	1.4844 (1.4870)	0.9403 (0.4198)	2.5523 ** (2.1909)	4.4268 * (1.8086)

266

变量	模型（8-1）		模型（8-2）	
	市场化高	市场化低	市场化高	市场化低
$Year$	控制	控制	控制	控制
$Industry$	控制	控制	控制	控制
调整后 R^2	0.1482	0.1972	0.1565	0.2240
N	4573	1073	3509	899

注：*** 表示在1%水平上显著，** 表示在5%水平上显著，* 表示在10%水平上显著。

资料来源：笔者整理。

模型（8-1）和模型（8-2）的回归结果综合支持假设8-3：市场化程度高时能够强化银企关系对银行系基金持股比例的影响，即企业所处地区的市场化程度越高，金融控股集团内机构投资者对上市公司的持股比例受银行贷款期限结构及贷款成本的影响程度更大。由此可以说明，在市场化程度较高的地区时，由银行长期贷款占比和贷款成本反映出的银企关系能够较好地说明银行在贷款过程中能够获得的企业内部信息量较多，并能够传递给金融控股集团内的机构投资者，进而影响其持股决策。而在市场化程度较低时，银行对企业发放贷款的自由性会受到一定限制，政府对银行和企业的合作关系的干预也相对较多，银行并不能完全从信息透明度及自身贷款的安全性等角度出发对企业发放贷款，银行长期贷款的高比例与银行贷款的低成本并不能很好地反映出银行与企业具有良好的合作关系，并不能很好地反映银行与企业之间的信息透明度。银行相应地对企业的了解程度较低，因此银企关系对银行系机构投资者的持股比例影响较小。

3. 实际控制人对假设8-1的调节作用

由表8.12可知基于研究假设8-4的回归结果。从模型（8-1）的回归结果中，我们发现，当上市公司的实际控制人为国有企业时，$TERM$ 的系数为0.4560，T 值为2.5069，在5%的水平上显著相关；当上市公司的实际控制股东为非国有企业时，$TERM$ 的系数为0.8983，T 值为3.9892，在1%的水平上显著相关，说明银行贷款期限对银行系基金持股比例的关系受到上市公司实际控制人性质的影响。当实际控制人为非国有企业时，能够强化银行贷款期限对银行系基金持股比例的正相关影响。从模型（8-2）的回归结果中，我们发现，当上市公司实际控制人为国有企业时，银行贷款成本与银行系基金持股比例在10%的水平上呈负向相关关系，而实际控制人为国有企业时，负相关效应在5%的水平上显著，强化了银行贷款成本对银行系基金持股的影响。

表8.12　　　　　　按照实际控制人性质分组的回归结果

变量	模型（8-1）		模型（8-2）	
	国有企业	非国有企业	国有企业	非国有企业
TERM	0.4560 ** (2.5069)	0.8983 *** (3.9892)		
COST			-1.5660 * (-1.7368)	-1.9540 ** (-2.0036)
SIZE	-0.0012 (-0.0163)	0.4104 *** (4.3366)	0.2074 ** (2.0106)	0.4300 *** (2.8785)
LOAD	-0.1154 ** (-2.3453)	-0.1972 *** (-3.6148)	-0.3293 *** (-3.8435)	-0.3756 *** (-3.3577)
EPS	0.9422 *** (8.1837)	1.4842 *** (10.1848)	0.7919 *** (5.9251)	1.7450 *** (8.4466)
BVPS	0.0687 ** (2.5213)	-0.0914 *** (-3.1049)	0.1105 *** (3.6538)	-0.0670 * (-1.7162)
NCFPS	0.0838 (1.5760)	-0.1147 *** (-3.1573)	0.2433 *** (4.0057)	-0.0465 (-0.7538)
DR	0.3460 (0.8086)	-0.2909 (-0.6414)	0.7250 (1.4483)	0.3326 (0.5753)
LR	-0.0927 * (-1.6766)	-0.0266 (-1.0105)	-0.1566 ** (-2.2069)	-0.0320 (-0.5916)
GQJZ	-0.0275 *** (-7.4983)	-0.0309 *** (-7.8763)	-0.0266 *** (-6.5190)	-0.0303 *** (-6.1453)
DDBL	-0.5289 (-0.5852)	1.6092 (1.4414)	-0.6533 (-0.6421)	0.2029 (0.1420)
Constant	3.6242 *** (3.1567)	-2.7833 (-1.6144)	3.4996 *** (2.7321)	0.8036 (0.3764)

续表

变量	模型（8-1）		模型（8-2）	
	国有企业	非国有企业	国有企业	非国有企业
$Year$	控制	控制	控制	控制
$Industry$	控制	控制	控制	控制
调整后 R^2	0.2137	0.1220	0.2321	0.1127
N	2913	2612	2462	1865

注：*** 表示在1%水平上显著，** 表示在5%水平上显著，* 表示在10%水平上显著。
资料来源：笔者整理。

模型（8-1）和模型（8-2）的回归结果综合支持了我们的假设8-4：申请贷款企业的实际控制人性质不同，金融控股集团内机构投资者对上市公司的持股比例受银行贷款期限结构及贷款成本的影响程度也不同。当申请贷款企业实际控制人为非国有企业时，贷款期限结构与银行系机构投资者持股比例正相关关系更显著，贷款成本与银行系机构投资者持股比例负相关关系更显著。由此可以说明当贷款企业的实际控制人性质为非国有企业时，银行贷款的较大占比的长期贷款和较低的贷款成本能够充分表明银行和企业之间存在良好的合作关系，进一步表明银行在向非国有企业银行发放贷款时，他们之间的信息透明度较好，银行获得了贷款企业的大量信息。而银行能够通过集团的平台将获取的企业私有信息传递给金融控股集团内的其他机构投资者，这些信息进而影响他们的持股决策。而当申请贷款企业的实际控制人性质为国有企业时，银行基于企业与政府部门的关系，基于企业的还贷风险比较小，银行会在对企业未进行深入了解的情况下进行贷款，因此银行贷款的期限结构与贷款成本对银行系基金持股比例的影响要弱于当企业实际控制人为非国有企业时。

（三）稳健性检验

为了进一步检验银企关系与银行系机构投资者的关系，本章从银企关系对银行系机构投资者持股决策影响的滞后性进行稳健性检验。首先，银行与企业发生贷款关系时，银行对信息的获取部分来源于贷款前的调查评估，或要求企业提供的私有信息，部分信息来源于银行进行的发放贷款后期的监督，同时企业后期的及时还贷也能够向银行释放出利好的信息，因此部分信息的获取发生在贷款决策之后，这部分信息的传递具有滞后性。其次，银行与企业之间能够通过贷款建立良好的合作关系，在贷款初期，良好关系的积极效应并不一定能够反映出来，可能在之后的一两年内发挥作用，同时银行与企业之间的良好关系具有持续性。最后，信息在金融控股集团内进行传递，也存在一定的滞后性。本章将从信息传递的滞后性进行检验，增加变量 $TERM'$、$COST'$，分别表示上一年的银行贷款期限结构、贷款成本。

由表 8.13 可知模型（8-1）和模型（8-2）的稳健性检验结果。从模型（8-1）的回归结果中，我们发现，银行贷款的期限结构（$TERM'$）与银行系基金持股的比例呈正相关的关系，系数为 0.5352，T 值为 3.9300，在统计上通过了 1% 的显著性检验，得到的结论与前面的一致，说明银行贷款期限结构对银行系的基金持股具有滞后性的影响。从模型（8-2）的回归结构中，我们发现，银行贷款成本（$COST'$）与银行系的基金持股比例在 1% 的水平上显著负相关，系数为 -2.7435，与前面得到的结论相一致。

表 8.13　　　　　　　　　稳健性检验回归结果

变量	模型（8-1）	模型（8-2）
$TERM'$	0.5352 *** (3.9300)	
$COST'$		-2.7435 *** (-2.8440)
$SIZE$	0.0164 (0.2481)	0.2156 * (1.9303)
$LOAD$	-0.1493 *** (-3.1824)	-0.4199 *** (-4.3660)
EPS	1.3753 *** (12.2023)	0.9960 *** (6.9236)
$BVPS$	-0.0156 (-0.65609)	0.0711 ** (2.4292)

变量	模型（8-1）	模型（8-2）
NCFPS	-0.1152 ** （2.3675）	0.1582 ** （2.3912）
DR	0.4988 （1.2836）	0.9968 ** （1.9816）
LR	-0.0026 （0.0839）	0.0011 （0.0147）
GQJZ	-0.0306 *** （-9.5114）	-0.0271 *** （-6.8686）
DDBL	0.4528 （0.5417）	0.3986 （-0.3849）
Constant	6.094 *** （5.4259）	7.4517 *** （5.4442）
Year	控制	控制
Industry	控制	控制
调整后 R^2	0.164	0.161
N	3527	2460

注：*** 表示在1%水平上显著，** 表示在5%水平上显著，* 表示在10%水平上显著。

资料来源：笔者整理。

综合从模型（8-1）和模型（8-2）的回归结果来看，银行贷款对银行系的基金持股比例具有滞后性的影响，即上一年的银行贷款期限结构、贷款成本能够影响到本年度银行系机构投资者的持股比例。说明当银行与企业建立贷款合作关系以后，银行从企业中获得的私有信息对金融集团的影响具有一定的延续性，一方面说明银企关系越长，越能够影响到金融控股集团内机构投资者的持股决策；另一方面说明，信息在金融集团内的传递具有一定的滞后性。

第四节　主要研究结论与实践启示

随着市场经济的不断发展，互联网金融、企业融资"脱媒"、利率市场化进程不断推进，金融行业逐步形成了综合化经营的格局，金融控股集团不断扩大。银行作为企业获得融资的主要途径之一，在给企业提供存贷款服务、汇兑及其他金融服务过程中，能够获得企业的相关信息，包括企业的资金来往状况、经营状况、经营能力，甚至能够获得企业内部经营管理者的能力、风险偏好等私有信息。

本章研究结果表明，上市公司中银行贷款的期限结构与银行系基金持股呈显著正相关关系，贷款成本与银行系基金持股呈显著负相关关系，即企业获得的银行长期贷款比例越大，银行系的基金持股比例越大；企业以越低的贷款成本获得银行贷款，银行系的基金持股比例越大。本章进一步探究信息透明度对银行贷款与银行系基金持股关系的影响，结果显示，当企业的实际控制人为国有企业时，银行贷款的期限结构与银行系基金持股在5%的水平上显著正相关，银行贷款成本与银行系基金持股比例在10%的水平上负相关。而企业的实际控制人为非国有企业时，银行贷款与银行系基金持股比例的关系得到强化，银行贷款期限结构与基金持股比例在1%的水平上显著正相关，而银行贷款成本与基金持股比例在5%的水平上显著负相关。在市场化程度高时，银行贷款与银行系基金持股比例关系通过了1%水平的显著性检验，而在市场化程度低时，两者的关系弱化，银行贷款期限结构、贷款成本与银行系基金持股比例的关系均没通过显著性检验。上市公司审计质量高时，银行贷款期限结构与基金持股比例在10%的水平上显著，银行贷款成本则通过了1%的显著性检验，当审计质量低时，银行贷款期限结构与基金持股比例正相关，在1%的水平上显著；但贷款成本与银行系基金持股比例成反比，但统计上并不显著。最后，稳健性检验表明银企关系对银行系机构投资者的持股决策影响存在一定的滞后性影响。

本章的结论表明，银行系基金持股决策受由银行长期贷款占比和贷款成本反映出的银企关系的影响，说明银行能将在向企业发放贷款的过程中获得企业的内部信息传递给金融控股集团内的其他机构投资，而公开操作市场中的其他投资者并不能获得这些信息，凭借信息优势，机构投资者能够更好地进行持股决策，体现出金融行业进行综合化经营的优势，能够实现集团内部的资源的合理分配和利益最大化，但这不等同于集团内幕交易。

参考文献

［1］巴曙松，吕国亮．股份制改革后国有银行的治理结构缺陷及其国际比较［J］．管理学报，2005（1）.

［2］白重恩，刘俏，陆洲，宋敏，张俊喜．中国上市公司治理结构的实证研究［J］．经济研究，2005（2）.

［3］蔡春，黄益建，赵莎．关于审计质量对盈余管理影响的实证研究——来自沪市制造业的经验证据［J］．审计研究，2005（2）.

［4］蔡志岳，吴世农．董事会特征影响上市公司违规行为的实证研究［J］．南开管理评论，2007（12）.

［5］曹敏，何佳，潘启良．金融中介及关系银行——基于广东外资企业银行融资数据的研究［J］．经济研究，2003（3）.

［6］曹廷求，王营．特许权价值，公司治理机制和商业银行风险承担［J］．金融论坛，2010（10）.

［7］曹廷求，张光利，李维安等．银行治理、治理机制与治理风险——首届银行治理研讨会综述［J］．经济研究，2010（9）.

［8］曹廷求，张光利．市场约束、政府干预与城市商业银行风险承担［J］．金融论坛，2011（2）.

［9］曹廷求，朱博文．货币政策，银行治理与风险承担［J］．金融论坛，2012（12）.

［10］曹艳华，牛筱颖．上市银行治理机制对风险承担的影响（2000—2007）［J］．金融论坛，2009（1）.

［11］陈隆．上市企业公司治理结构对技术创新的影响［J］．科技管理研究，2005（9）.

［12］陈其安，黄悦悦．政府监管、市场约束对商业银行风险承

担行为的影响［J］．金融论坛，2000（10）．

［13］陈爽英，井润田，龙小宁，邵云飞．民营企业家社会关系资本对研发投资决策影响的实证研究［J］．管理世界，2010（1）．

［14］陈忠卫，常极．高管团队异质性、集体创新能力与公司绩效关系的实证研究［J］．软科学，2009（9）．

［15］代彬，彭程，郝颖．国企高管控制权，审计监督与会计信息透明度［J］．财经研究，2011，37（11）．

［16］丁方飞，范丽．我国机构投资者持股与上市公司信息披露质量——来自深市上市公司的证据［J］．软科学，2009（5）．

［17］樊纲，王小鲁．中国市场化指数［M］．经济科学出版社，2011．

［18］高敬忠，周晓苏，王英允．机构投资者持股对信息披露的治理作用研究——以管理层盈余预告为例［J］．南开管理评论，2011（5）．

［19］高雷，宋顺林．公司治理与公司透明度［J］．金融研究，2007（11）．

［20］古扎拉蒂．计量经济学（第三版）［M］．北京中国人民大学出版社，2000（4）．

［21］韩立岩，李伟．外资银行进入与中国商业银行特许权价值［J］．世界经济，2008（10）．

［22］郝项超．商业银行所有权改革对贷款定价决策的影响研究［J］．金融研究，2013（4）．

［23］郝云宏，周翼翔．董事会结构、公司治理与绩效——基于动态内生性视角的经验证据［J］．中国工业经济，2010（5）．

［24］何韧．银企关系与银行贷款定价的实证研究［J］．财经论丛，2010（1）．

［25］黄越，杨乃定，张宸璐．高层管理团队异质性对企业绩效的影响研究——以股权集中度为调节变量［J］．管理评论，2011（11）．

[26] 贾春新. 国有银行与股份制银行资产组合配置的差异研究 [J]. 经济研究, 2007 (7).

[27] 江伟, 李斌. 制度环境、国有产权与银行差别贷款 [J]. 金融研究, 2006 (11).

[28] 江西省城市金融学会课题组. 商业银行收入结构及中间业务发展问题研究 [J]. 武汉金融, 2006 (9).

[29] 江向才. 公司治理与机构投资人持股之研究 [J]. 南开管理评论, 2004, 7 (1).

[30] 江岩, 张体勤. 高层管理团队特征与组织创新研究述评 [J]. 山东社会科学, 2008 (2).

[31] 敬文举, 刘凯旋. 商业银行公司治理: 进展及改革着力点 [J]. 财经理论与实践, 2011 (11).

[32] 雷红生, 陈忠卫. 高管团队内情感冲突、团队企业家精神与公司绩效关系的实证研究 [J]. 财贸研究, 2008 (2).

[33] 李常青, 赖建清. 董事会特征影响公司绩效吗? [J]. 金融研究, 2004 (5).

[34] 李建军. 我国商业银行企业性绩效评价体系的设计和比较 [J]. 金融论坛, 2004 (1).

[35] 李民. 上市公司董事年龄异质性与业绩波动实证研究 [J]. 预测, 2012 (5).

[36] 李巍, 刘能华. 我国商业银行战略引资及其帕累托改进 [J]. 新金融, 2005 (2)

[37] 李维安, 曹廷求. 股权结构、治理机制与城市银行绩效——来自山东、河南两省的调查证据 [J]. 经济研究, 2004 (12).

[38] 李维安, 曹廷求. 商业银行公司治理——基于商业银行特殊性的研究 [J]. 南开学报 (哲学社会科学版), 2005 (1).

[39] 李维安, 李滨. 机构投资者介入公司治理效果的实证研究——基于CCGI的经验研究 [J]. 南开管理评论, 2008 (1).

［40］李维安，刘振杰，顾亮．董事会异质性，董事会断裂带与银行风险承担——金融危机下中国银行的实证研究［J］．财贸研究，2014（5）．

［41］李维安，刘振杰，顾亮．董事会异质性、断裂带与跨国并购［J］．管理科学，2014（4）．

［42］李维安，牛建波，宋笑扬．董事会治理研究的理论根源及研究脉络评析［J］．南开管理评论，2009，12（1）．

［43］李维安，张耀伟，郑敏娜，李晓琳，崔光耀，李惠．中国上市公司绿色治理及其评价研究［J］．管理世界，2019（5）．

［44］李维安，李晓琳，张耀伟．董事会社会独立性与CEO变更——基于违规上市公司的研究［J］．管理科学，2017（2）．

［45］李燕萍，韩立岩．特许权价值、隐性保险与风险承担：中国银行业的经验风险［J］．金融研究，2008（1）．

［46］刘浩，唐松，楼俊．独立董事：监督还是咨询？——银行背景独立董事对企业信贷融资影响研究［J］．管理世界，2012（1）．

［47］刘树林，唐均．差异性、相似性和受教育背景对高层管理团队影响的国外研究综述［J］．管理工程学报，2004（2）．

［48］刘星，张建斌．中国上市银行公司治理与创新能力的实证研究［J］．重庆大学学报（社会科学版），2010（6）．

［49］刘运国，高亚男．我国上市公司股权制衡与公司业绩关系研究［J］．中山大学学报（社会科学版），2007（4）．

［50］鲁虹，李晓庆，邢亚楠．高管团队人力资本与企业成长性关系研究——基于创业板上市公司的实证研究［J］．科技管理研究，2014（4）．

［51］马晨，张俊瑞．管理层持股、领导权结构与财务重述［J］．南开管理评论，2012（4）．

［52］马富萍，郭小川．高管团队异质性与技术创新绩效的关系研究——以高管团队行为整合为调节变量［J］．科学学与科学技术管

理，2010（12）.

[53] 马连福，冯慧群. 董事会资本对公司治理水平的影响效应研究 [J]. 南开管理评论，2014（2）.

[54] 毛磊，王宗军，王玲玲. 机构投资者持股偏好、筛选策略与企业社会绩效 [J]. 管理科学，2012（3）.

[55] 牛建波. 董事会规模的治理效应研究——给予业绩波动的新解释 [J]. 中南财经政法大学学报，2009（1）.

[56] 彭正银，廖天野. 连锁董事治理效应的实证分析——基于内在机理视角的探讨 [J]. 南开管理评论，2008（1）.

[57] 钱先航，曹廷求，李维安. 晋升压力、官员任期与城市商业银行的贷款行为 [J]. 经济研究，2011（12）.

[58] 曲洪建，张相贤. 特许权价值和银行稳健性的关系研究——基于中美上市银行的实证检验 [J]. 经济与管理评论，2012（4）.

[59] 权小锋，吴世农. CEO 权力强度、信息披露质量与公司业绩的波动性——基于深交所上市公司的实证研究 [J]. 南开管理评论，2010（4）.

[60] 沈艺峰，张俊生. ST 公司董事会治理失败若干成因分析 [J]. 证券市场导报，2002（3）.

[61] 石凯，刘力臻. 商业银行运营效率与董事会治理 [J]. 金融论坛，2011（7）.

[62] 宋玉. 最终控制人性质、两权分离度与机构投资者持股——兼论不同类型机构投资者的差异 [J]. 南开管理评论，2009，（5）.

[63] 宋增基，陈全，张宗益. 上市银行董事会治理与银行绩效 [J]. 金融论坛，2007（5）.

[64] 宋增基，卢溢洪，张宗益. 董事会规模、内生性与公司绩效研究 [J]. 管理学报，2009（2）.

[65] 孙永祥，黄祖辉. 上市公司的股权结构与绩效 [J]. 经济研究，1999（12）.

［66］孙永祥. 董事会规模、公司治理与绩效［J］. 企业经济, 2000（10）.

［67］孙铮, 刘凤委, 李增泉. 市场化程度、政府干预与企业债务期限结构——来自我国上市公司的经验证据［J］. 经济研究, 2005（5）.

［68］谭兴民, 宋增基, 杨天赋. 中国上市银行股权结构与经营绩效的实证分析［J］. 金融研究, 2010（11）.

［69］唐建新, 卢剑龙, 余明桂. 银行关系、政治联系与民营企业贷款——来自中国民营上市公司的经验证据［J］. 经济评论, 2011（3）.

［70］唐跃军, 程新生. 中国上市公司信息披露制度及信息披露指数研究［J］. 上海金融, 2005（3）.

［71］王斌, 童盼. 董事会行为与公司业绩关系研究——一个理论框架及我国上市公司的实证检验［J］. 中国会计评论, 2008（3）.

［72］王琨, 肖星. 机构投资者持股与关联方占用的实证研究［J］. 南开管理评论, 2005（2）.

［73］王倩, 黄艳艳, 曹廷求. 治理机制, 政府监管与商业银行风险承担——基于山东省的实证分析［J］. 山东社会科学, 2007（10）.

［74］王文. 政府股东、银行治理与风险承担［J］. 金融发展研究, 2017（8）.

［75］王艳艳, 陈汉文. 审计质量与会计信息透明度——来自中国上市公司的经验数据［J］. 会计研究, 2006（4）.

［76］王跃堂, 涂建明. 上市公司审计委员会治理有效性的实证研究——来自沪深两市的经验证据［J］. 管理世界, 2006（11）.

［77］位华. CEO 权利、薪酬激励和城市商业银行风险承担［J］. 金融论坛, 2012（9）.

［78］魏华, 刘金岩. 商业银行内部治理机制及其对银行绩效的影响［J］. 南开学报（哲学社会科学版）, 2005（1）.

[79] 温忠麟，侯杰泰，张雷．调节效应与中介效应的比较和应用 [J]．心理学报，2005（2）．

[80] 吴栋，周建平．基于 SFA 的中国商业银行股权结构选择的实证研究 [J]．金融研究，2007（7）．

[81] 吴淑琨，柏杰，席酉民．董事长与总经理两职的分离与合一——中国上市公司实证分析 [J]．经济研究，1998（8）．

[82] 吴晓晖，姜彦福．机构投资者影响下独立董事治理效率变化研究 [J]．中国工业经济，2006（5）．

[83] 吴玉立．境外投资者对中国银行业影响的实证分析 [J]．经济评论，2009（1）．

[84] 吴志峰．绩效、控股权与战略投资者：转型经济银行改革的经验 [J]．金融论坛，2006（5）．

[85] 肖星，王琨．证券投资基金：投资者还是投机者？[J]．世界经济，2005（8）．

[86] 谢凤华，姚先国，古家军．高层管理团队异质性与企业技术创新绩效关系的实证研究 [J]．科研管理，2008（6）．

[87] 徐向艺，张立达．上市公司股权结构与公司价值关系研究——一个分组检验的结果 [J]．中国工业经济，2008（4）．

[88] 许国新，石琴．我国上市银行特许权价值自律效应的实证研究 [J]．中国软科学，2009（1）．

[89] 严若森，钱晶晶．董事会资本、CEO 股权激励与企业 R&D 投入——基于中国 A 股高科技电子行业上市公司的经验证据 [J]．经济管理，2016（7）．

[90] 严子淳，薛有志．董事会社会资本、公司领导权结构对企业 R&D 投入程度的影响研究 [J]．管理学报，2015（4）．

[91] 杨德勇，曹永霞．中国上市银行股权结构与绩效的实证研究 [J]．金融研究，2007（5）．

[92] 杨海燕．机构投资者持股稳定性对代理成本的影响 [J]．

证券市场导报，2013（9）.

[93] 杨增生，杨道广. 内部控制质量与银行风险承担——来自我国上市商业银行的经验证据［J］. 审计研究，2017（6）.

[94] 姚树洁，姜春霞，冯根福. 中国银行业的改革与效率：1995 – 2008［J］. 经济研究，2011（8）.

[95] 伊志宏，李艳丽，高伟. 市场化进程，机构投资者与薪酬激励［J］. 经济理论与经济管理，2011（10）.

[96] 于东智. 董事会，公司治理与绩效［J］. 中国社会科学，2003（3）.

[97] 袁琳，张宏亮. 董事会治理与财务公司风险管理——基于10家集团公司结构式调查的多案例分析［J］. 会计研究，2011（5）.

[98] 张耀伟，陈世山，李维安. 董事会非正式层级的绩效效应及其影响机制研究［J］. 管理科学，2015（1）.

[99] 张耀伟，陈世山，刘思琪. 董事会非正式层级与高管薪酬契约有效性［J］. 管理工程学报，2020（3）.

[100] 张耀伟，朱文娟，丁振松，刘思琪. 综合化经营下银企关系、信息传递与银行系基金持股［J］. 南开管理评论，2017（2）.

[101] 张正平，何广文. 隐性保险、市场约束与中国银行业改革［J］. 中国软科学，2005（12）.

[102] 赵景文，于增彪. 股权制衡与公司经营业绩［J］. 会计研究，2005（12）.

[103] 郑志刚，吕秀华. 董事会独立性的交互效应和中国资本市场独立董事制度政策效果的评估［J］. 管理世界，2009（7）.

[104] 周好文，李辉. 中小企业的关系型融资：实证研究及理论释义［J］. 南开管理评论，2005（1）.

[105] 周建，金媛媛，刘小元. 董事会资本研究综述［J］. 外国经济与管理，2010（12）.

[106] 朱博文，潘旭. 商业银行董事会结构的内生决定因素——

基于中国 51 家商业银行数据的实证研究 [J]. 金融论坛, 2011 (11).

[107] 朱红军, 汪辉. "股权制衡" 可以改善公司治理吗? —— 宏智科技股份有限公司控制权之争的案例研究 [J]. 管理世界, 2004 (10).

[108] A Shleifer, RW Vishny. Large shareholders and corporate control [J]. The Journal of Political Economy, 1986, 10: 1086/261385.

[109] Alderfer C P. The invisible director on corporate boards [J]. Harvard Business Review, 1986, 64 (6): 38 – 52.

[110] Allen N. Berger, Iftekhar Hasan, Mingming Zhou. Bank ownership and efficiency in China: What will happen in the world's largest nation? [J]. Journal of Banking and Finance, 2009, 33 (1): 113 – 130.

[111] Amason A C, Sapienza H J. The Effects of Top Management Team Size and Interaction Norms on Cognitive and Affective Conflict [J]. Journal of Management, 1997, 23 (4): 495 – 516.

[112] Associates R R. Setting new standards for corporate governance: 1997 US survey on institutional investors [J]. Corporate Governance: An International Review, 1998, 6 (1): 67 – 68.

[113] Bantel K A, Jackson S E. Top Management and Innovations in Banking: Does the Composition of the Top Team Make a Difference? [J]. Strategic Management Journal, 1989, 10 (2): 107 – 124.

[114] Bezrukova K, Jehn K A, Zanutto E L. Do workgroup faultlines help or hurt? A moderated model of faultlines, team identification, and group performance [J]. Organization Science, 2009, 20 (1): 35 – 50.

[115] Blau P M. Inequality and heterogeneity: A primitive theory of social structure [M]. New York: Free Press, 1977.

[116] Booth J R, Cornet M M, Tehranian H. Boards of directors, ownership, and regulation [J]. Journal of Banking & Finance, 2002, 26

(10): 1973 – 1996.

[117] Boyd, J. H and De Nicolo G. The theory of bank risk taking and competition revisited [J]. Journal of Finance, 2005 (60): 1329 – 1343.

[118] Bunderson J S. Team member functional background and involvement in management teams: Direct effects and the moderating role of power centralization [J]. Academy of Management Journal, 2003, 46 (4): 458 – 474.

[119] Burt R S. Corporate profits and cooptation: networks of market constraints and directorate ties in the American economy [M]. New York: Academic Press, 1983.

[120] Buser, Chen, Kane. Federal deposit insurance, regulatory policy, and optimal bank capital [J]. Journal of Finance, 1981: 51 – 60.

[121] Bushee B J. Investors on Myopic R&D [J]. The Accounting Review, 1998, 73 (3): 305 – 333.

[122] Bushman R M, Smith A J. Financial accounting information and corporate governance [J]. Journal of Accounting and Economics, 2001, 32 (1): 237 – 333.

[123] Camelo, M. C., Hernandez, A. B., Valle, R. The Relationship between Top Management Teams and Innovation Capacity in Companies [J]. Journal of Management Development, 2005, 24 (8): 683 – 705.

[124] Carpenter M A, Westphal J D. The strategic context of external network ties: Examining the impact of director appointments on board involvement in strategic decision making [J]. Academy of Management Journal, 2001, 44 (4): 639 – 660.

[125] Carpenter M A. The price of change: The role of CEO compensation in strategic variation and deviation from industry norms [J]. Journal of Management, 2000, 26 (6): 1179 – 1198.

[126] Changanti, Mahajan and Sharma. Corporate board size, com-

position and corporate failures in the retailing industry ［J］. Journal of Management Studies, 1985 (22): 400 – 417.

［127］ Chen C J E, Chen S, Su X. Profitability Regulation, Earnings Management, and Modified Audit Opinions: Evidence from China ［J］. Auditing, 2001, 20 (2): 9 – 30.

［128］ Chen H L. Board capital, CEO power and R&D investment in electronics firms ［J］. Corporate Governance: An International Review, 2014, 22 (5): 422 – 436.

［129］ Chen K Y, Wu S Y, Zhou J. Auditor Brand Name, Industry Specialization, and Earnings Management: Evidence from Taiwanese Companies ［J］. International Journal of Accounting, Auditing and Performance Evaluation, 2006, 3 (2): 194 – 219.

［130］ Cheng S. Board Size and the Variability of Corporate Performance ［J］. Journal of Financial Economics, 2008, 87 (7): 157 – 176.

［131］ Ciancanelli, Gonzalez. Corporte governance in banking: a conceptual framework ［R］. Britain: Strathclyde University, 2000.

［132］ Coleman J S. Social capital in the creation of human capital ［J］. American Journal of Sociology, 1988, 94: 95 – 120.

［133］ Dalziel T, Gentry R J, Bowerman M. An integrated agency-resource dependence view of the influence of directors' human and relational capital on firms' R&D spending ［J］. Journal of Management Studies, 2011, 48 (6): 10 – 15.

［134］ Demsetz, Harold, Lehn, Kenneth. Structure of Corporate Ownership: Cause and Consequence ［J］. Journal of Politic Economy, 1985, 93 (6): 11 – 55.

［135］ Dyck B, Starke F A. The formation of breakaway organizations: Observations and a process model ［J］. Administrative Science Quarterly, 1999, 44 (4): 792 – 822.

［136］ Eakins S G, Stansell S R, Wertheim P E. Institutional portfolio composition: an examination of the prudent investment hypothesis ［J］. The Quarterly Review of Economics and Finance, 1998, 38 (1): 93 – 109.

［137］ Erlend Nier, Ursel Baumann. Market discipline, information disclosure and moral hazard in Bankin ［J］. Journal of Financial Intermediation, 2006 (15): 332 – 361.

［138］ Falkenstein E G. Preferences for stock characteristics as revealed by mutual fund portfolio holdings ［J］. The Journal of Finance, 1996, 51 (1): 111 – 135.

［139］ Fama E F. Agency Problem and the Theory of the Firm ［J］. Journal of Political Economy, 1980, 88 (4): 288 – 307.

［140］ Ferris S P, Jagannathan M, Pritchard A C. Too busy to mind the business? Monitoring by directors with multiple board appointments ［J］. The Journal of Finance, 2003, 58 (3): 1087 – 1112.

［141］ Finkelstein S. Power in top management teams: Dimensions, measurement, and validation ［J］. Academy of Management Journal, 1992, 35 (3): 505 – 538.

［142］ Fisher K P. Gueyie JP. Charter value and Commercial bank's Risk-taking in the NAFTA countries ［J］. The International Journal of Finance, 2001 (13): 2027 – 2044.

［143］ Flood, P C , Fong Cher-Min, Smith, K. G. , Regan P. , Moore, S. Top Management Teams and Pioneering: A Resource-based View ［J］. The International Journal of Human Resource Management, 1997, 8 (3): 291 – 306.

［144］ Forbes D P, Milliken F J. Cognition and corporate governance: Understanding boards of directors as strategic decision-making groups ［J］. Academy of Management Review, 1999, 24 (3): 489 – 505.

［145］ Francis J, Smith A. Agency Costs and Innovation: Some Em-

pirical Evidence [J]. Journal of Accounting and Economics, 1995 (19):
174 – 182.

[146] Giannetti M, Simonov A. Which investors fear expropriation?
Evidence from investors' portfolio choices [J]. The Journal of Finance,
2006, 61 (3): 1507 – 1547.

[147] Gibson C, Vermeulen F A Healthy Divide: Subgroups as a
Stimulus for Team Learning Behavior [J]. Administrative Science Quarter-
ly, 2003, 2 (1): 202 – 239.

[148] Gorton G, Rosen R. Corporate control, portfolio choice, and the
decline of banking [J]. Journal of Finance, 1995, 50 (5): 1377 – 1420.

[149] Grinstein Y, Michaely R. Institutional holdings and payout pol-
icy [J]. The Journal of Finance, 2005, 60 (3): 1389 – 1426.

[150] Hadlock G, Houston J, Ryngaert M. The role of managerial in-
centives in bank acquisitions [J]. Journal of Banking & Finance, 1999,
23 (2): 221 – 249.

[151] Haleblian J, Finkelstein S. Top management team size, CEO
dominance, and firm performance: The moderating roles of environmental
turbulence and discretion [J]. Academy of Management Journal, 1993,
36 (4): 844 – 863.

[152] Hambrick D C, Cho T S, Chen M. The Influence of Top Man-
agement Team Heterogeneity on Firms Competitive Moves [J]. Administra-
tive Science Quarterly, 1996, 41 (6): 658 – 684.

[153] Hambrick D C, Li J, Xin K, et al. Compositional gaps and
downward spirals in international joint venture management groups [J].
Strategic Management Journal, 2001, 22 (11): 1033 – 1053.

[154] Hambrick D C, Werder A, Zajac E J. New directions in corporate
governance research [J]. Organization Science, 2008, 19 (3): 381 – 385.

[155] Hambrick D C. Environment, strategy, and power within top

management teams [J]. Administrative Science Quarterly, 1981, 26 (2): 253 – 275.

[156] Hambrick, D C, Mason, P. A.. Upper Echelons: the Organization as a Reflection of Its Top Managers [J]. Academy of Management Review, 1984, 9 (2): 193 – 206.

[157] Hannan T and G Hanweck. Bank Insolvency Risk and the Market for Large Certificates of Deposit [J]. Journal of Money, Credit and Banking, 1988, 20 (2): 203 – 211.

[158] Harris I C, Shimizu K. Too busy to serve? An examination of the influence of over boarded directors [J]. Journal of Management Studies, 2004, 41 (5): 775 – 798.

[159] Haynes K T, Hillman A J. The effect of board capital and CEO power on strategic change [J]. Strategic Management Journal, 2010, 31 (11): 1145 – 1163.

[160] Hellmann, Murdock, Stiglitz. The Role of Government in East Asian Economic Development: Comparative Institutional Analysis [M]. New York: Oxford University Press, 1996.

[161] Hellmann, T. , K. Murdock, and J. Stiglitz. Liberalization, Moral Hazard in Banking, and Prudential Regulation: Are Capital Requirements Enough? [J]. American Economic Review, 2000, 90.

[162] Heninger W G. The Association between Auditor Litigation and Abnormal Accruals [J]. The Accounting Review, 2001, 76 (1): 111 – 126.

[163] Hillman A J, Dalziel T. Boards of directors and firm performance: Integrating agency and resource dependence perspectives [J]. Academy of Management Review, 2003, 28 (3): 383 – 396.

[164] Homan A C, Hollenbeck J R, Humphrey S E, et al. Facing differences with an open mind: Openness to experience, salience of intra-

group differences, and performance of diverse work groups [J]. Academy of Management Journal, 2008, 51 (6): 1204 – 1222.

[165] Jackson S E, Brett J F , Sessa V I , Cooper D M , Julin J A. , Peyronnin K . Some Differences Make a Difference: Individual Dissimilarity and Group Heterogeneity as Correlates of Recruitment, Promotions, and Turnover [J]. Journal of Applied Psychology, 1991, 76 (5): 675 – 689.

[166] Jehn K A, Chatwick C, Thatcher SMB. To Agree or Not to Agree: the Effects of Value Congruence, Individual Demographic Dissimilarity, and Conflict on Workgroup Outcomes [J]. International Journal of Conflict Management, 1997 (8): 287 – 305.

[167] Jensen M C, Meckling W H. Theory of the Firm: Managerial Behaviour, Agency Costs and Owenership Structure [J]. Journal of Financial Economics, 1976 (3): 305 – 360.

[168] Jenson M C, Murphy K J. Performance Pay and Top Management Incentive [J]. Journal of Political Economy, 1990, 98 (2): 225 – 264.

[169] Jermias J, Gani L. The impact of board capital and board characteristics on firm performance [J]. The British Accounting Review, 2014, 46 (2): 135 – 153.

[170] John P. Bonin, IftekharHasan, Paul Wachtel. Bank Performance, Efficiency and Ownership in Transition Countries [J]. Journal of Banking & Finance, 2005 (29): 31 – 53.

[171] Kakabadse A, Kakabadse N K, Barratt R. Chairman and chief executive officer (CEO): that sacred and secret relationship [J]. Journal of Management Development, 2006, 25 (2): 134 – 150.

[172] Keeley M C. Deposit insurance, risk and market power in banking [J]. American Economic Reviews, 1990 (80): 1183 – 1200.

[173] Kim Y, Cannella A A. Toward a social capital theory of direc-

tor selection [J]. Corporate Governance: An International Review, 2008, 16 (4): 282 – 293.

[174] Kor Y Y, Misangyi V F. Outside directors' industry-specific experience and firms' liability of newness [J]. Strategic Management Journal, 2008, 29 (12): 1345 – 1355.

[175] Kor Y Y, Sundaramurthy C. Experience-based human capital and social capital of outside directors [J]. Journal of Management, 2009, 35 (4): 987 – 1006.

[176] Lau D C, Murnighan J K. Demographic diversity and faultlines: The compositional dynamics of organizational groups [J]. Academy of Management Review, 1998, 23 (2): 325 – 340.

[177] Lau D C, Murnighan J K. Interactions within groups and subgroups: The effects of demographic faultlines [J]. Academy of Management Journal, 2005, 48 (4): 645 – 659.

[178] Laurenceson J, Qin F. Has minority foreign investment in China's banks improved their cost efficiency? [J]. China & World Economy, 2008, 16: 57 – 74.

[179] Li W A, Zheng M N, Zhang Y W, Cui G Y. Green governance structure, ownership characteristics, and corporate financing constraints [J]. Journal of Cleaner Production, 2020, 260.

[180] Li X L, Li W A, Zhang YW. Family Control, Political Connection, and Corporate Green Governance [J]. Sustainability, 2020: 12 (17).

[181] Lippman S A, Rumelt R P. Uncertain Imitability: An Analysis of Interfirm Differences in Efficiency under Competition [J]. The Bell Journal of Economics, 1982, 13 (2): 418 – 438.

[182] M Dewatripont, J Tirole. A theory of debt and equity: Diversity of securities and manager-shareholder congruence [J]. The Quarterly

289

Journal of Economics, 1994.

［183］Macey, O'Hara. The corporate governance of banks ［J］. FRBNY Economic Policy Review, 2001 (10): 1 – 17.

［184］Marcus A J, Shaked I. The valuation of FDIC deposit insurance using option-pricing estimates ［J］. Journal of Money, Credit and Banking, 1984, 16 (4): 446 – 460.

［185］Masami Imai. Market discipline and deposit insurance reform in Japan ［J］. Journal of Banking & Finance, 2006 (30): 3433 – 3452.

［186］McConnell J J, H Servates. Additional Evidence on Equity Ownership and Corporate Value ［J］. Journal of Financial Economics, 1990 (27): 595 – 612.

［187］Michael H L, Zeki S, Yan L. Ambidexterity and Performance in Small-to Medium-Sized Firms: the Pivotal Role of Top Management Team Behavioral Integration ［J］. Journal of Management, 2006, 32 (5): 646 – 672.

［188］Michel J, Diversification Posture and Top Management Team Characteristics ［J］. Academy of Management Journal, 1992 (35): 9 – 37.

［189］Moreland R L, Levine J M. Socialization and Trust in Work Groups ［J］. Group Processes & Intergroup Relations, 2002, 5 (3): 185 – 201.

［190］Muller-Kahle M I, Lewellyn K B. Did board configuration matter? The case of US subprime lenders ［J］. Corporate Governance: An International Review, 2011, 19 (5): 405 – 417.

［191］Nahapiet J, Ghoshal S. Social capital, intellectual capital, and the organizational advantage ［J］. Academy of Management Review, 1998, 23 (2): 242 – 266.

［192］Petersen H L, Vredenburg H. Morals or economics? Institutional investor preferences for corporate social responsibility ［J］. Journal of Business Ethics, 2009, 90 (1): 1 – 14.

[193] Pfeffer, J. Size, Composition and Function of Hospital Boards of Directors: A Study of Organization Environment Linkage [J]. Administrative Science Quarterly, 1973 (18): 349 – 363.

[194] Polzer J T, Crisp C B, Jarvenpaa S L, et al. Extending the faultline model to geographically dispersed teams: How colocated subgroups can impair group functioning [J]. Academy of Management Journal, 2006, 49 (4): 679 – 692.

[195] Porter M E. Competitive Strategy: Techniques for Analyzing Industries and Competitors [J]. Social Science Electronic Publishing, 1980 (2): 86 – 87.

[196] Richard O C, Shelor R M. Linking Top Management Team Age Heterogeneity to Firm Performance: Juxtaposing Two Mid-range Theories [J]. The International Journal of Human Resource Management, 2002, 13 (6): 95 – 97.

[197] Seigyoung A, MengUe B. Top Management Team Diversity and Innovativeness: The Moderating Role of Interfunctional Operation [J]. Industrial Marketing Management, 2005, 34 (3): 249 – 261.

[198] Shleifer A, Vishny R W. A survey of corporate governance [J]. The Journal of Finance, 1997, 52 (2): 737 – 783.

[199] Shleifer A, Vishny R W. Large shareholders and corporate control [J]. The Journal of Political Economy, 1986, 94 (3): 461.

[200] Simsek Z, Veiga J F, Lubatin M H. Modeling the Multilevel Determinants of Top Management Team Behavioral Integration [J]. Academy of Management Journal, 2005, 48 (1): 69 – 84.

[201] Singh H, Harianto F. Management-board relationships, takeover risk, and the adoption of golden parachutes [J]. Academy of Management Journal, 1989, 32 (1): 7 – 24.

[202] Thatcher S M B and Patel P C, Group faultlines: A review,

integration, and guide to future research ［J］. Jounal of Management, 2012, 38 (4): 969 – 1009.

［203］ Thomsen S, Pedersen T. Ownership Structure and Economic Performance in The Lanagest European Companies ［J］. Strategic Management Journal, 2000 (21): 689 – 705.

［204］ Wernerfelt B. A resource-based view of the firm ［J］. Strategic Management Journal, 1984, 5 (2): 171 – 180.

［205］ Wiersema M F, Bird A. Organizational Demography in Japanese Firms: Group Heterogeneity, Individual Dissimilarity, and Top Management Team Turnover ［J］. Academy of Management Journal, 1993 (5): 996 – 1025.

［206］ Wiersema M F, et al. Top Management Team Demography and Corporate Strategic Change ［J］. Academy of Management Journal, 1992 (35): 91 – 121.

［207］ Wincent J, Anokhin S, Ortqvist D. Does network board capital matter? A study of innovative performance in strategic SME networks ［J］. Journal of Business Research, 2010, 63 (3): 265 – 275.

［208］ Wright et al. Impact of Corporate Insider, Blockholder and Institutional Equity Ownership on Firm Risk Taking ［J］. Academy of Management Journal, 1996 (39): 187 – 193.

［209］ Yermack, David. Higher market valuation of companies with a small board of directors ［J］. Journal of Financial Economics, 1996 (40): 185 – 212.

［210］ Zabra, S. A. & Pearce, J. A. Board of directors and corporate financial performance: A review and integrative model ［J］. Journal of Management, 1989, 15: 291 – 334.

［211］ Zaccaro S J, Klimoski R. The interface of leadership and team processes ［J］. Group & Organization Management, 2002, 27 (1): 4 – 13.

［212］ Zajac E J, Westphal J D. Director Reputation, CEO-Board Power, and the Dynamics of Board Interlocks ［J］. Administrative Science Quarterly, 1996, 41（3）: 507 – 529.

［213］ Zald M N. The power and functions of boards of directors: A theoretical synthesis ［J］. American Journal of Sociology, 1969, 75（1）: 97 – 111.

［214］ Zenger T, Lawrenee B. Organizational Dernography: the Differential Effects of Age and Tenure on Communication ［J］. Academy of Management Journal, 1989, 32: 353 – 376.